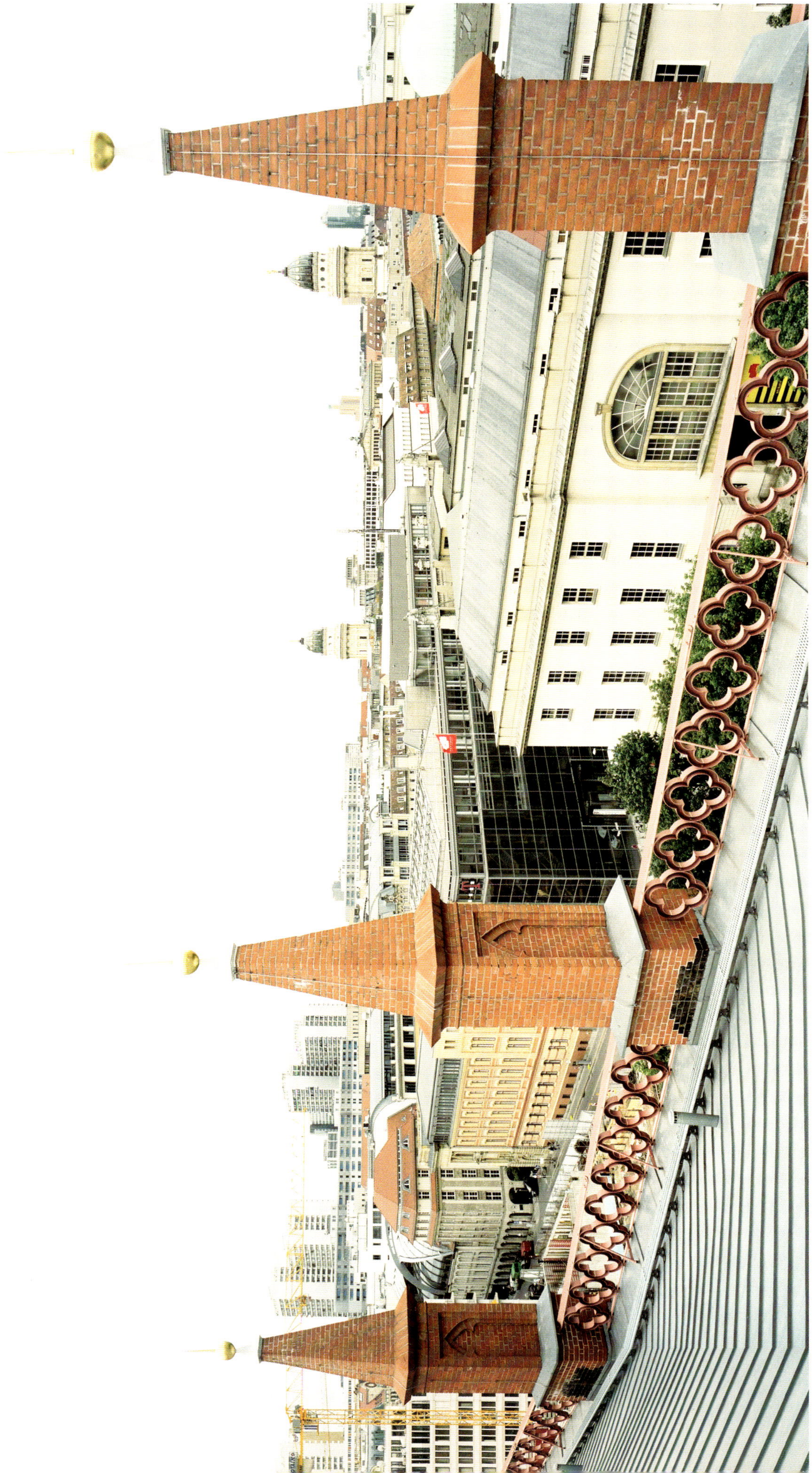

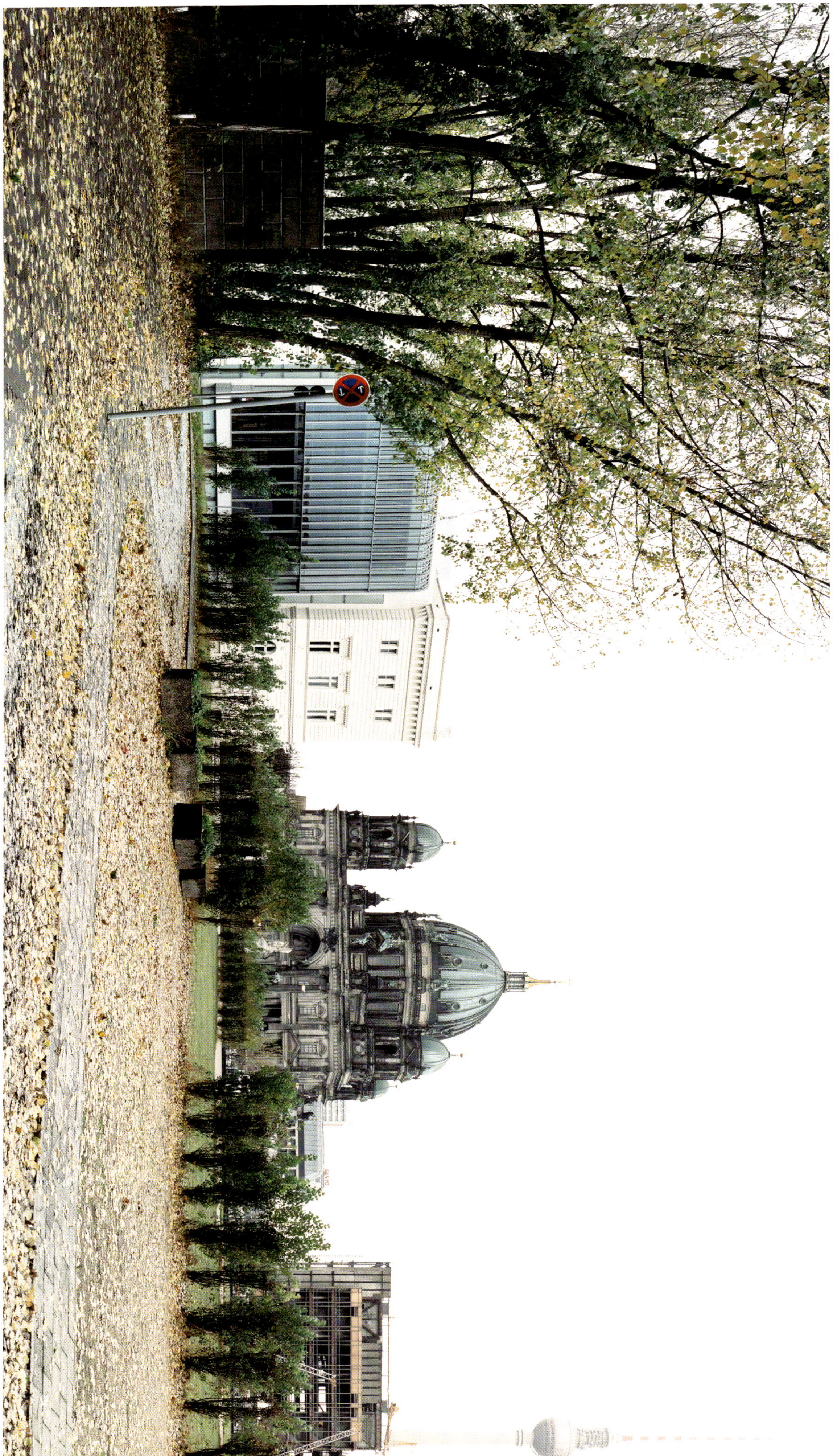

ARWED MESSMER

ANONYME MITTE BERLIN

ANONYMOUS HEART

MIT TEXTEN VON FLORIAN EBNER UND ANNETT GRÖSCHNER/WITH TEXTS BY FLORIAN EBNER AND ANNETT GRÖSCHNER

VERLAG FÜR MODERNE KUNST NÜRNBERG

Titel: Blick vom beräumten Grundstück des Palastes der Republik auf das Marx-Engels-Forum, 22. Februar 2009
Title page: View of Marx-Engels-Forum from the former site of the Palace of the Republic, 22 February 2009

Annett Gröschner, 1998

Als eines Morgens im Jahre 1836 der Architekt Karl Friedrich Schinkel vor dem Portal der von ihm entworfenen und soeben eröffneten Bauakademie seinen Blick über den Himmel über dem Stadtschloss schweifen ließ, löste sich erst die mächtige Kuppel des Schlosses auf, um einer noch mächtigeren Platz zu machen, die allerdings aus dem goldenen Schnitt heraus an die linke Ecke seines Auges sich verschob, bis bald das ganze Schloss einem flacheren Bau Platz machte, hinter welchem ein Turm sich erhob, höher als alles, was er je gesehen hatte. Papperlapapp, sagte Schinkel und wedelte mit der Hand das Bild vor seinen Augen fort, ich werde wohl alt, und bedächtigen Schrittes zog er sich am Geländer die Treppe zu seiner Wohnung hinauf.

Standing outside the entrance of his newly opened School of Architecture one morning in 1836, the architect Karl Friedrich Schinkel allowed his gaze to wander across the skies over Berlin's Royal Palace. Before his very eyes, the building's mighty dome dissolved into thin air, making way for an even bigger one. This, however, extended past the left corner of his eye, until it no longer adhered to the golden ratio. Soon, the entire Palace made way for a lower building. Behind it, a tower rose up, higher than anything he had ever seen. Stuff and nonsense, Schinkel said to himself, brushing away the image, I must be getting old. He turned and, clinging to the balustrade, slowly heaved himself up the stairs to his apartment.

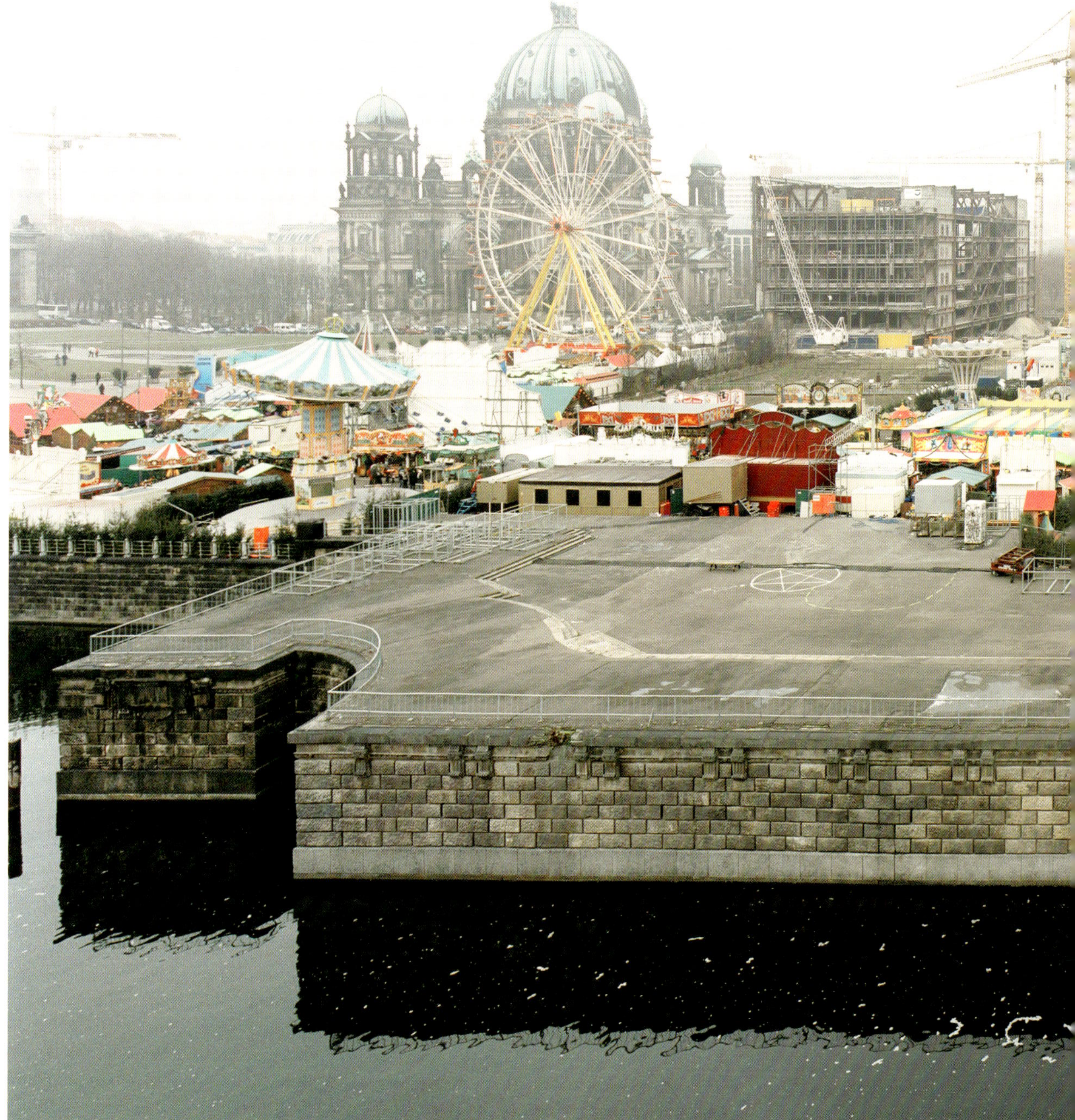

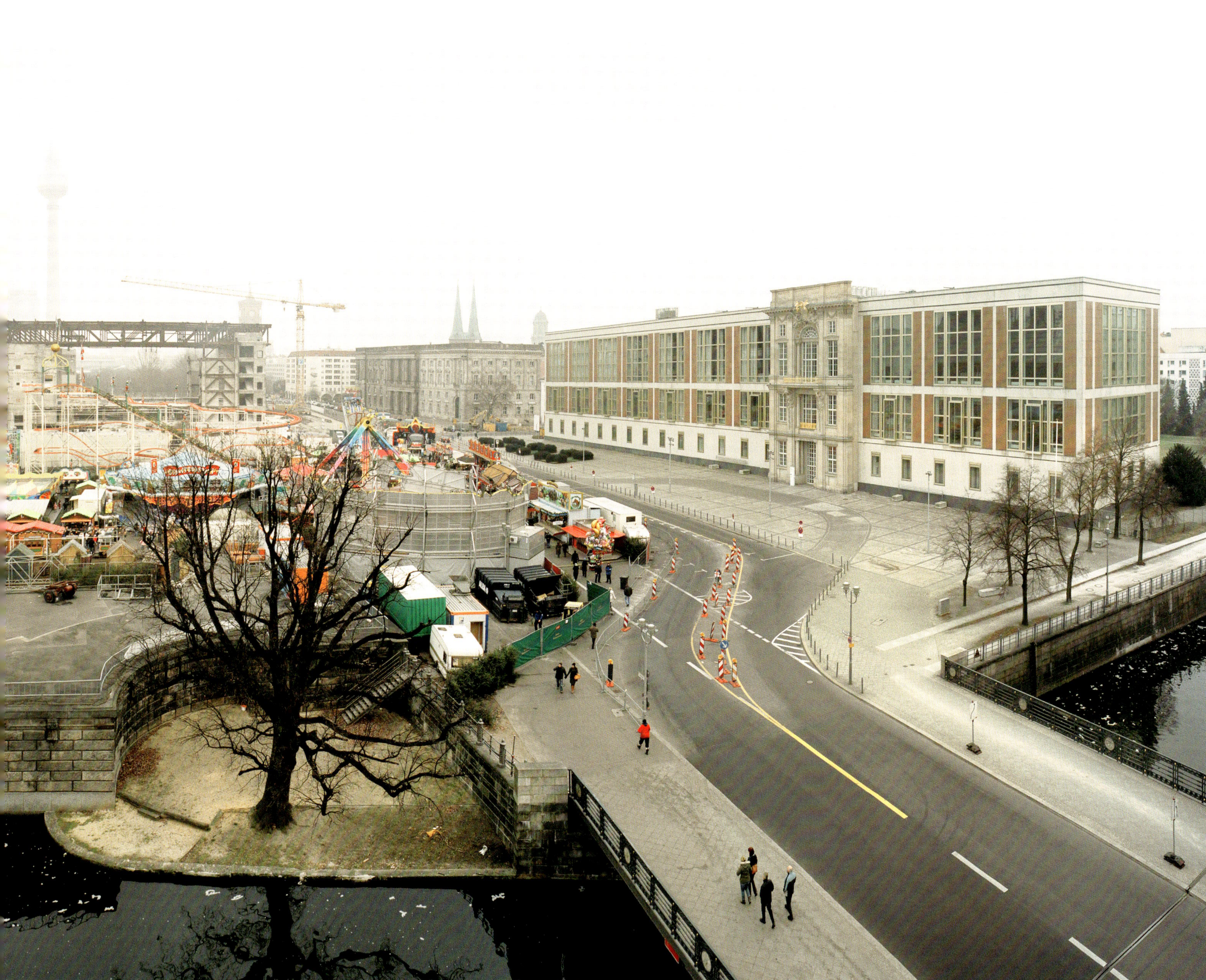

Weihnachtsmarkt auf dem Schlossplatz, 22. Dezember 2007
Christmas Market on Schlossplatz, 22 December 2007

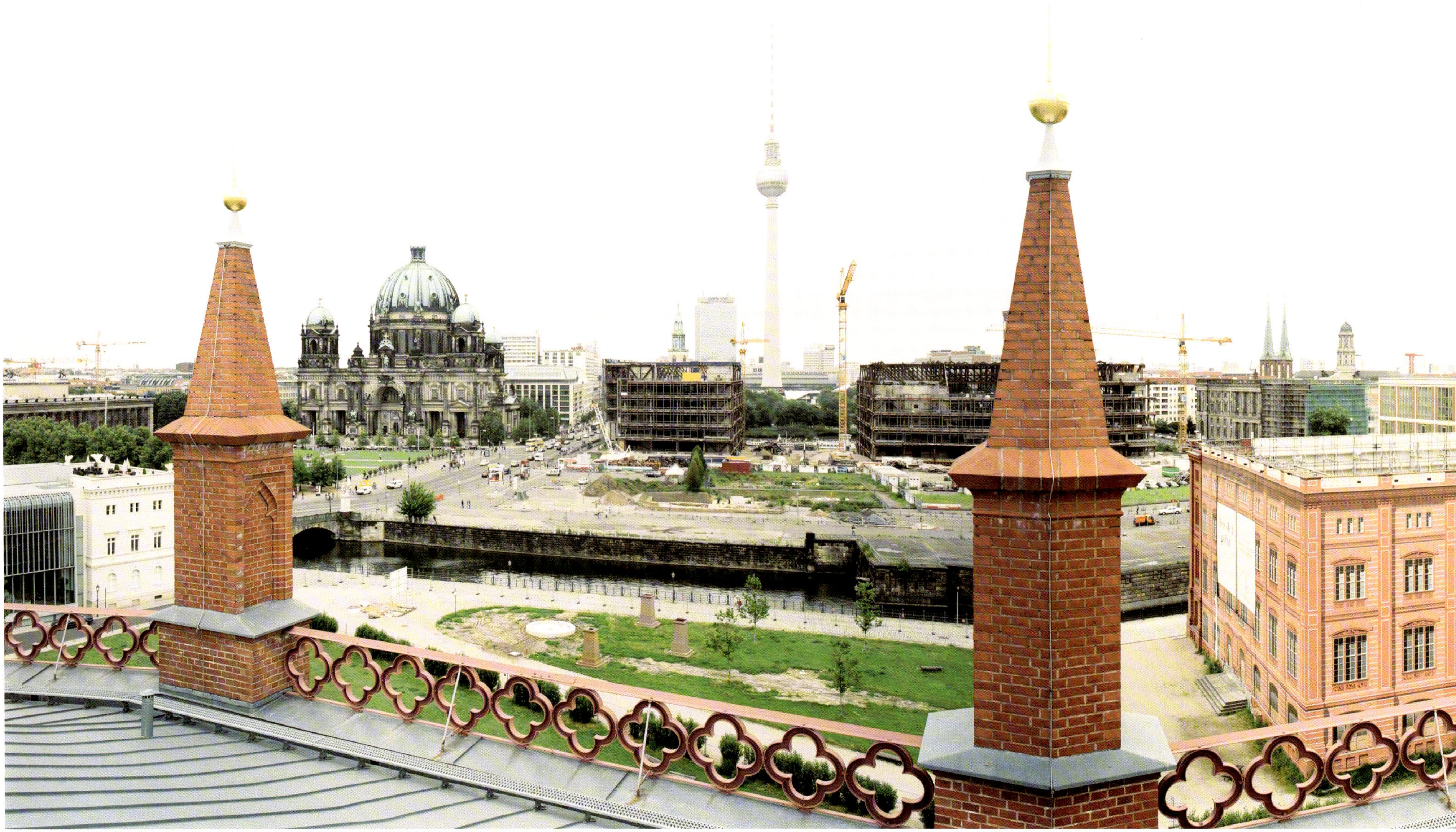

Blick vom Dach der Friedrichswerderschen Kirche, Juli 2007, nach dem Gemälde »Panorama von Berlin« von Eduard Gaertner, 1834
View from the roof of Friedrichswerder Church, July 2007, inspired by the painting "Panorama of Berlin" by Eduard Gaertner, 1834

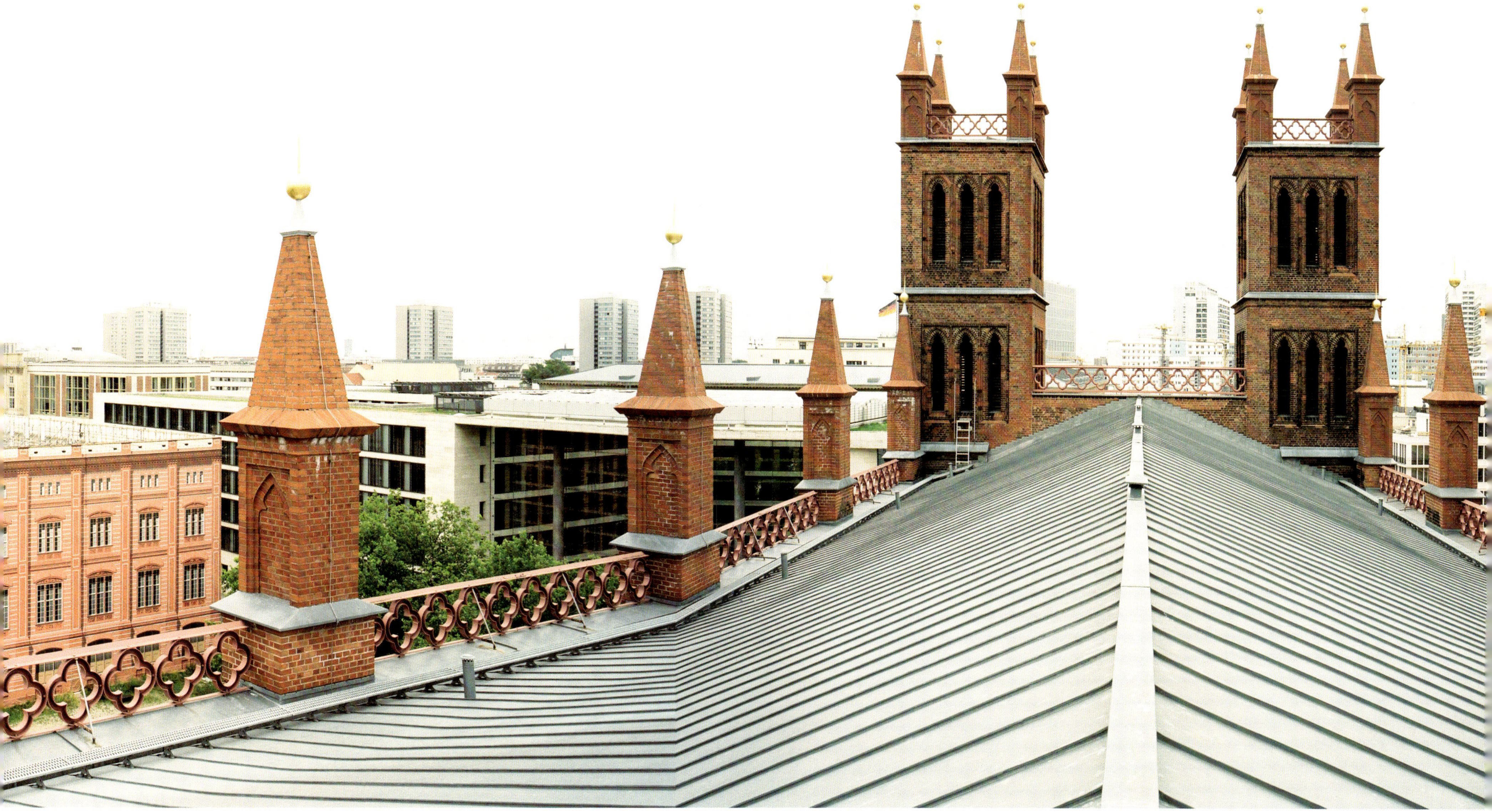

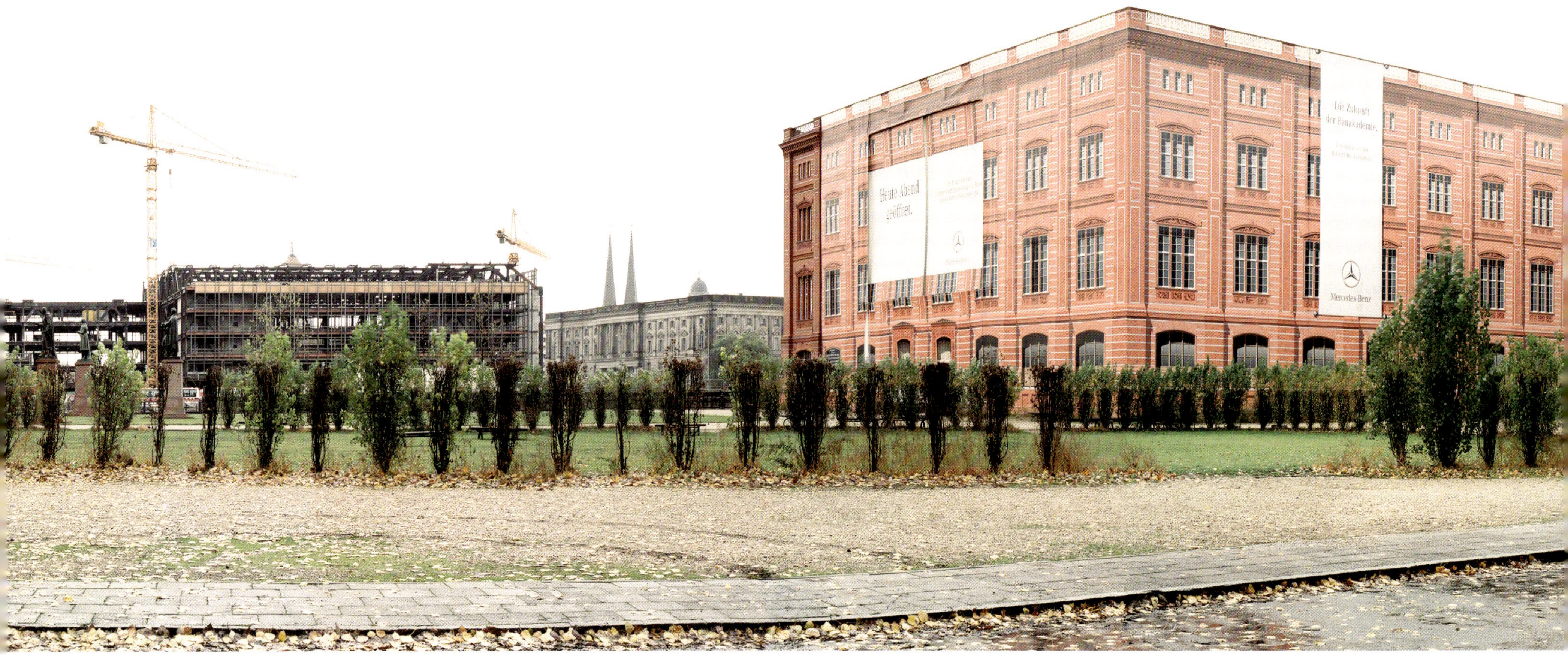
Heute Abend geöffnet.
Die Zukunft der Bauakademie.
Mercedes-Benz

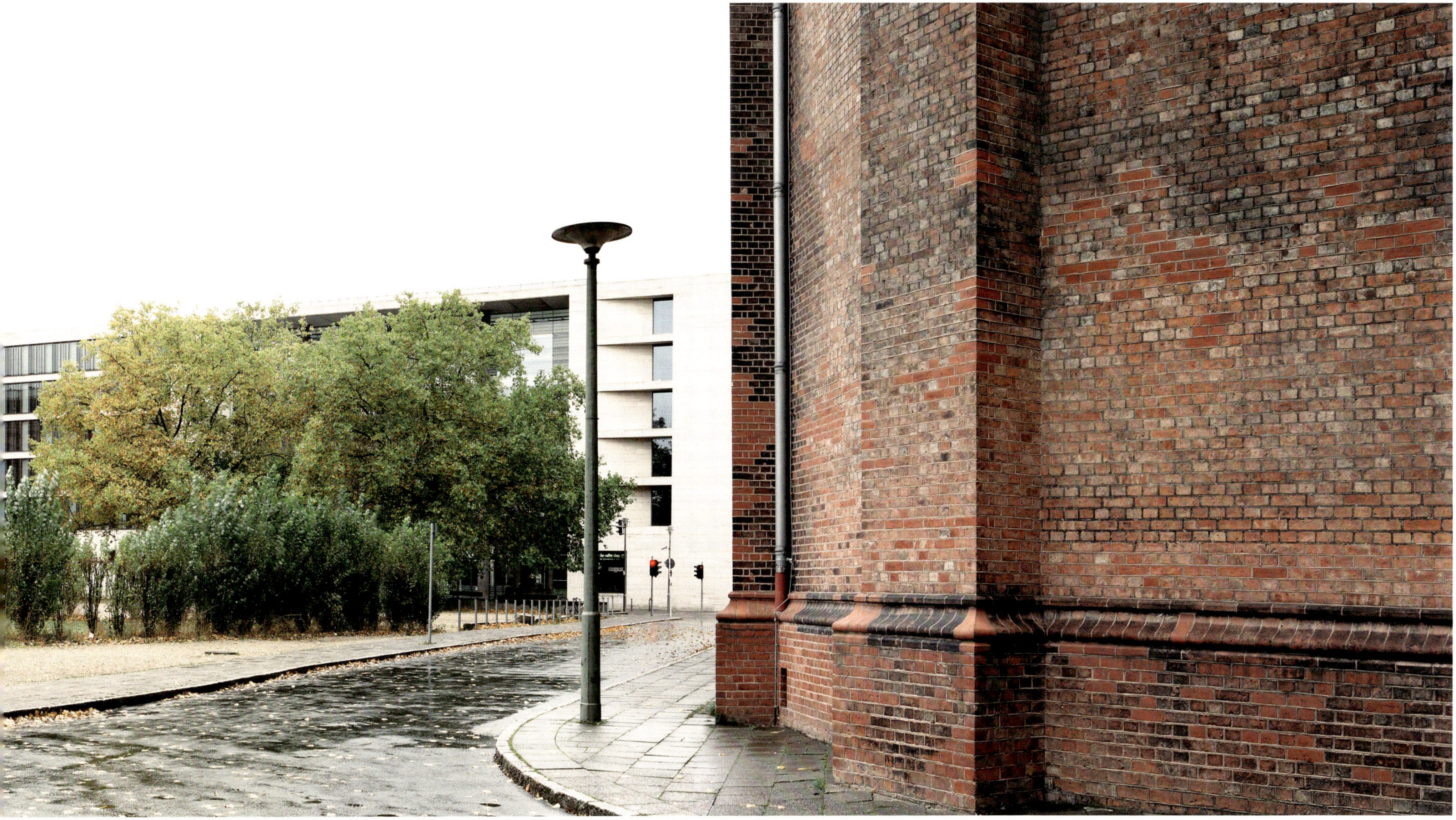

Blick von der Niederlagstraße über den Schinkelplatz mit der Attrappe der Bauakademie, 5. November 2006
View from Niederlagstraße over Schinkelplatz with the mocked-up façade of the School of Architecture, 5 November 2006

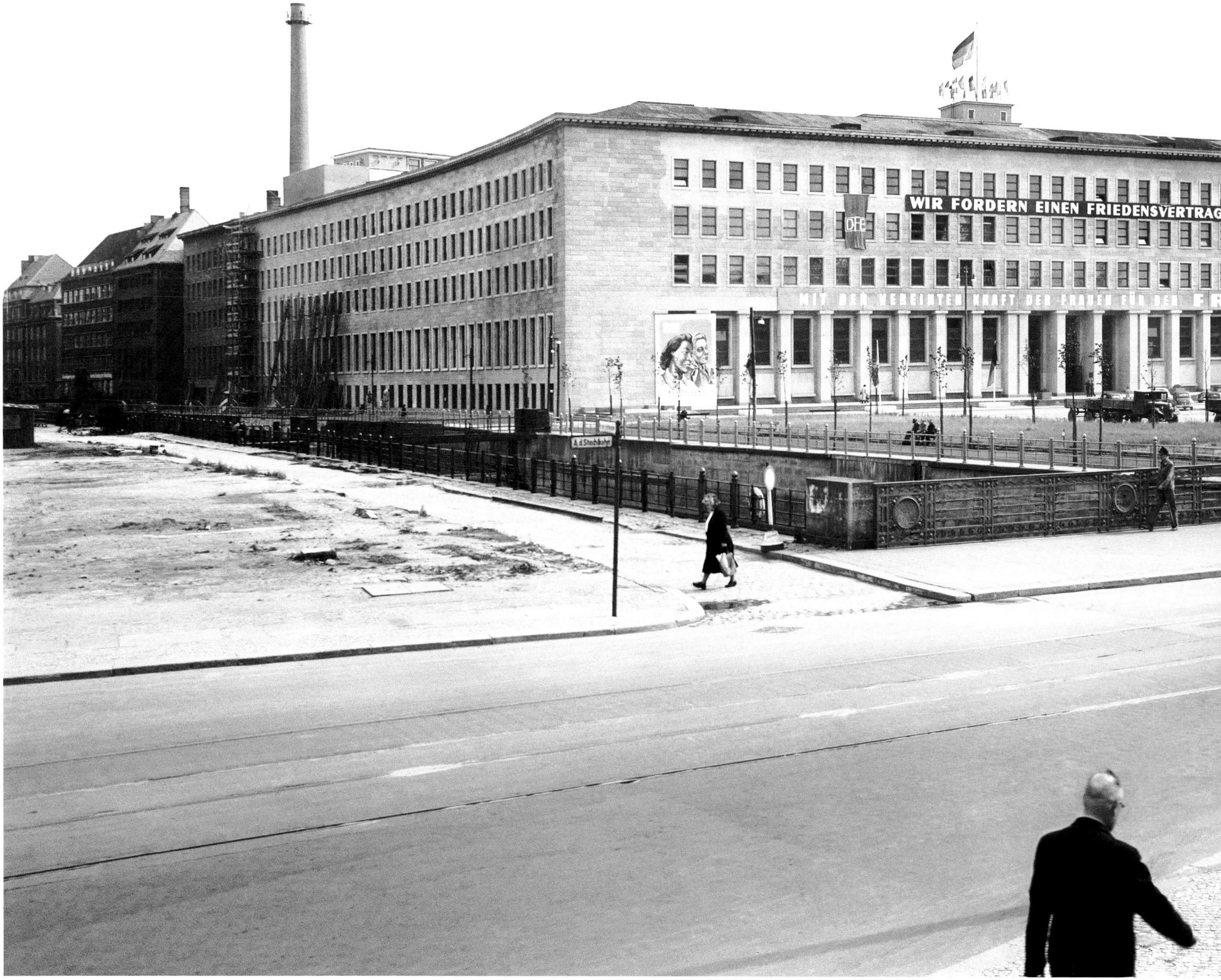
WIR FORDERN EINEN FRIEDENSVERTRAG
DFB
MIT DER VEREINTEN KRAFT DER FRAUEN FÜR DEN FR
A.d.Stechbahn

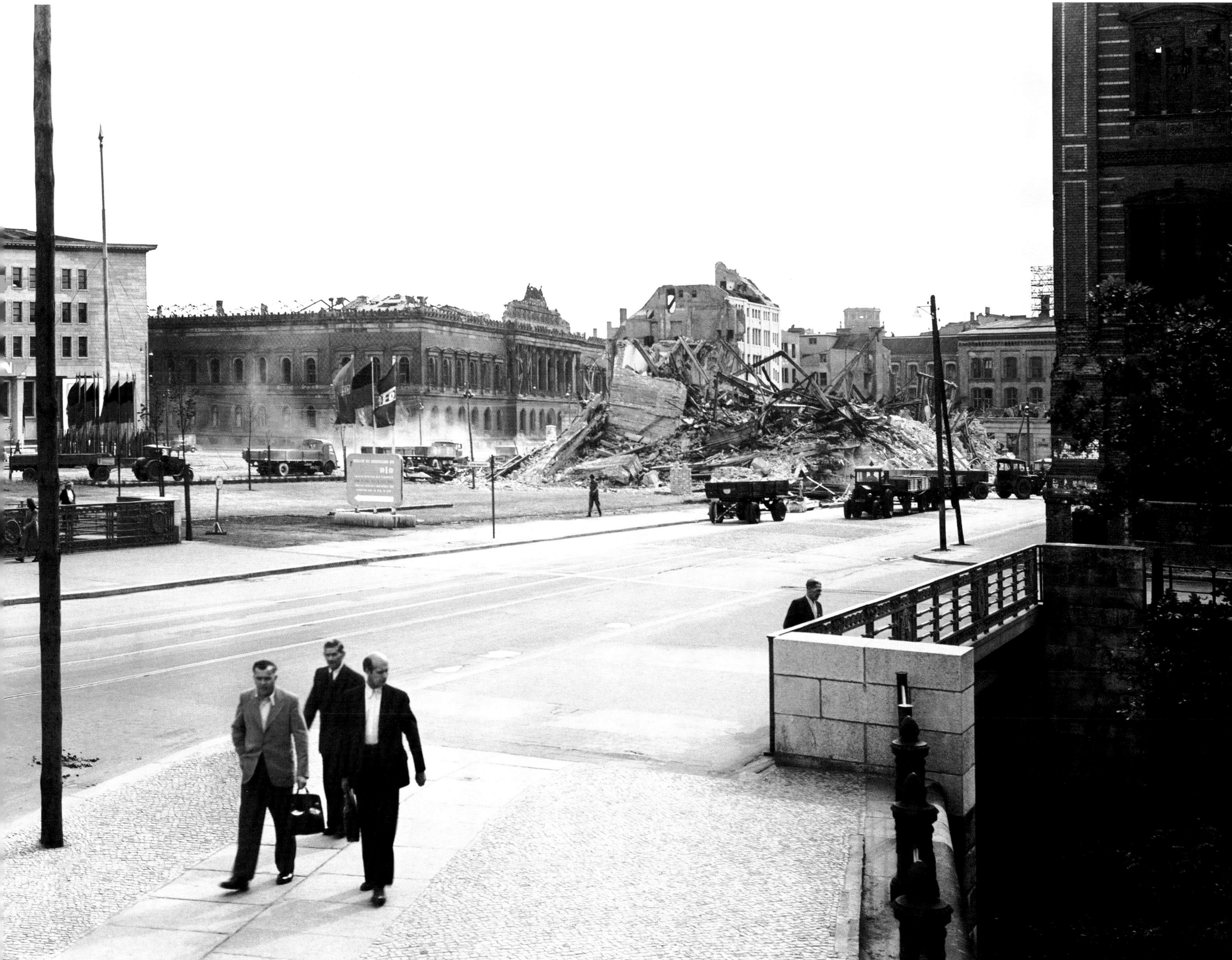

Die später als Sitz des Zentralkomitees der SED bekannte neue Reichsbank, heute Außenministerium, im Hintergrund rechts die Ruine der alten Reichsbank, 9. Juni 1952
The new Reichsbank building, later the seat of the Communist Party's Central Committee and today the German Foreign Ministry. In the background on the right, the ruins of the old Reichsbank building, 9 June 1952

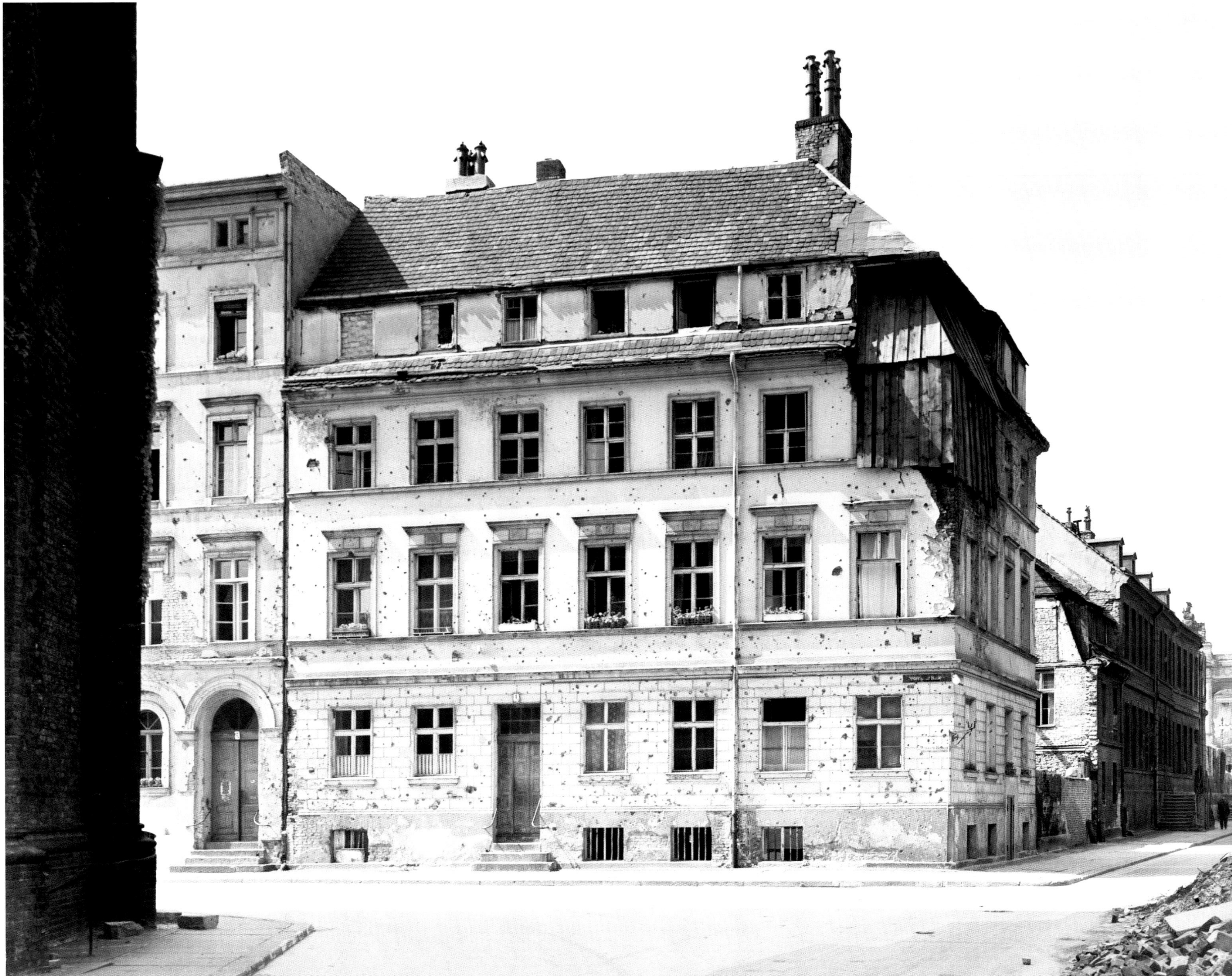

Niederlagstraße, Ecke zur Werderschen Rosenstraße, linke Seite: 7. Juni 1950, rechte Seite: Juli 2006
The corner of Niederlagstraße and Werdersche Rosenstraße, left: 7 June 1950; right: July 2006

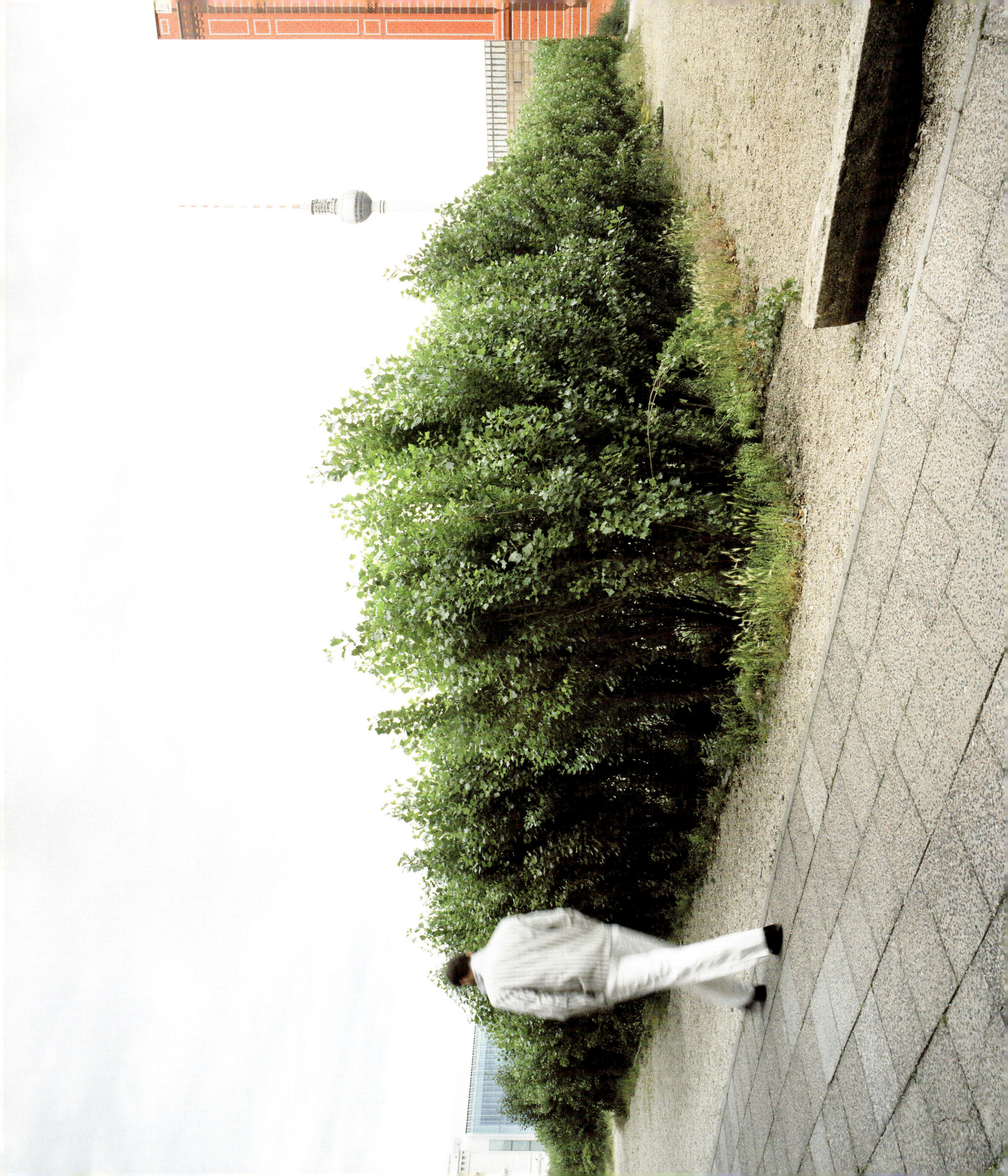

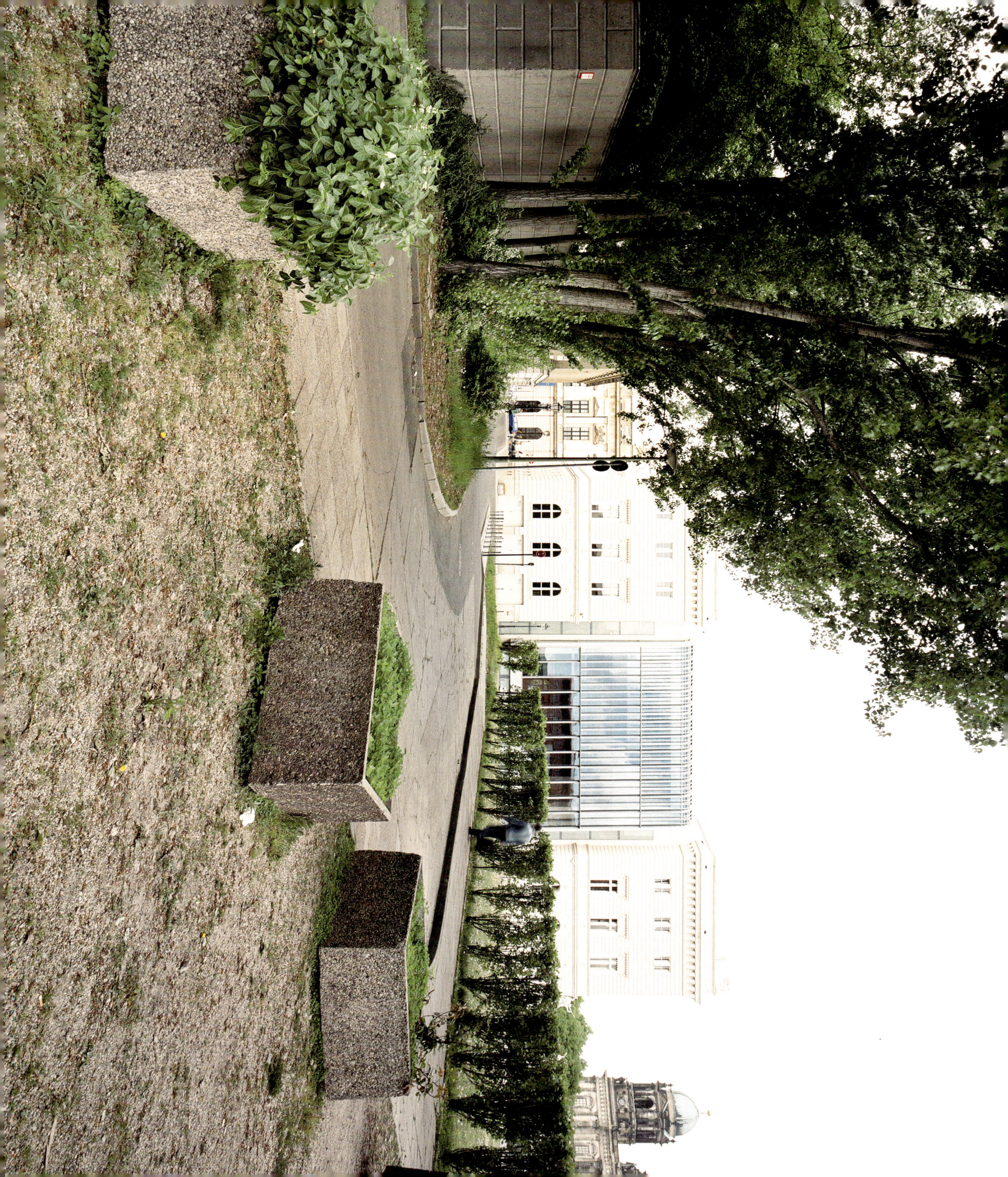

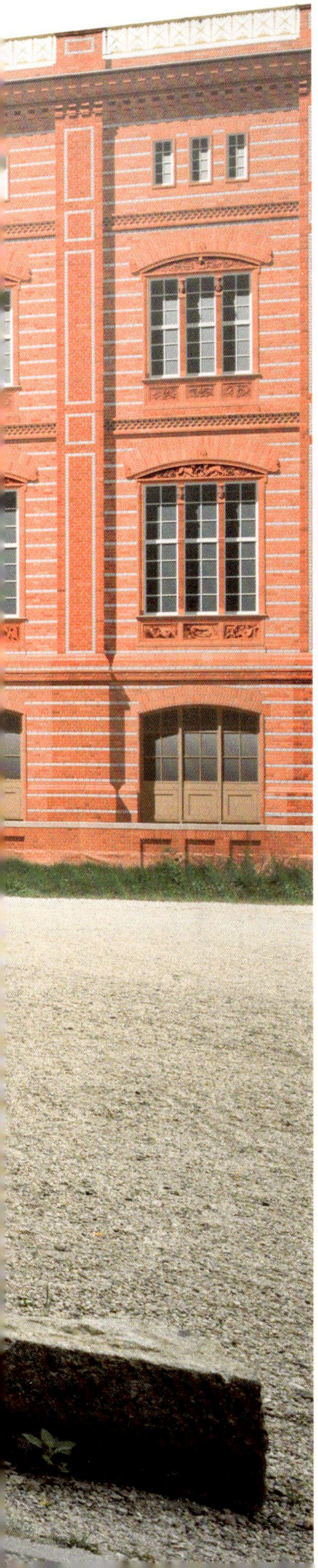

Niederlagstraße, Blick in Richtung Schlossplatz, Juli 2005
Niederlagstraße, view towards Schlossplatz, July 2005

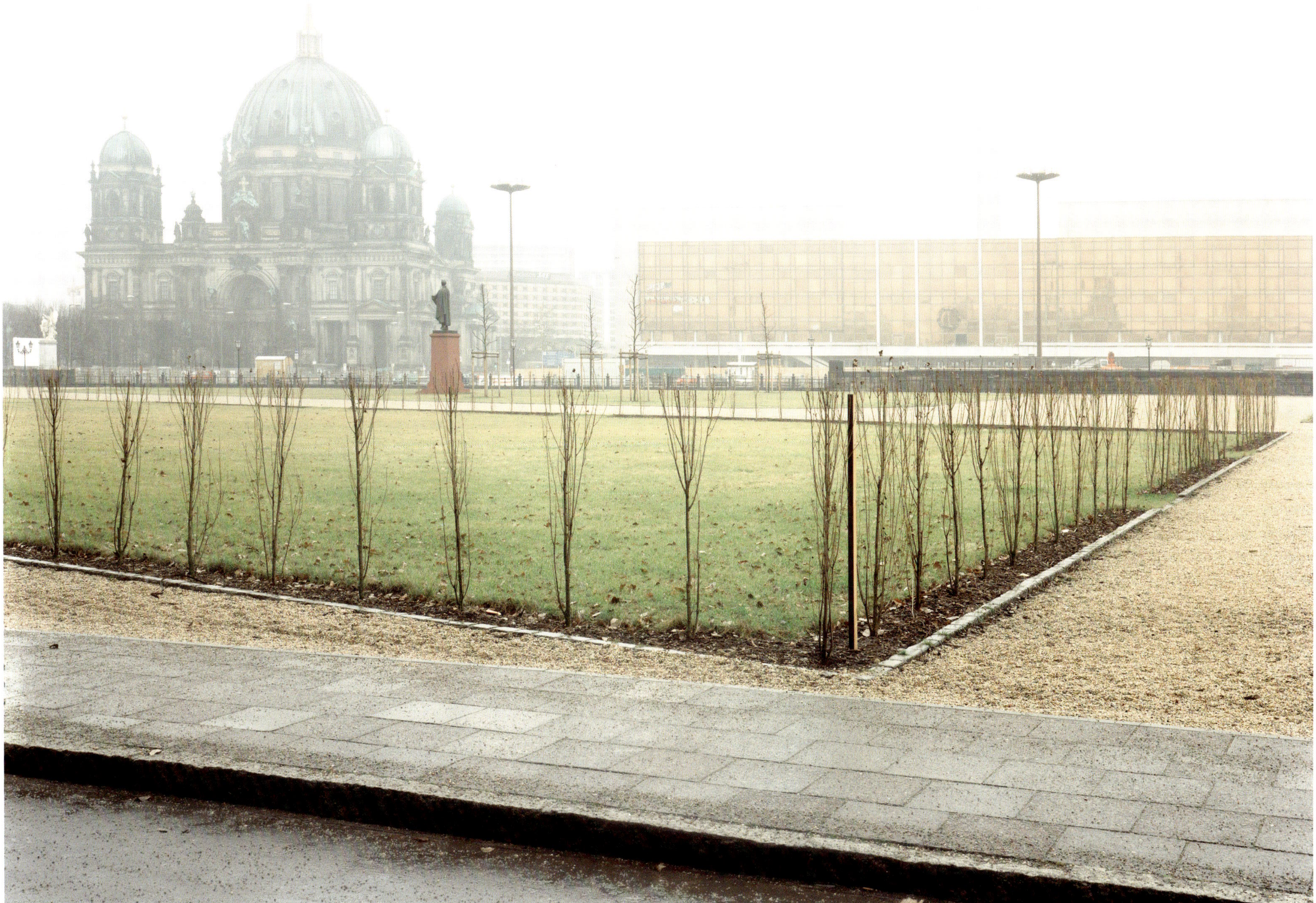

Niederlagstraße, Blick in Richtung Schlossplatz mit dem Berliner Dom und dem Palast der Republik, November 1995
Niederlagstraße, view towards Schlossplatz with Berlin Cathedral and the Palace of the Republic, November 1995

Rückseite des einzigen erhaltenen Gebäudeteils der alten Reichsbank auf dem Grundstück der ehemaligen Hausvogtei, heute Marokkanische Botschaft, Januar 1997
Rear of the sole remaining part of the old Reichsbank on the site of the former Palace prison and bailiff's office, the Hausvogtei, today the Moroccan Embassy, January 1997

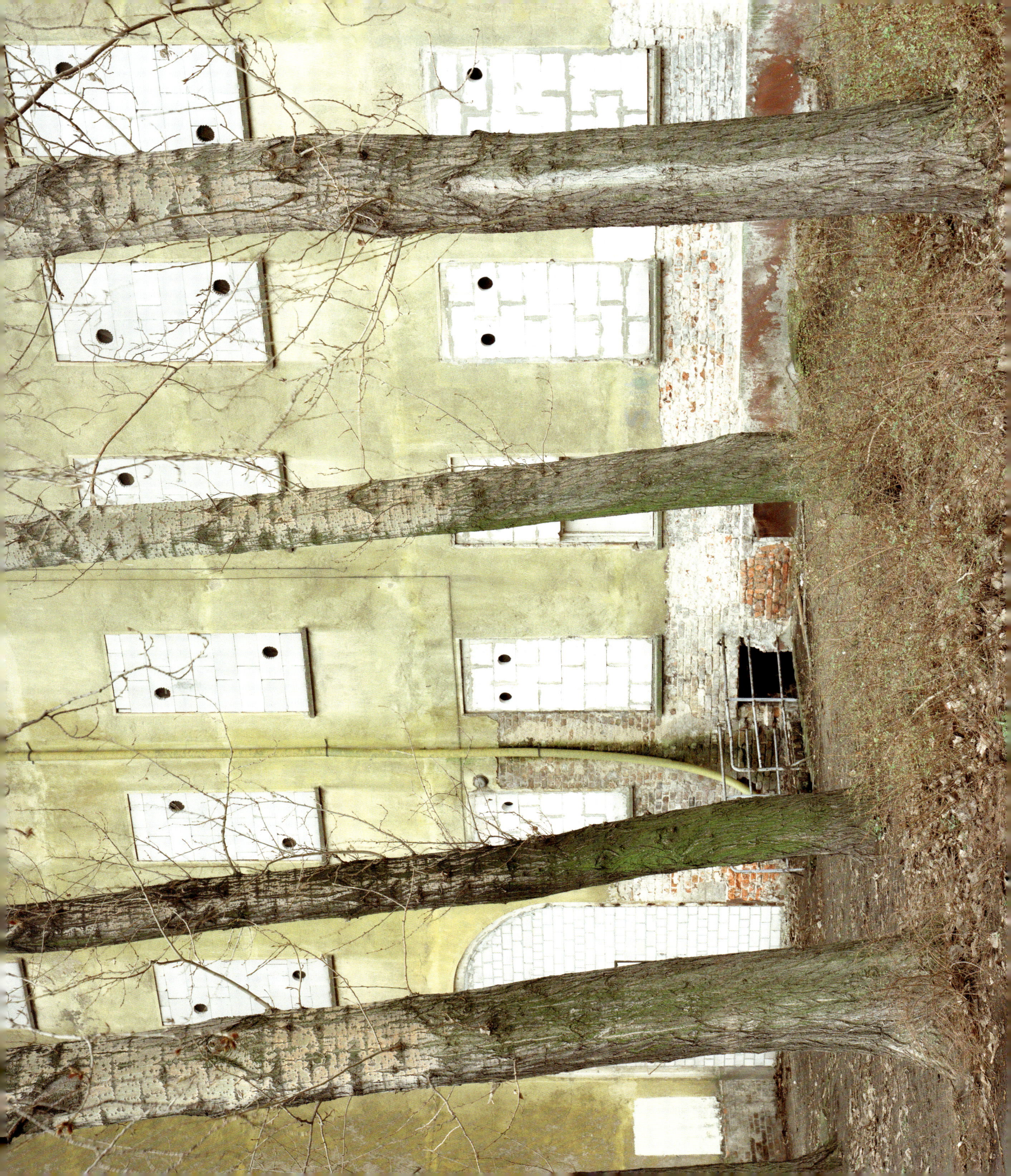

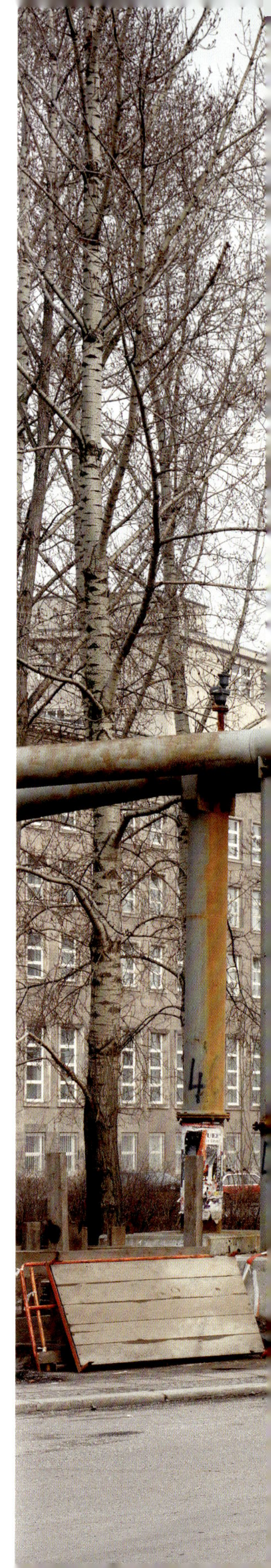

Blick vom Hausvogteiplatz in die Niederwallstraße, links das Gebäude der heutigen Marokkanischen Botschaft (s. S. 19), Januar 1997
View of Niederwallstraße from Hausvogteiplatz, left the Moroccan Embassy (see p. 19), January 1997

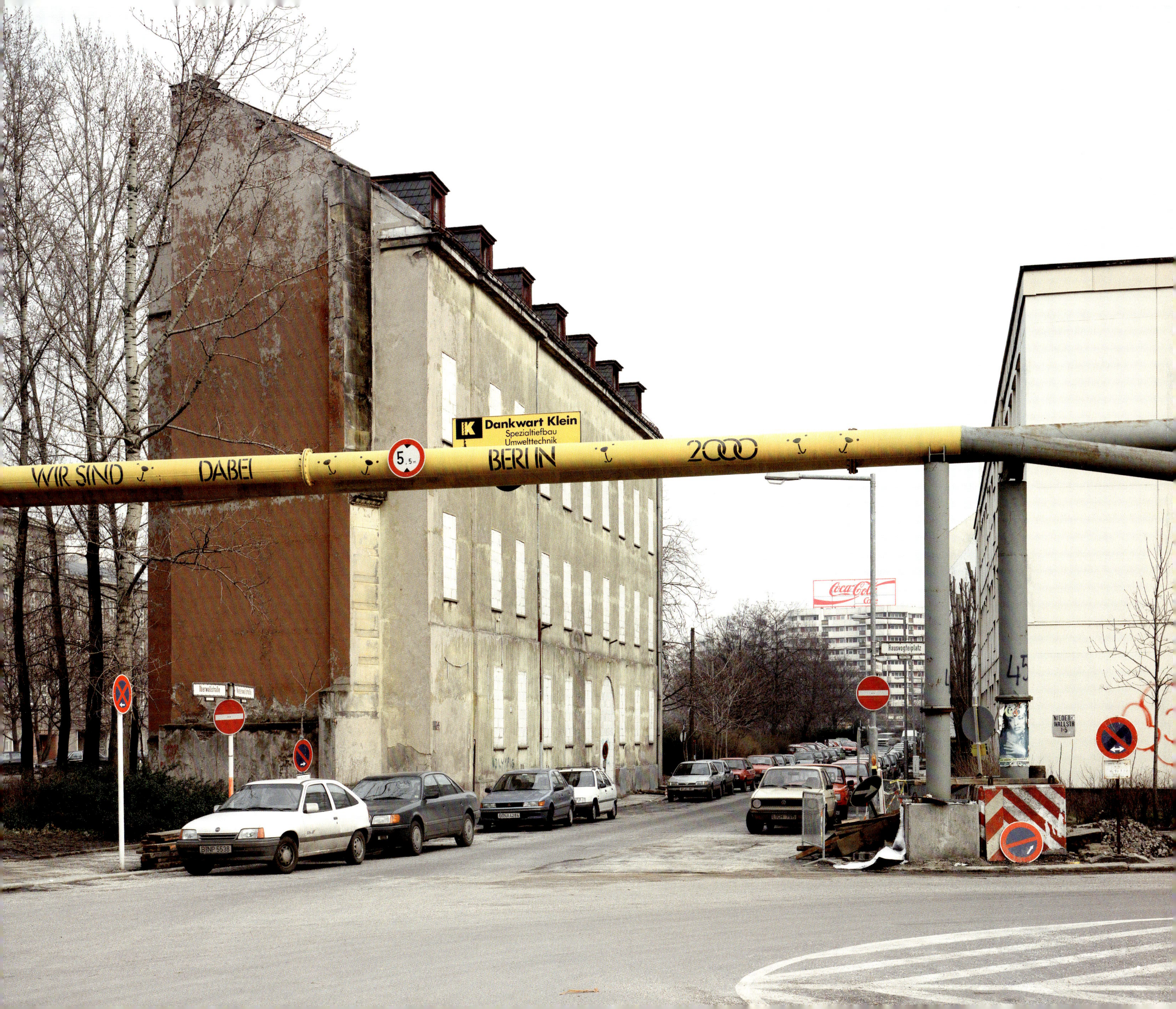

WIR SIND DABEI BERLIN 2000
Dankwart Klein
Spezialtiefbau
Umwelttechnik
Hausvogteiplatz
NIEDER-
WALLSTR

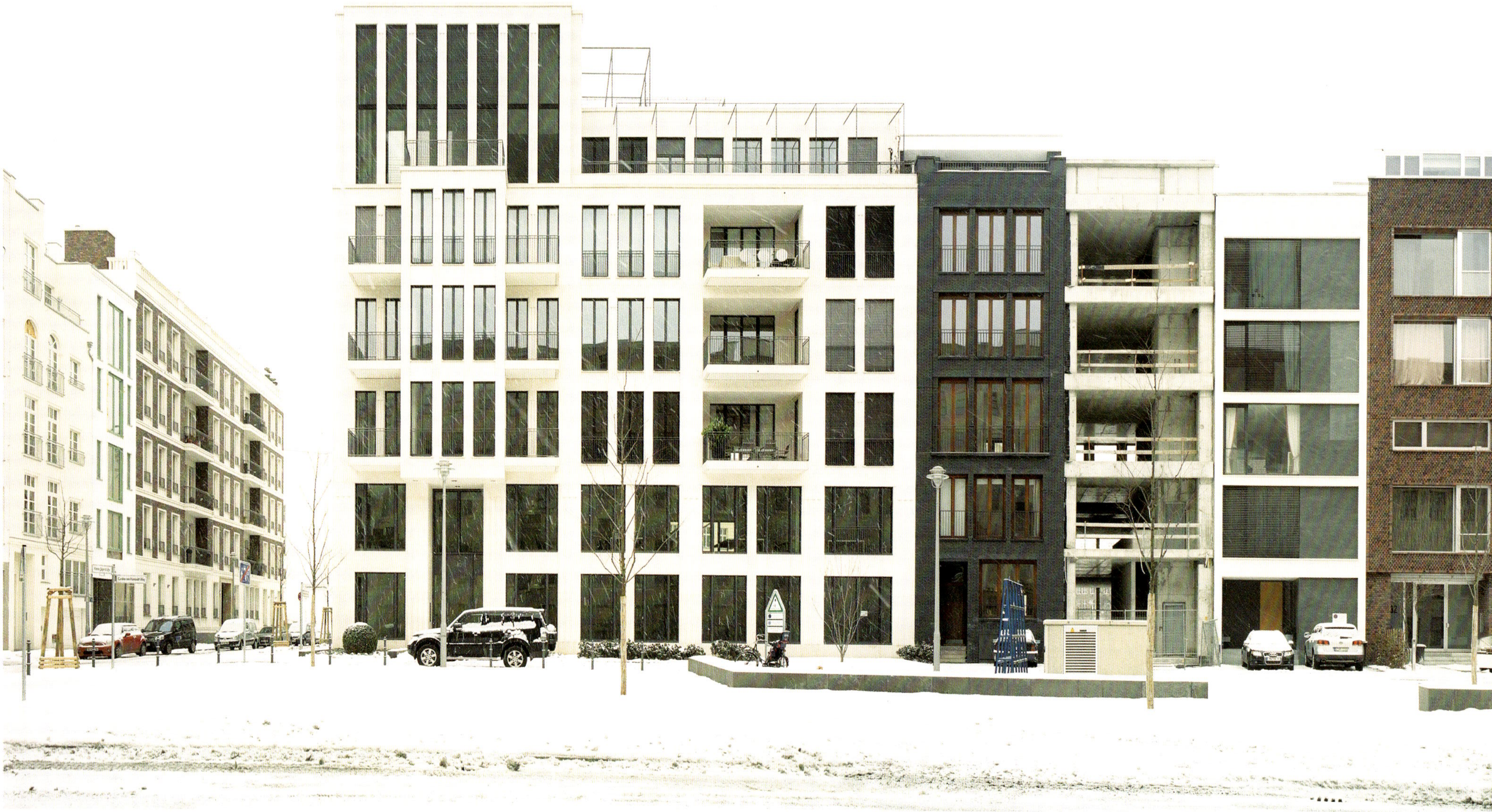

Townhouses am Caroline-von-Humboldt-Weg, 21. Februar 2009
Townhouses on Caroline-von-Humboldt-Weg, 21 February 2009

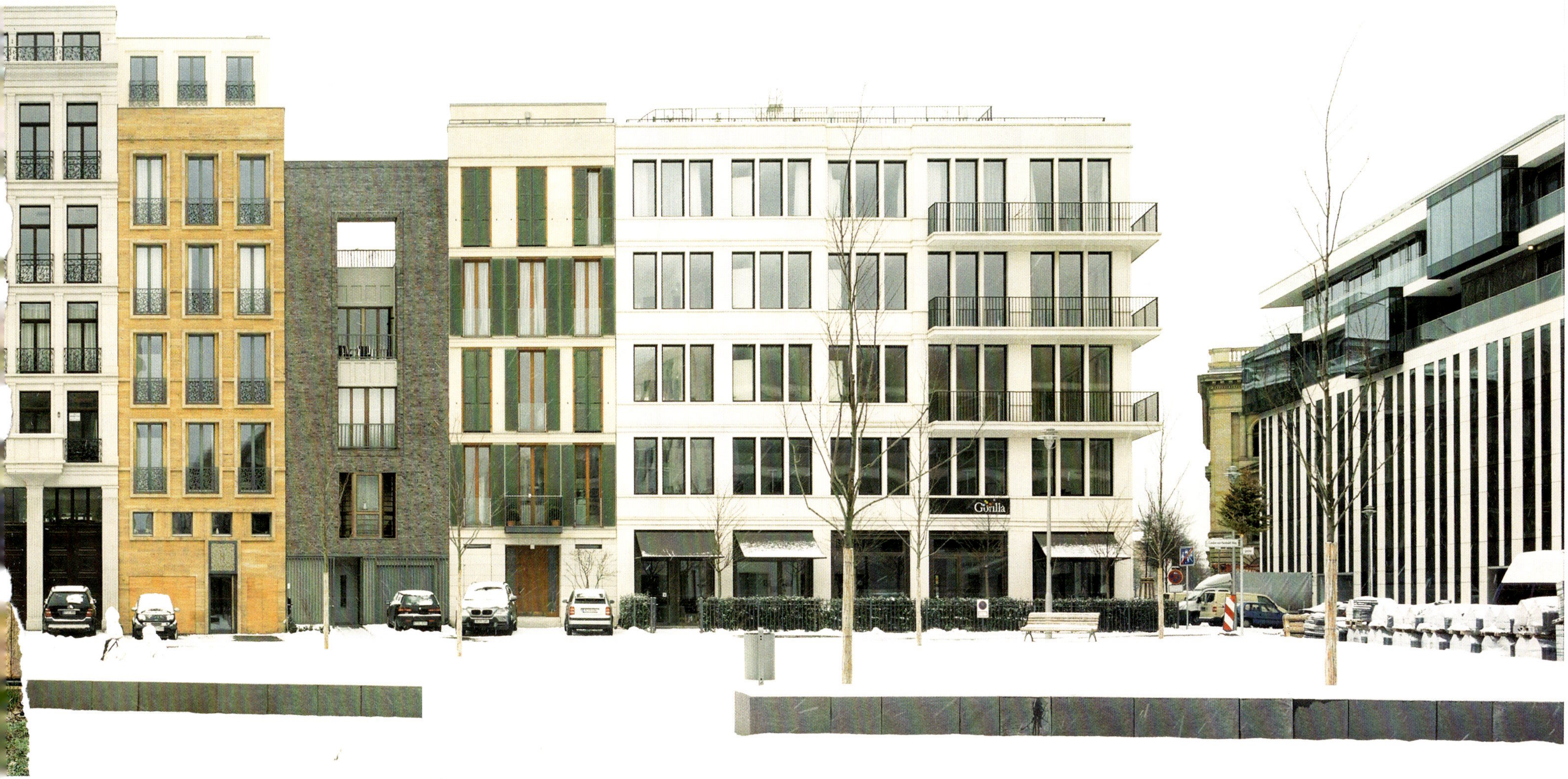
Gorilla

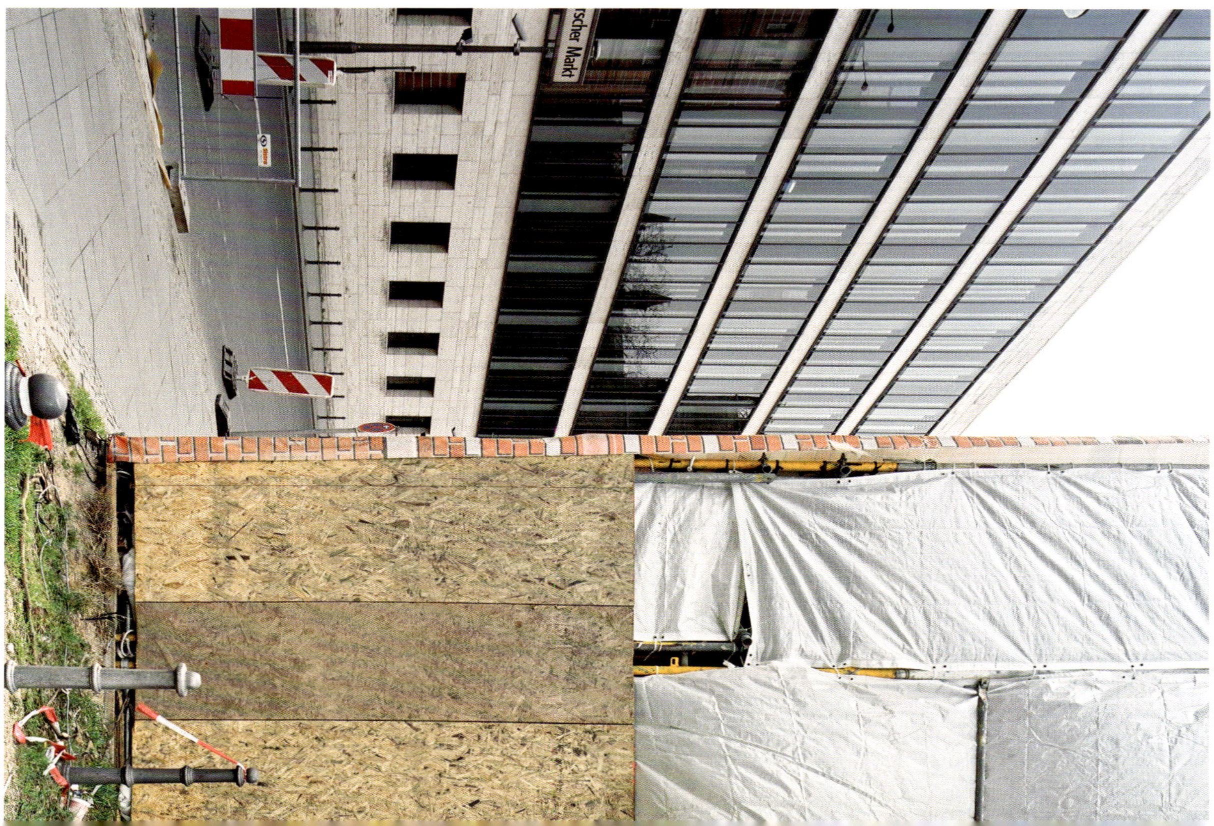

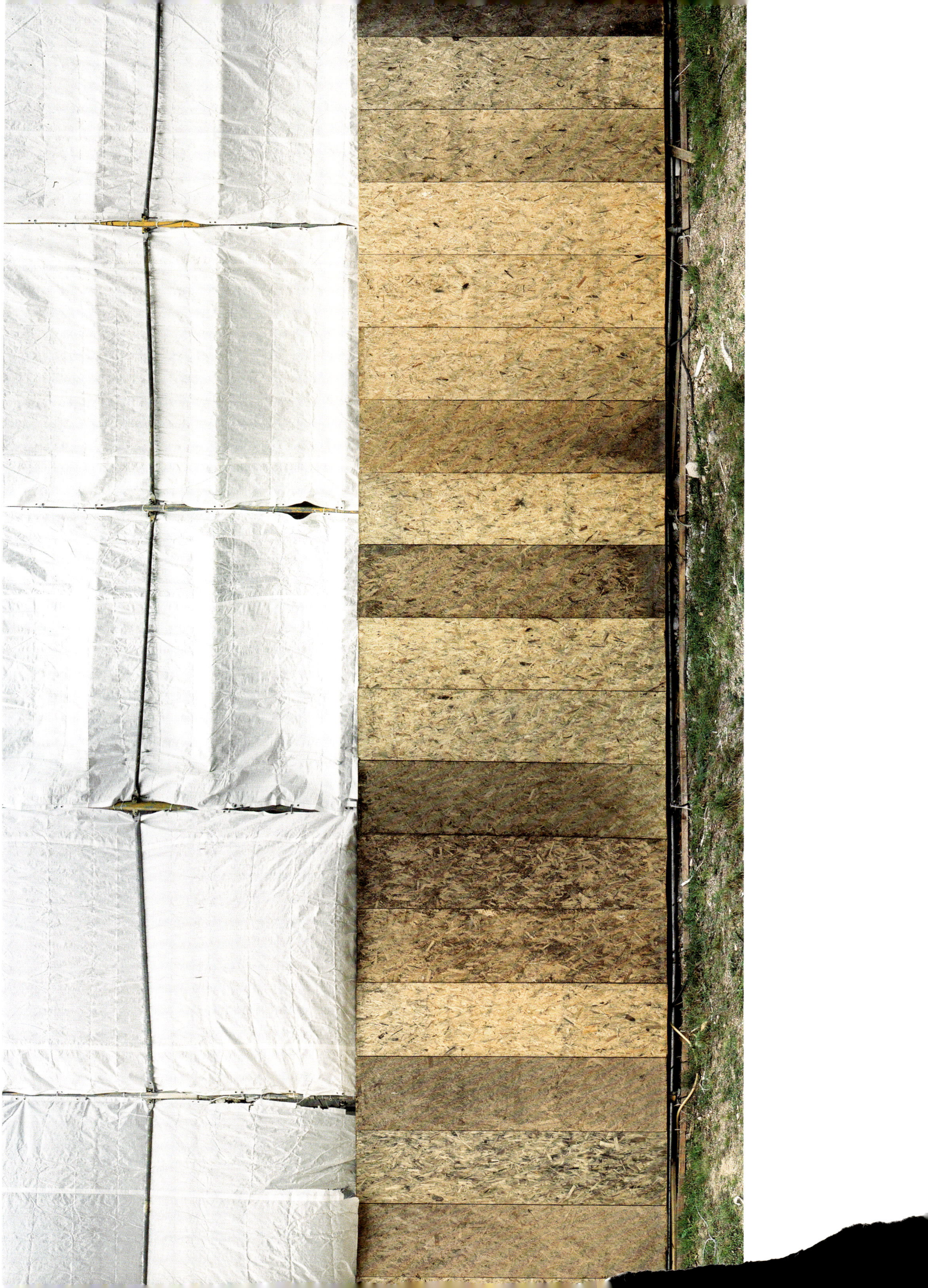

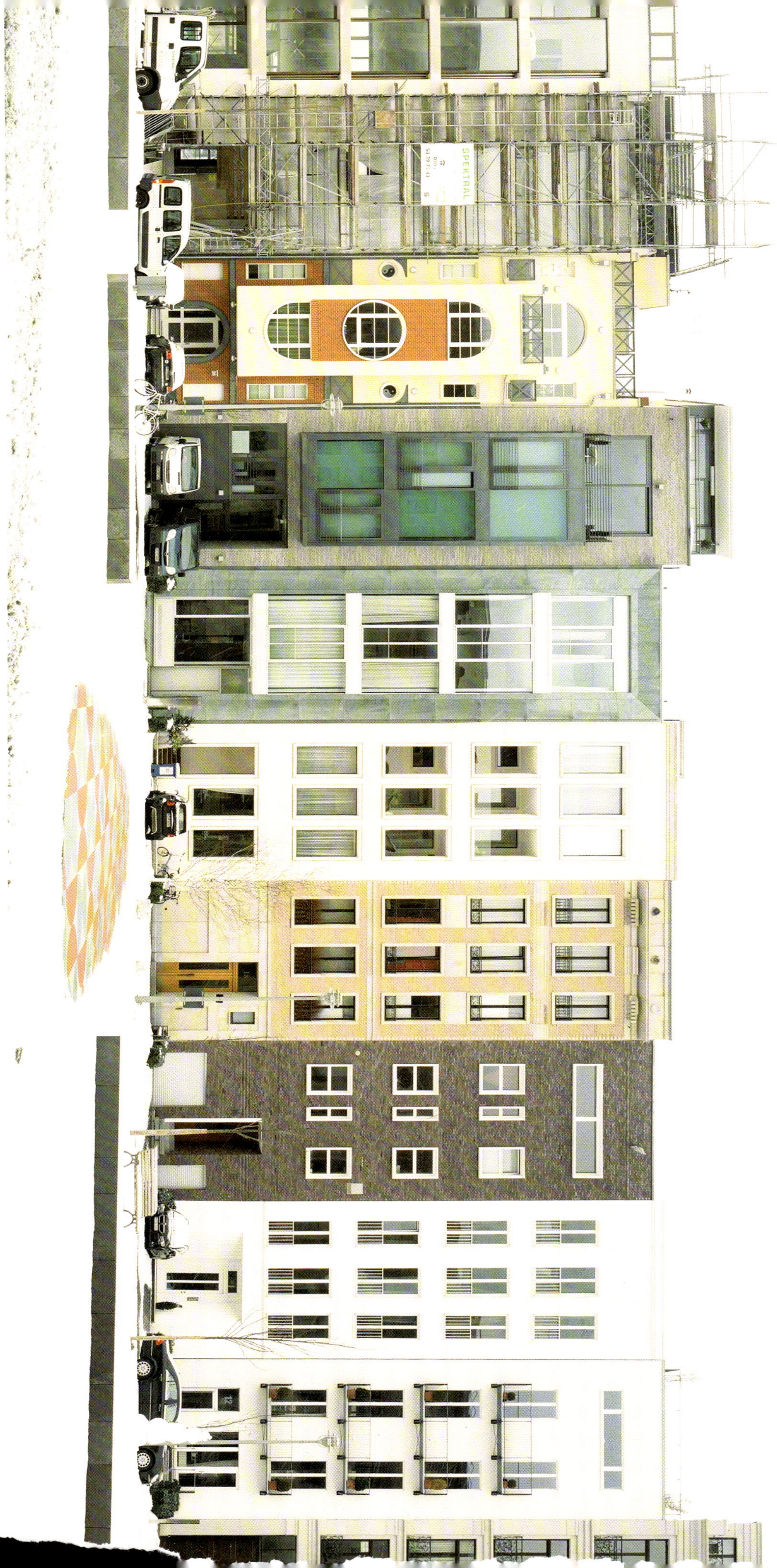
SPEKTRAL

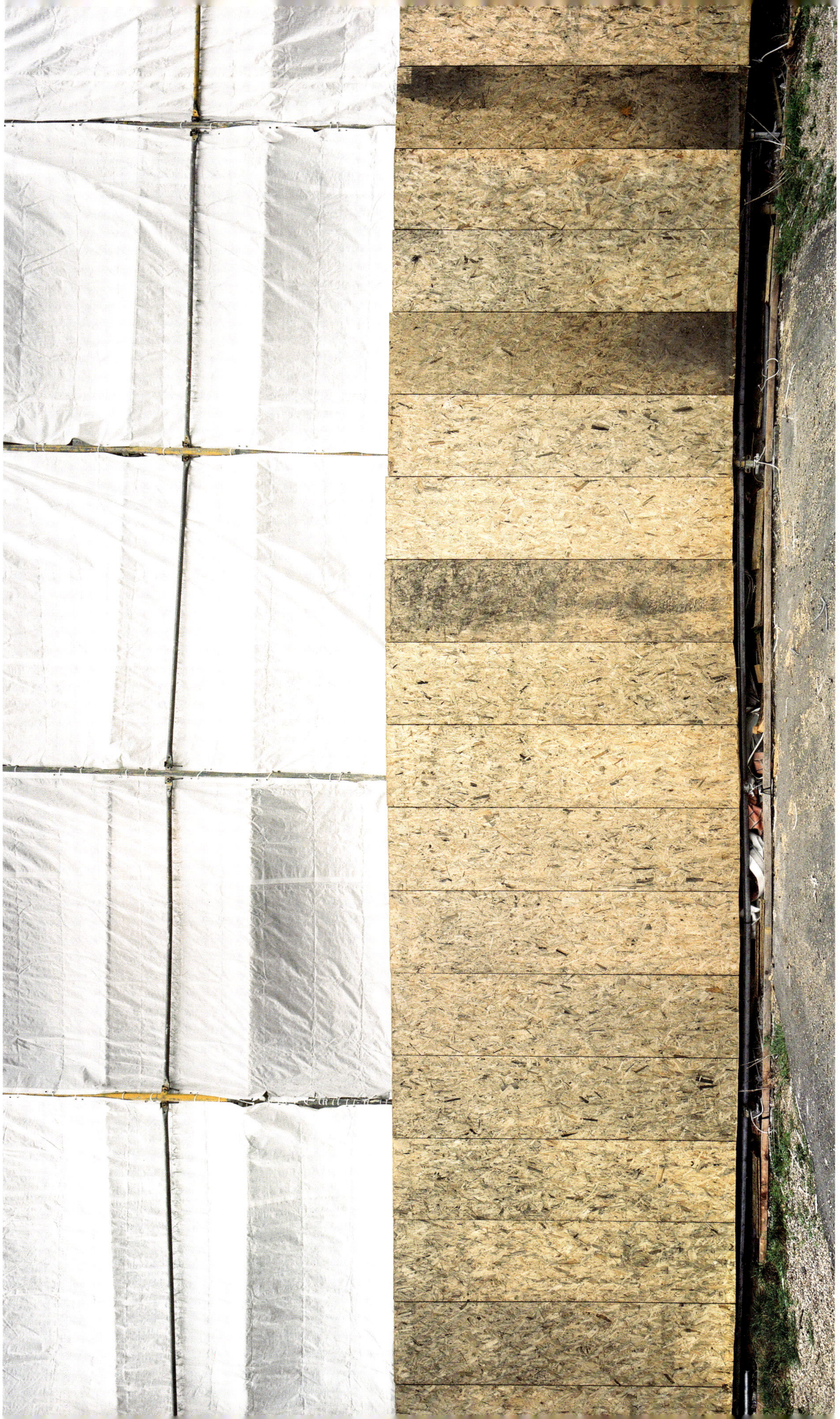

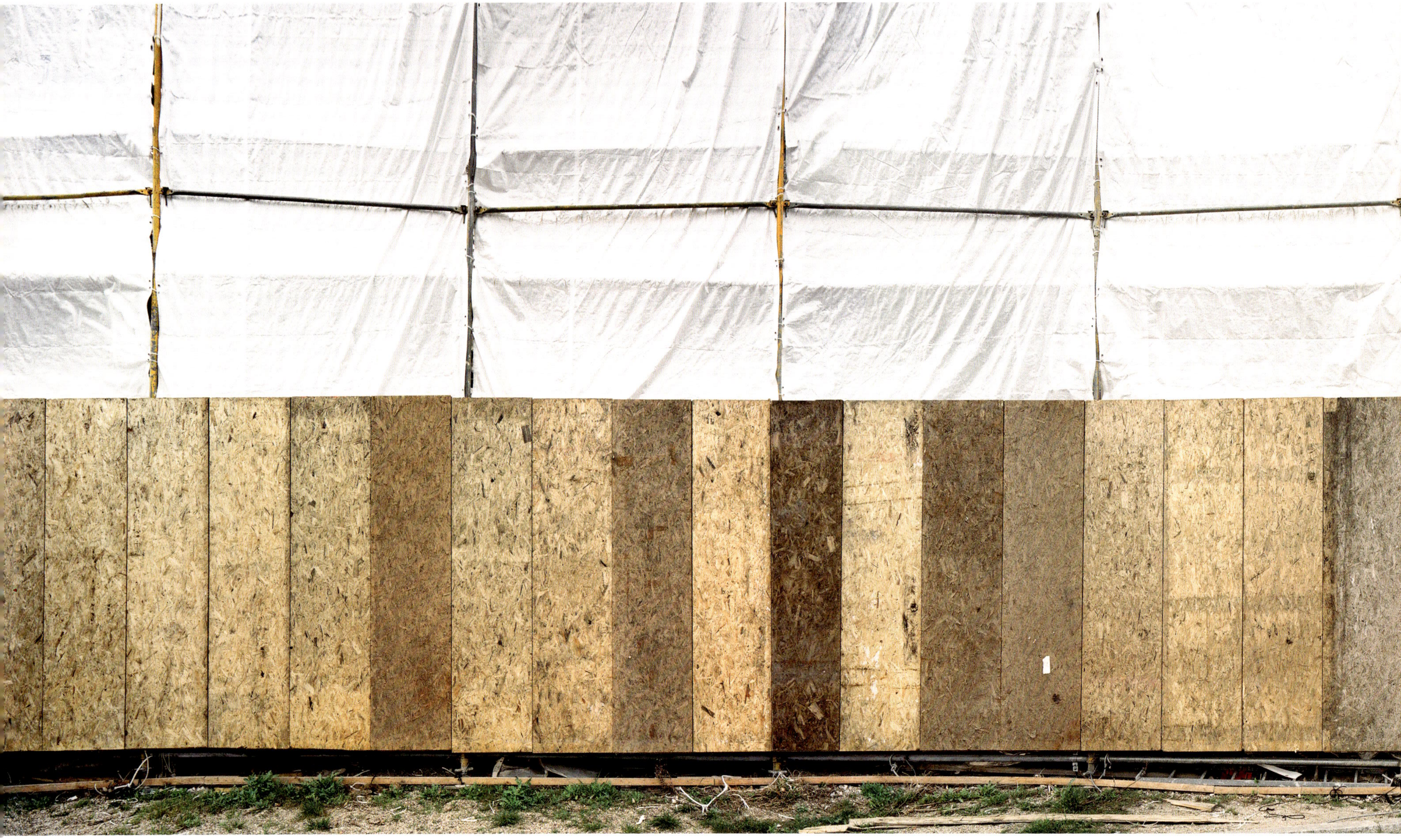

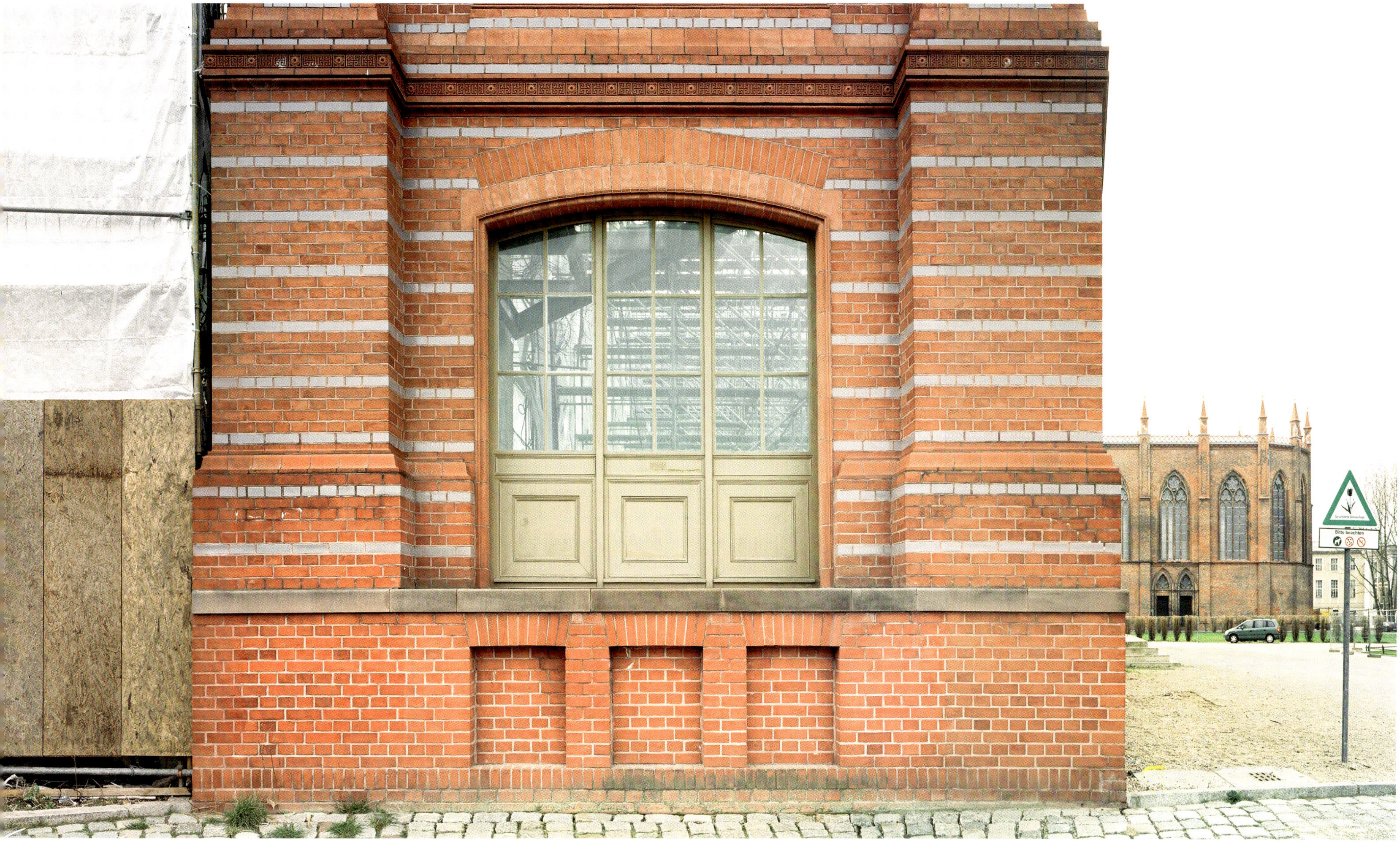

Ostseite der Attrappe der Bauakademie, rechts im Hintergrund die Friedrichswerdersche Kirche, 3. April 2009
East side of the mocked-up exterior of the School of Architecture, in the background on the right Friedrichswerder Church, 3 April 2009

Seiten/*pages* 30/31:
Blick von der Kurstraße auf den Werderschen Markt mit der Friedrichswerderschen Kirche und der Bauakademie, 9. Juni 1952
View of Werderscher Markt from Kurstraße with Friedrichswerder Church and the School of Architecture, 9 June 1952

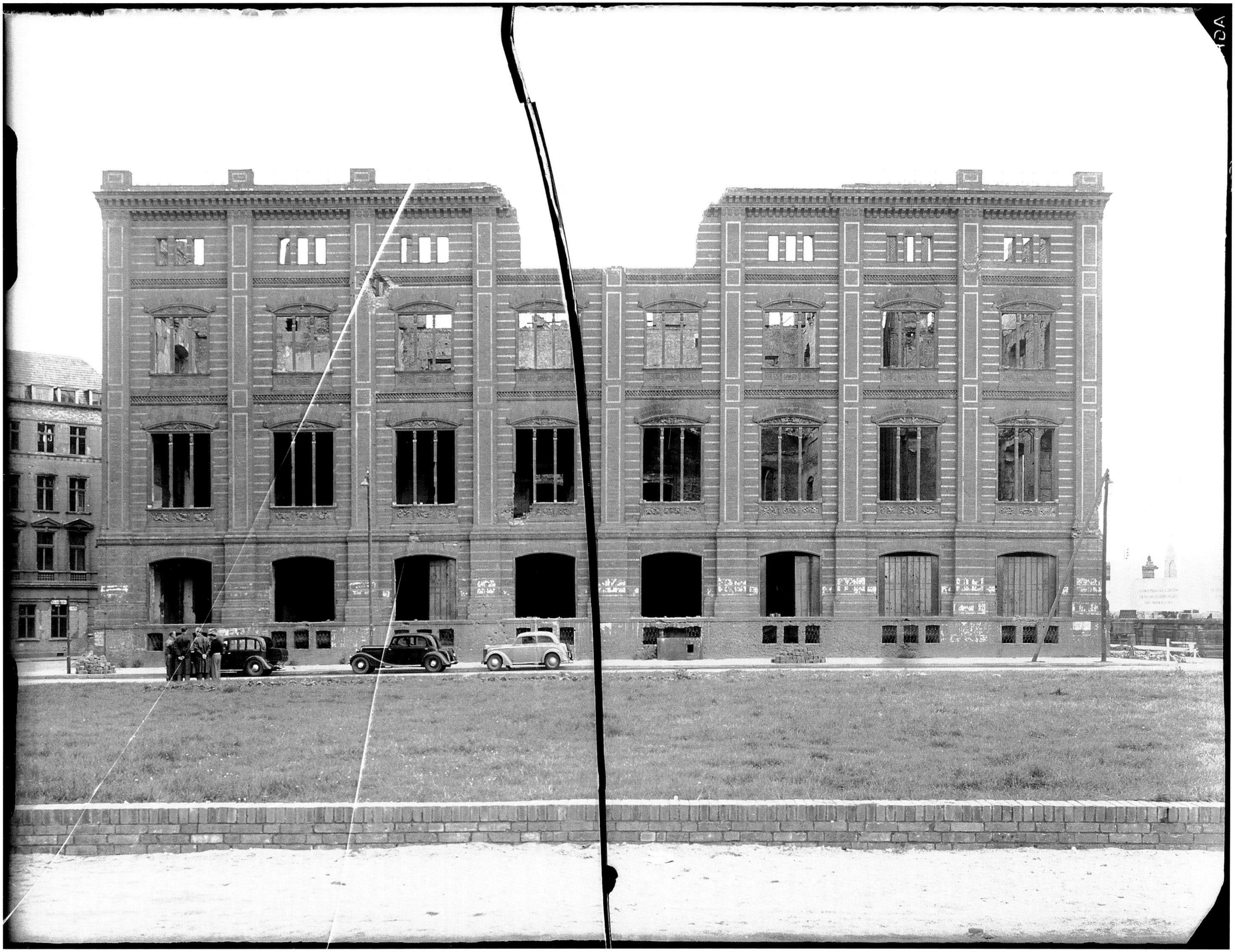

Werderscher Markt, Ruine der Bauakademie, Frühjahr 1952
Werderscher Markt, ruins of the School of Architecture, spring 1952

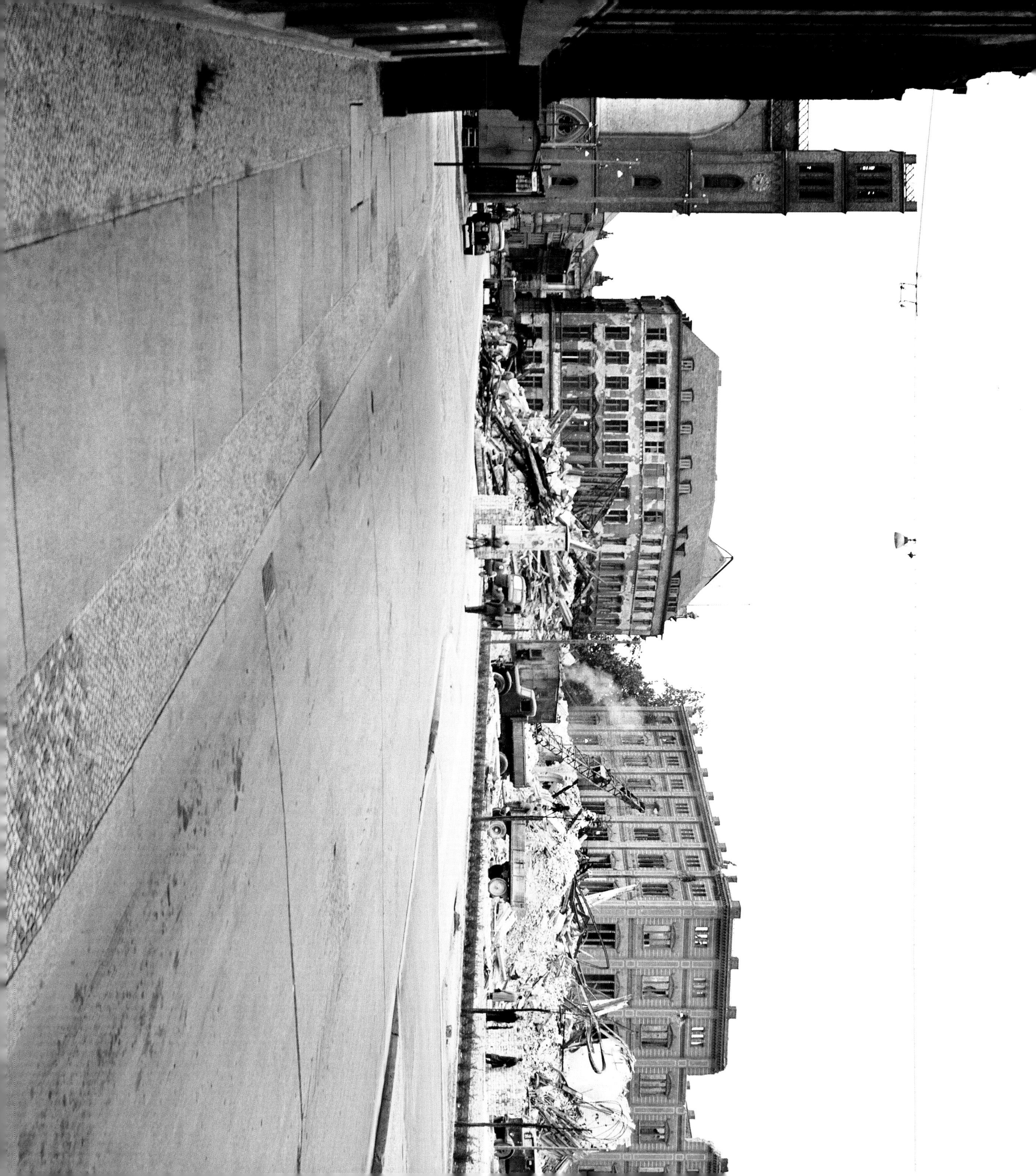

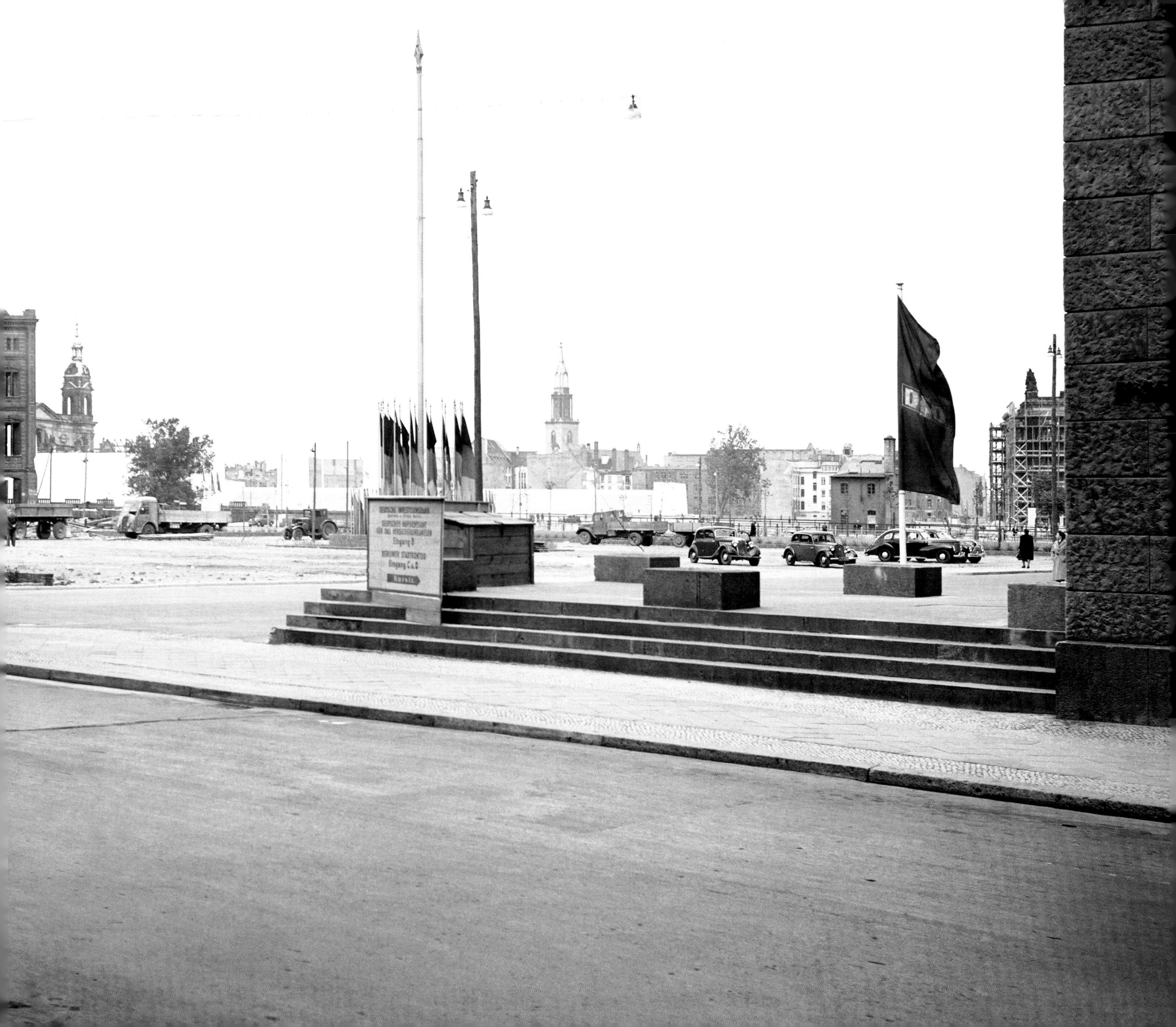

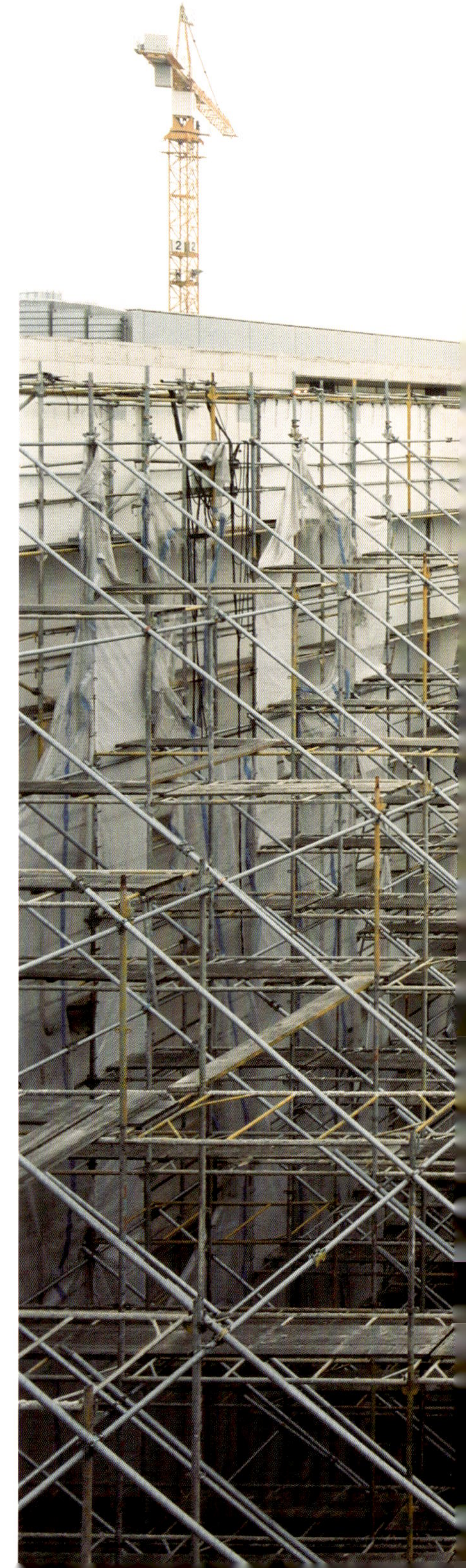

Das Innere der Attrappe der Bauakademie, 22. Dezember 2007
The interior of the mocked-up School of Architecture, 22 December 2007

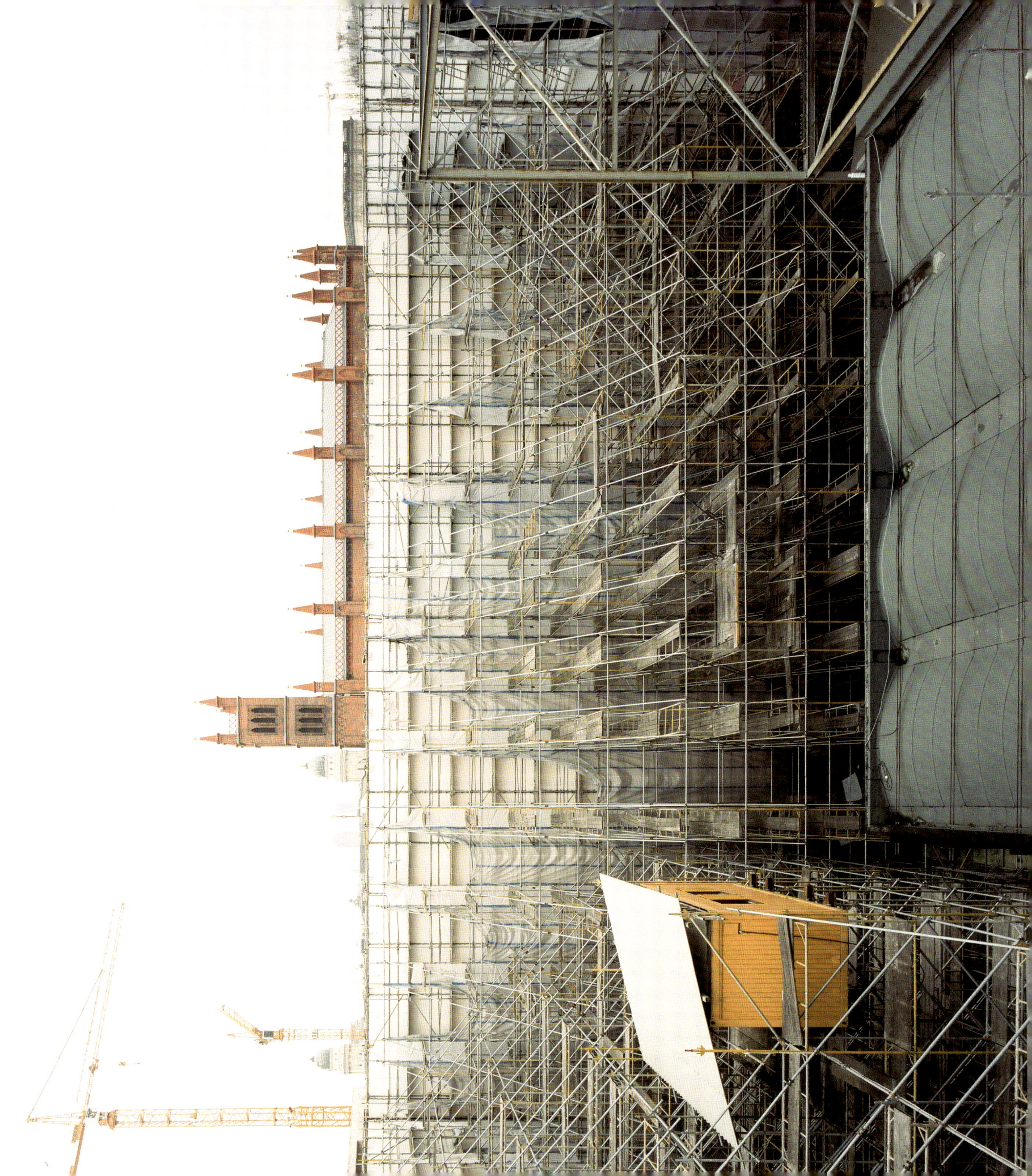

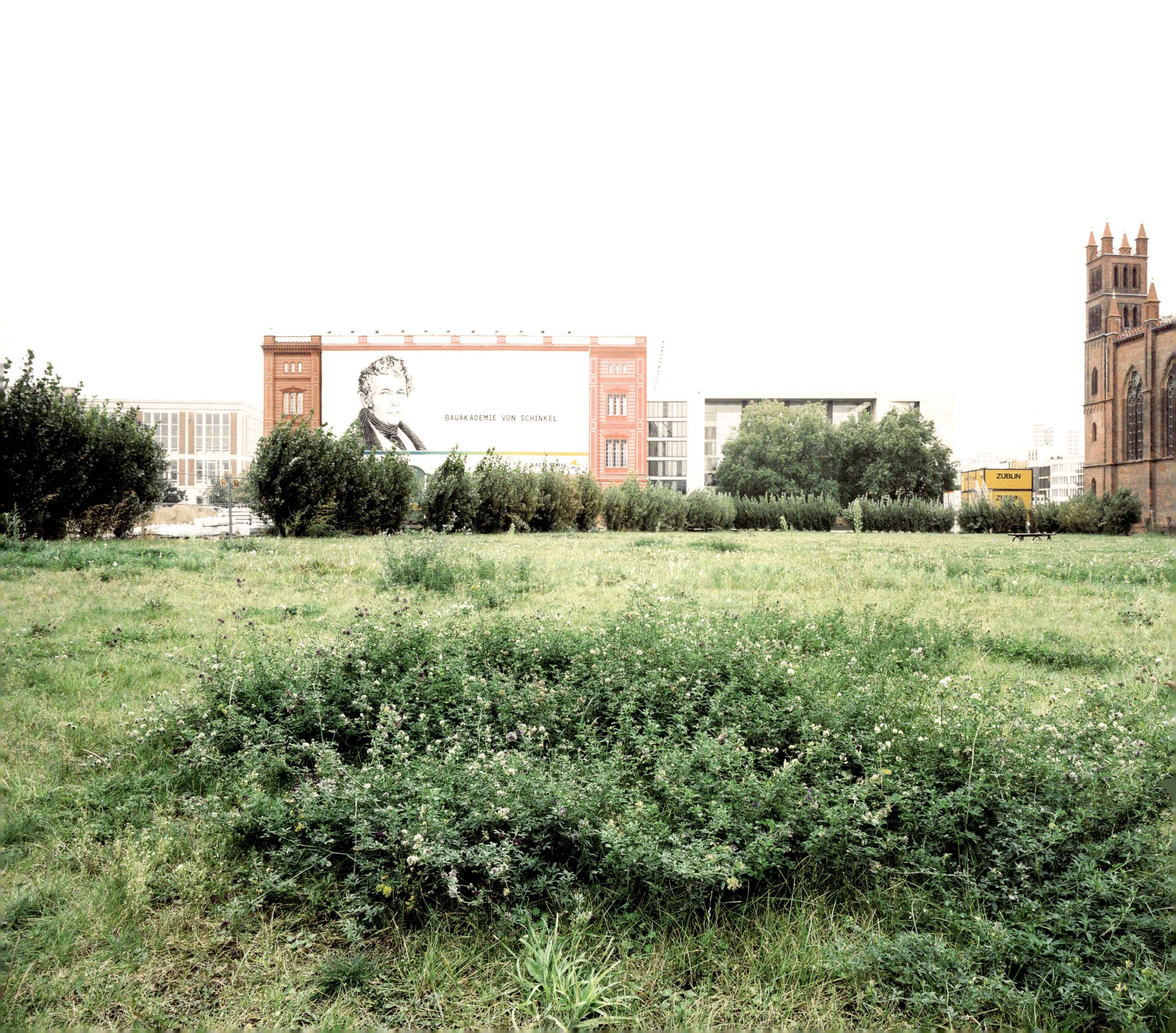
BAUAKADEMIE VON SCHINKEL
ZÜBLIN

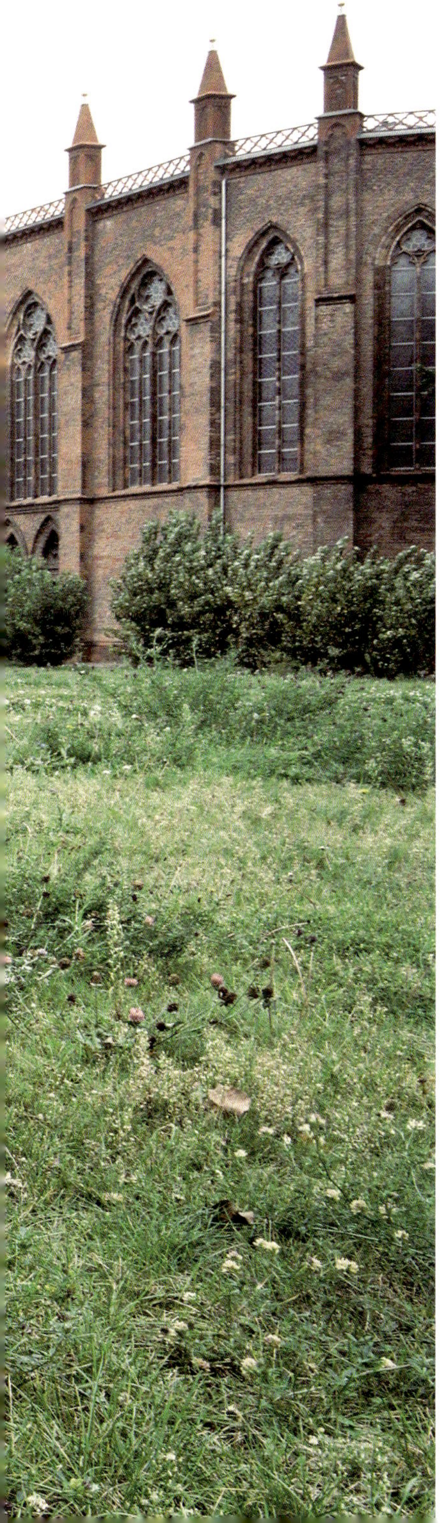

Wiese neben dem Schinkelplatz, im Hintergrund die Attrappe der Bauakademie, das Auswärtige Amt und die Friedrichswerdersche Kirche, 14. Januar 2007
Green space next to Schinkelplatz, in the background the mocked-up School of Architecture, the Foreign Ministry and Friedrichswerder Church, 14 January 2007

Seiten/*pages 36/37:*
Französische Straße, Ecke Oberwallstraße mit der zerstörten Hedwigskathedrale und der Ruine der Staatsoper, 2. Oktober 1951
The corner of Französische Straße and Oberwallstraße with the ruins of St. Hedwig's Cathedral and of the Opera House, 2 October 1951

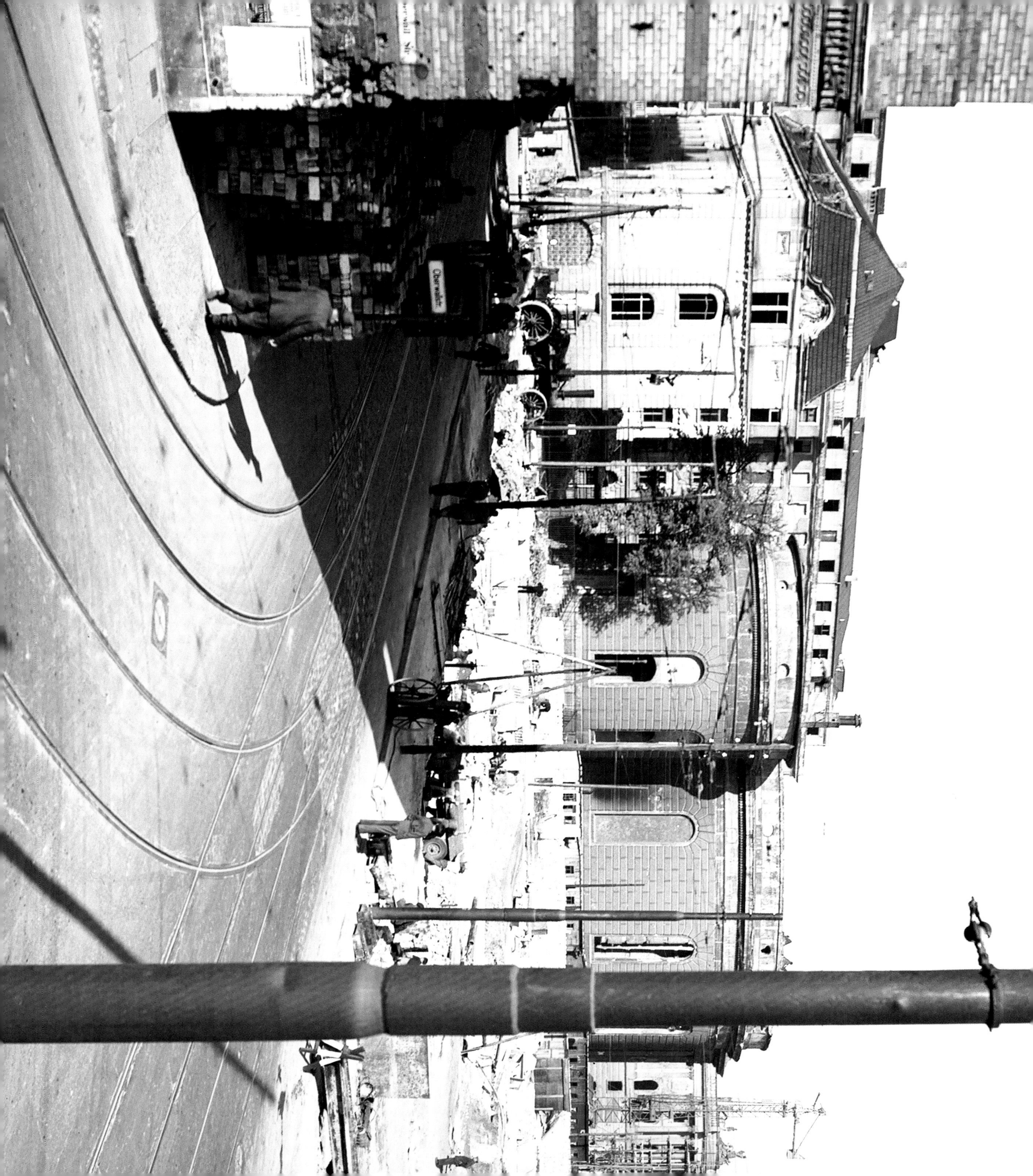

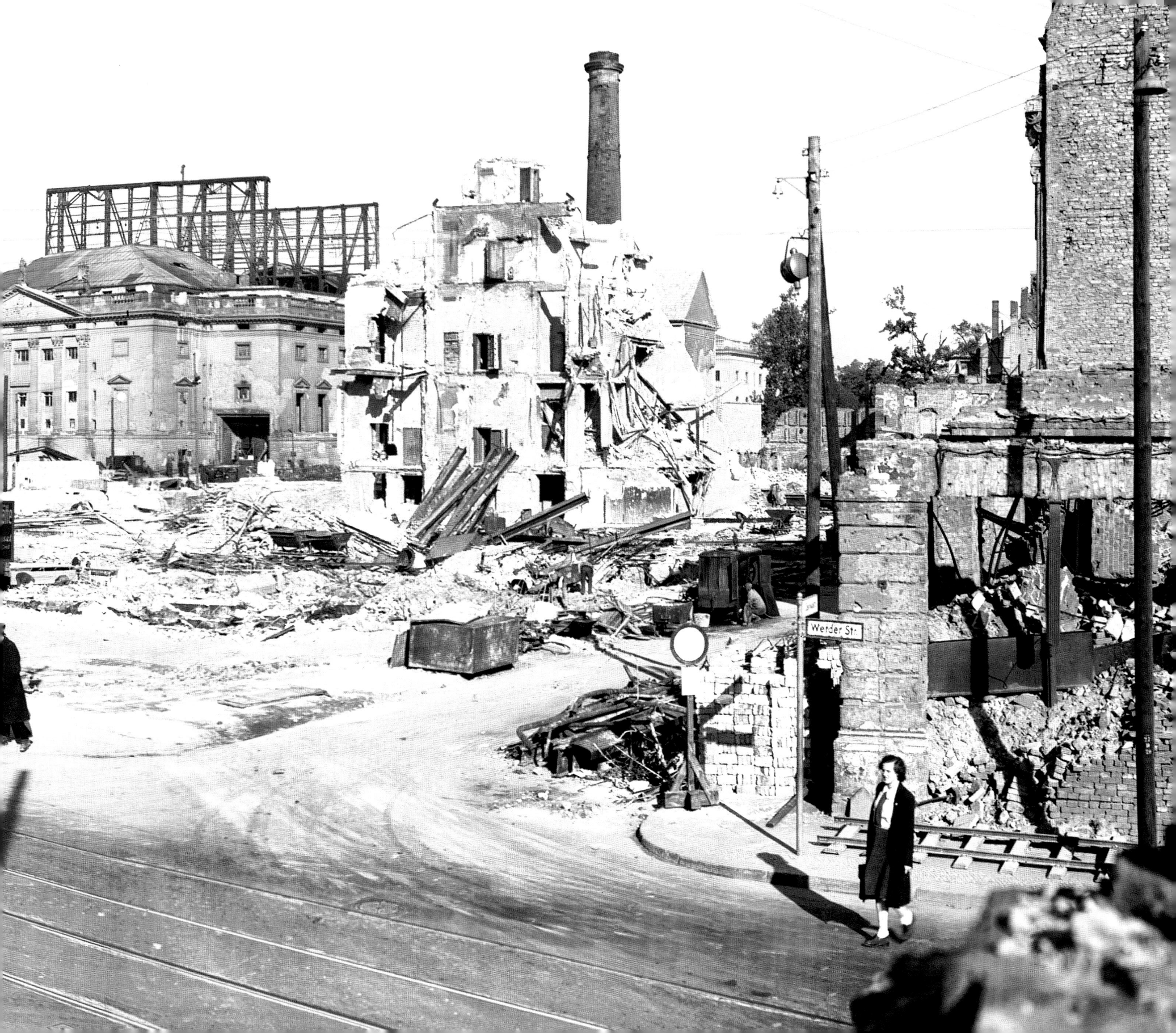
Werder Str.

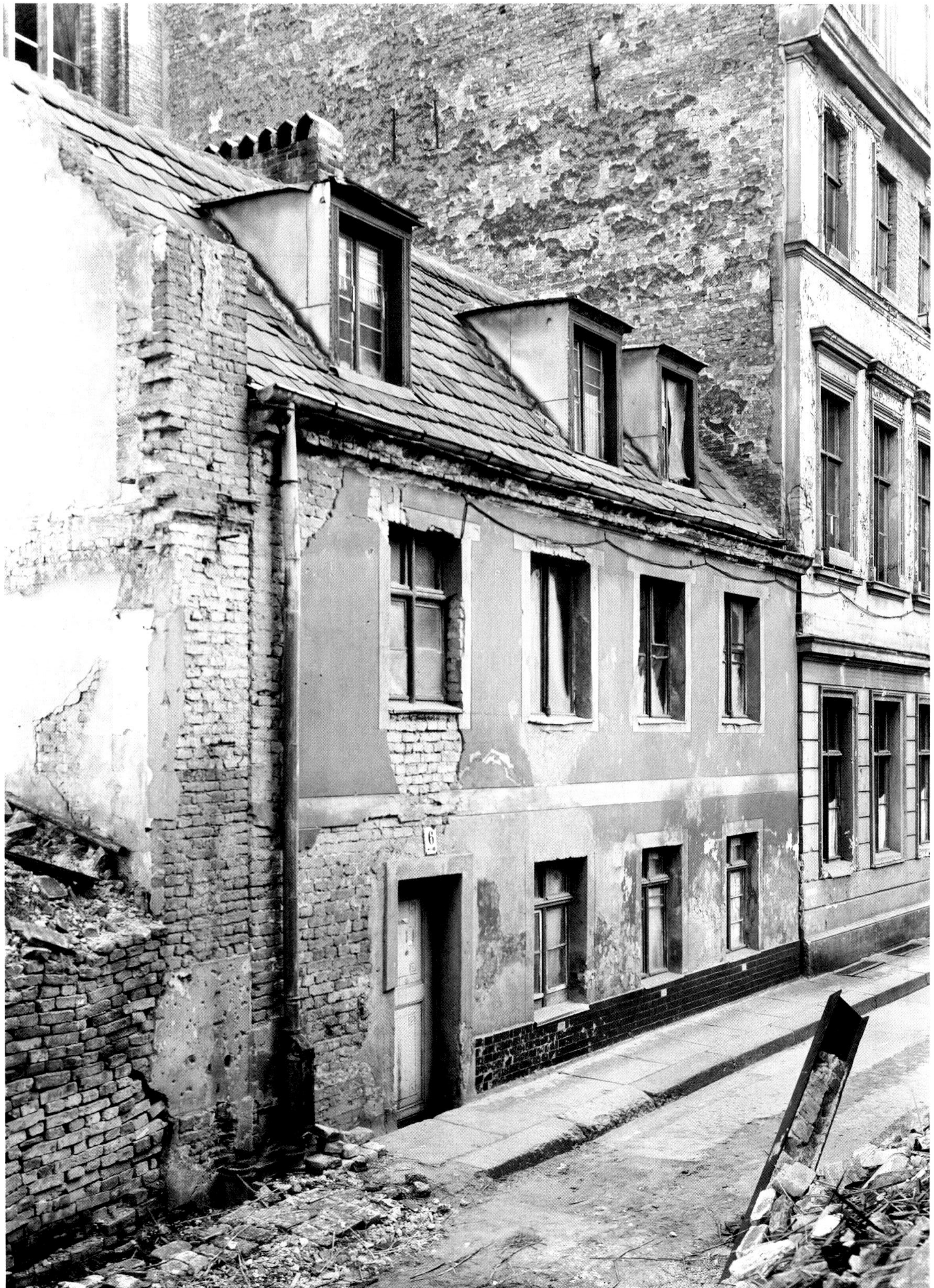

Falkoniergasse 8, 25. Januar 1951
No. 8 Falkoniergasse, 25 January 1951

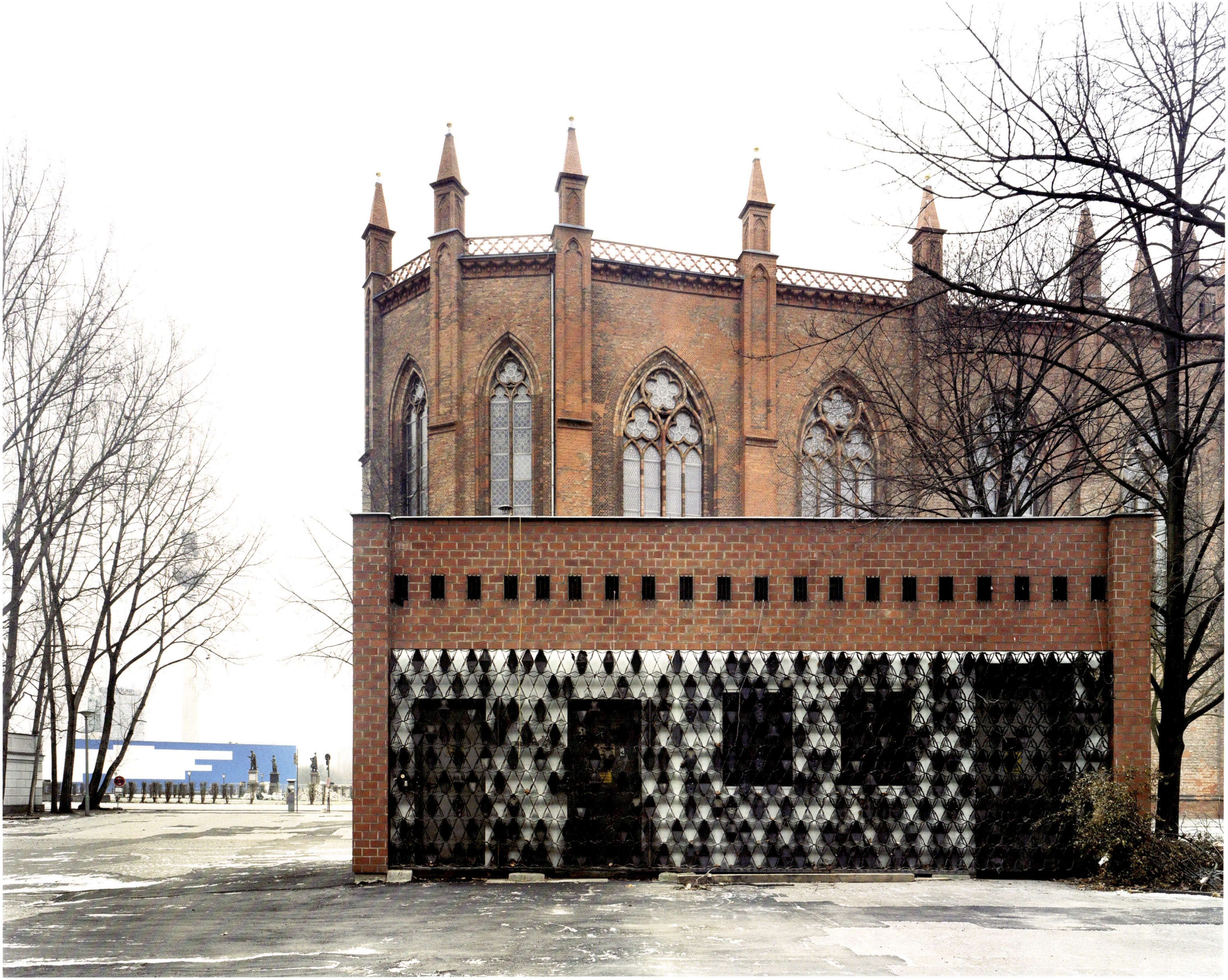

Blick durch die ehemalige Werdersche Rosenstraße in Richtung Schlossplatz mit der Temporären Kunsthalle, 1. Februar 2009. Hinter dem Trafohaus zweigte die Falkoniergasse ab.
View down what was formerly Werdersche Rosenstraße towards Schlossplatz with the Temporäre Kunsthalle, 1 February 2009. Falkoniergasse branches off behind the electricity substation.

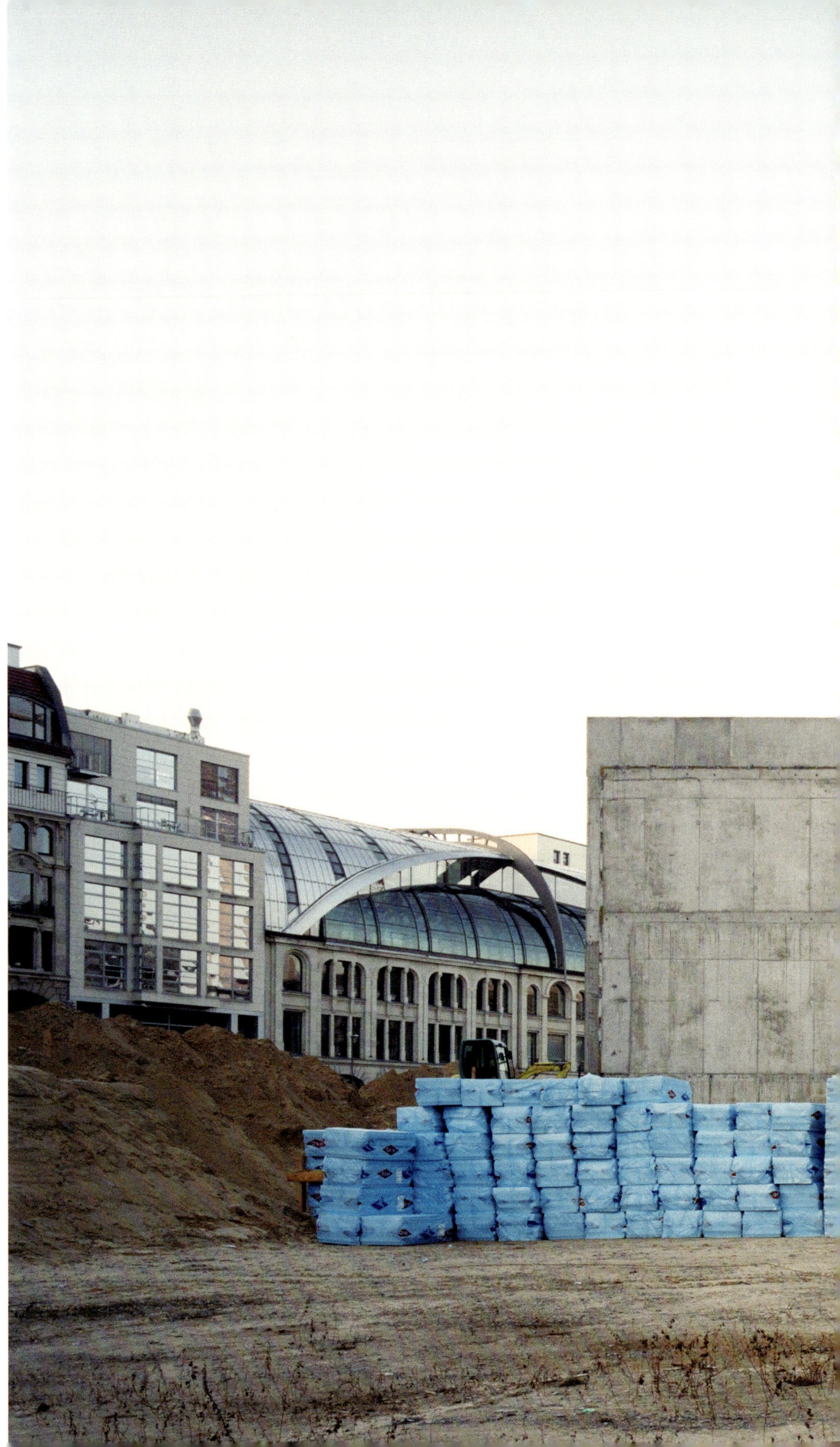

Rohbau eines Townhouses, von der Alten Leipziger Straße aus gesehen. Rechts die Kurstraße mit dem Auswärtigen Amt, im Hintergrund die Friedrichswerdersche Kirche, 16. Januar 2006
Shell of an unfinished townhouse, seen from Alte Leipziger Straße. On the right Kurstraße with the Foreign Ministry, in the background Friedrichswerder Church, 16 January 2006

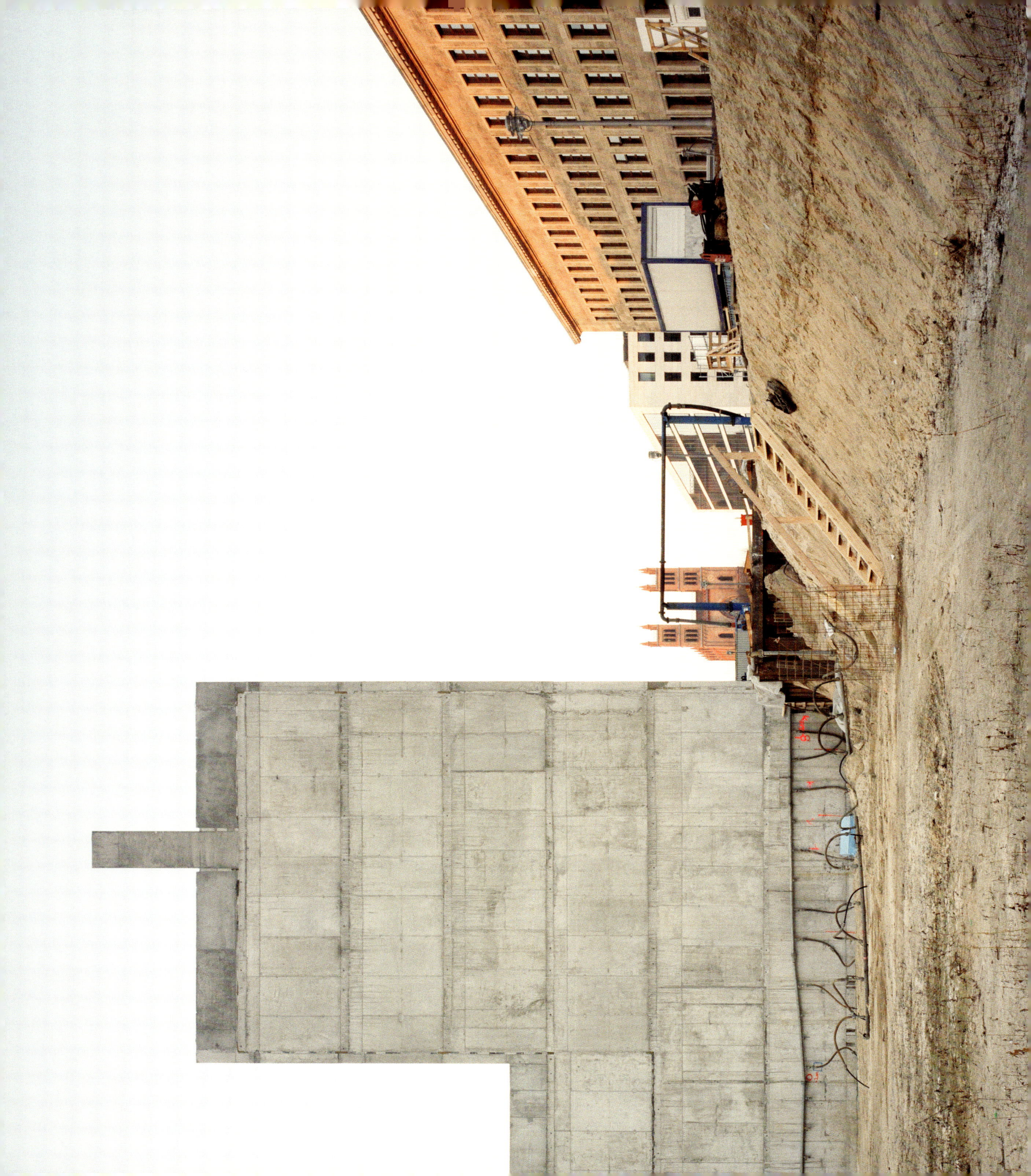

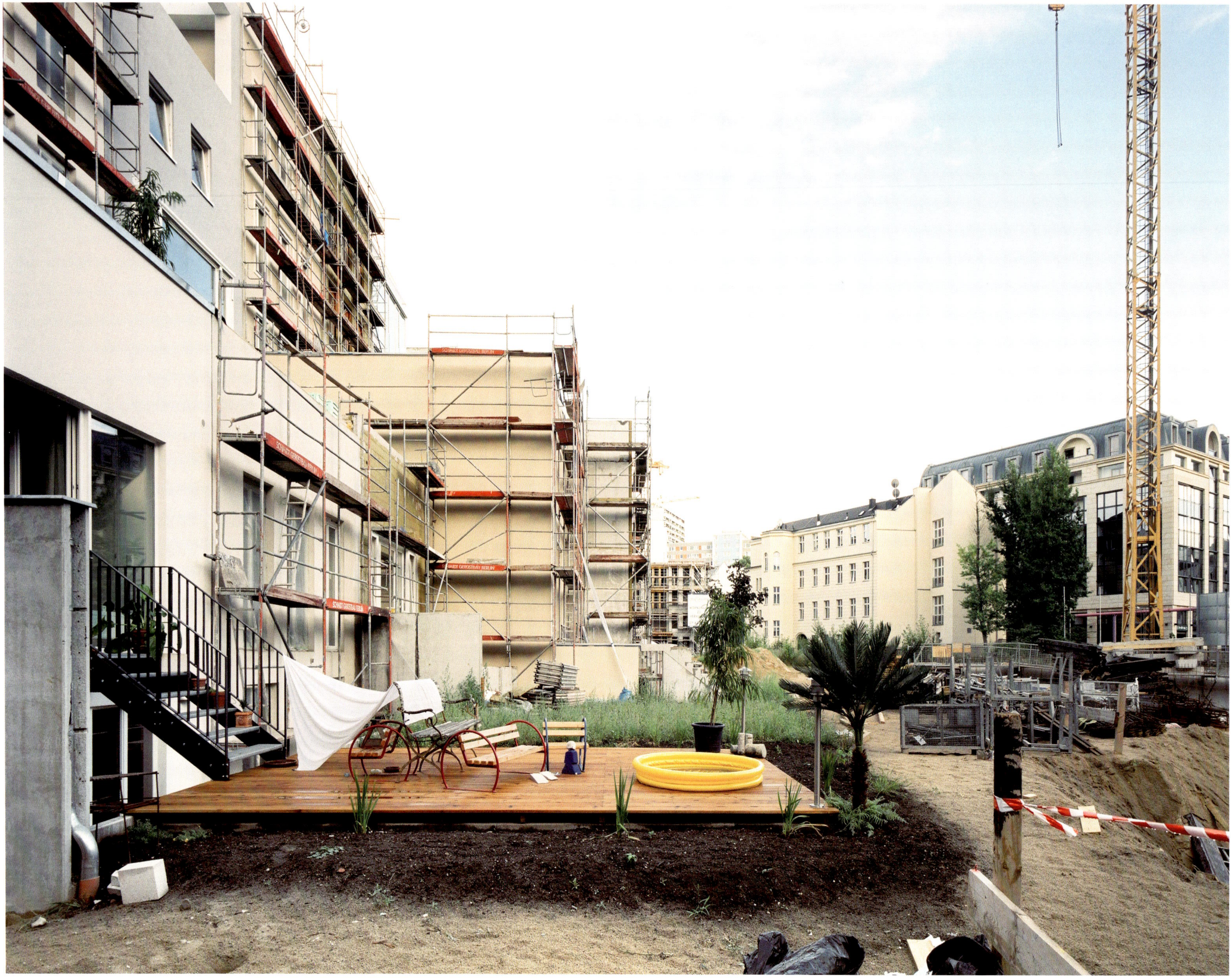

Rückseite der Townhouses am Caroline-von-Humboldt-Weg, im Hintergrund das Gebäude der Marokkanischen Botschaft, 3. August 2006
Rear of the townhouses on Caroline-von-Humboldt-Weg, in the background the Moroccan Embassy building, 3 August 2006

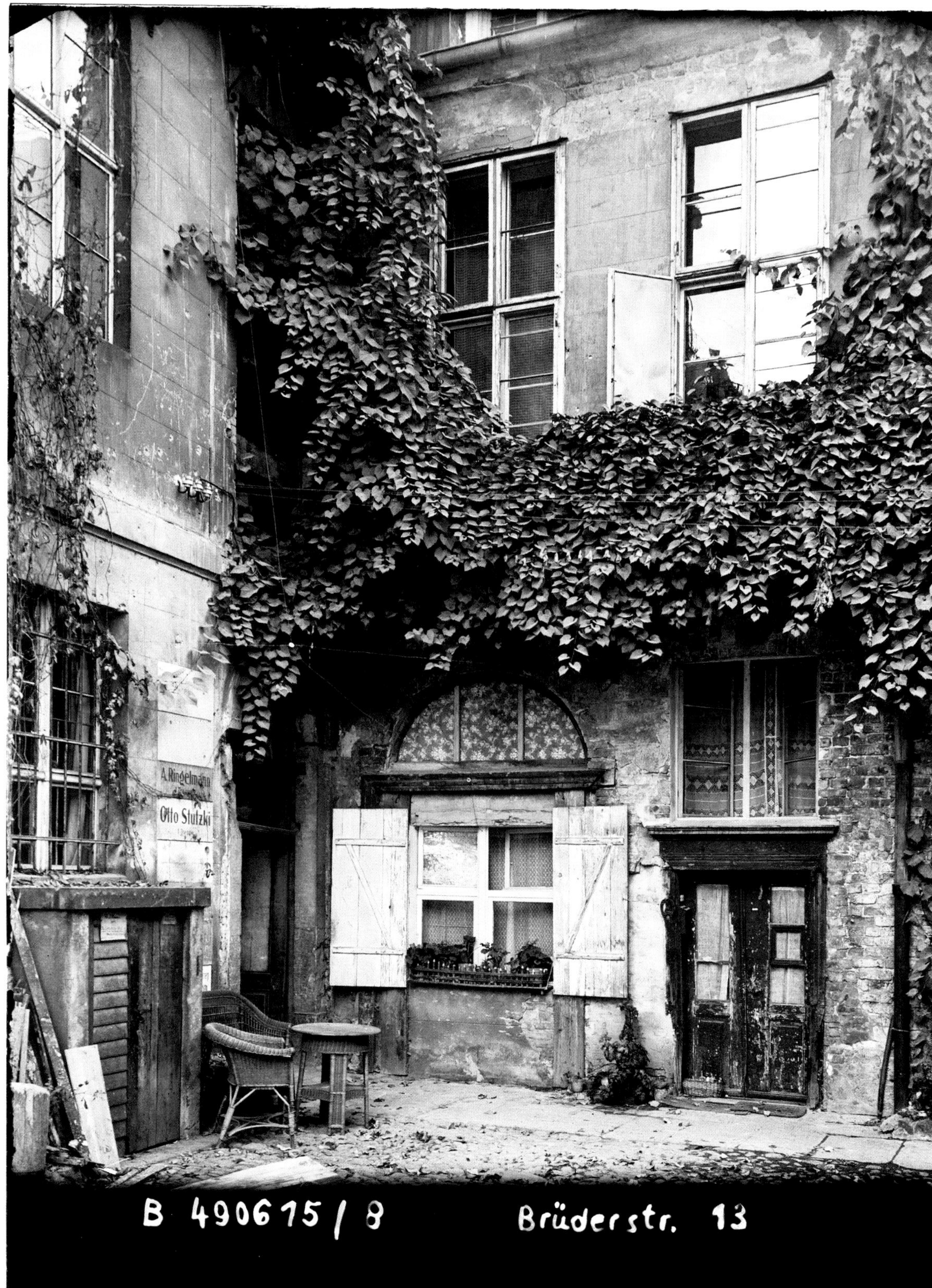

Innenhof des Nicolaihauses in der Brüderstraße 13, 15. Juni 1949
Interior courtyard of the Nicolaihaus, no. 13 Brüderstraße, 15 June 1949

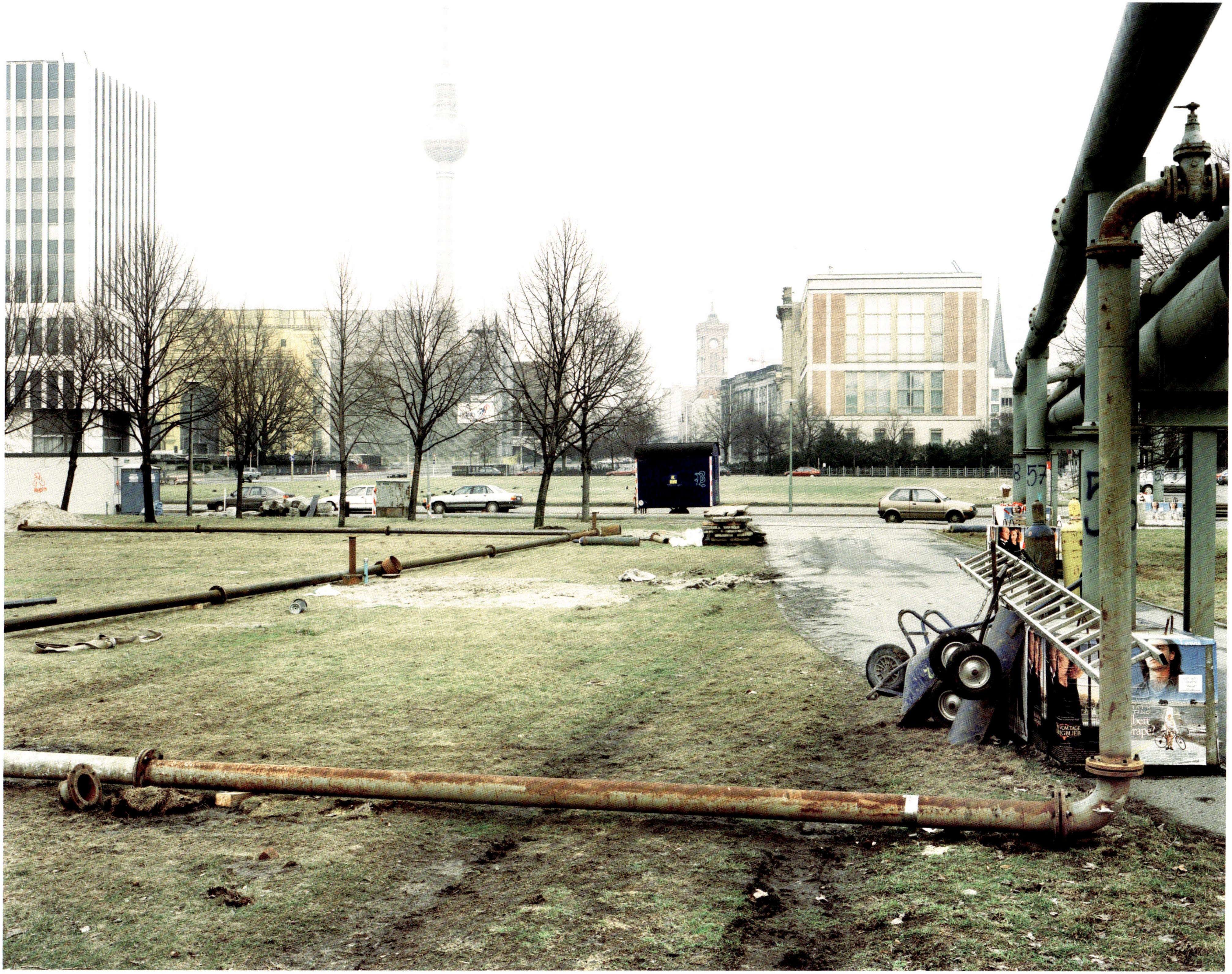

Werderscher Markt, Januar 1994. Im Hintergund das Staatsratsgebäude, die Schlossattrappe und ganz links das Außenministerium der DDR, das im Oktober 1995 abgerissen wurde.
Werderscher Markt, January 1994. In the background the State Council building, the Royal Palace mock-up and, on the far left, the East German Foreign Ministry, demolished in October 1995

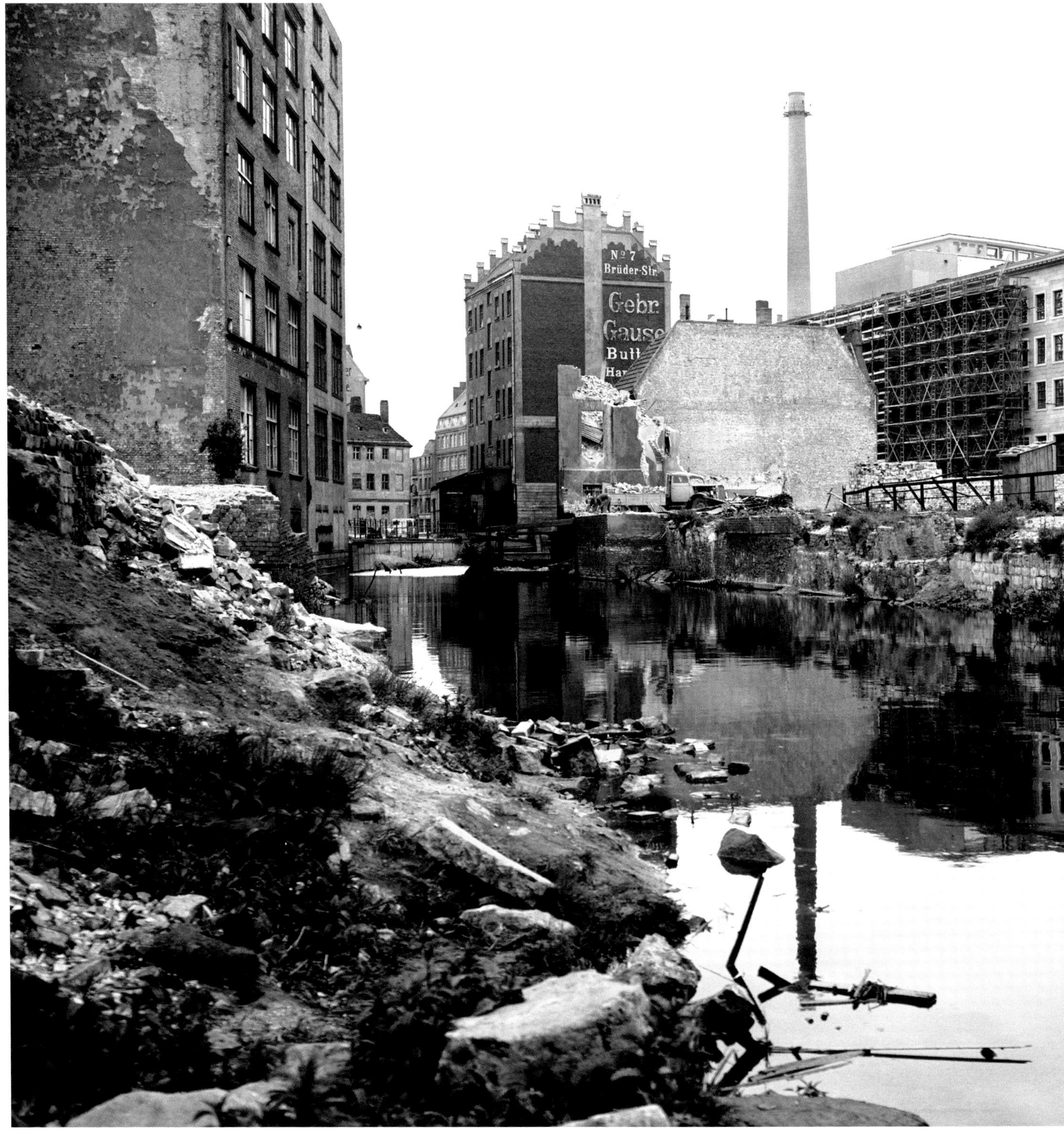
Nº 7
Brüder-Str.
Gebr.
Gause
Butt
Han

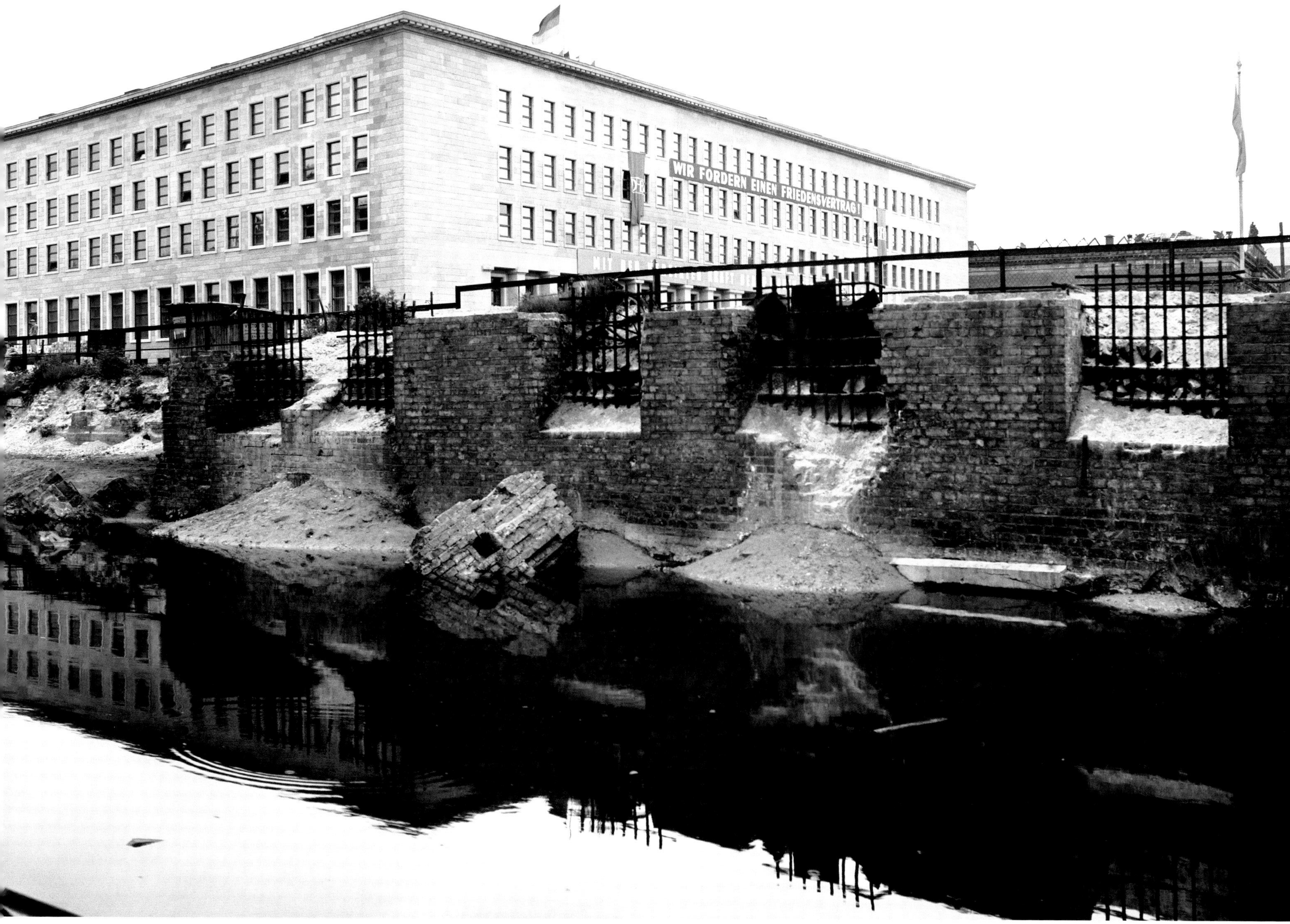

Der 1962 beim Bau des Staatsratsgebäudes zugeschüttete Mühlengraben mit der neuen Reichsbank, 23. Mai 1952
The new Reichsbank building and Mühlengraben, which was filled in in 1962 during the construction of the State Council building, 23 May 1952

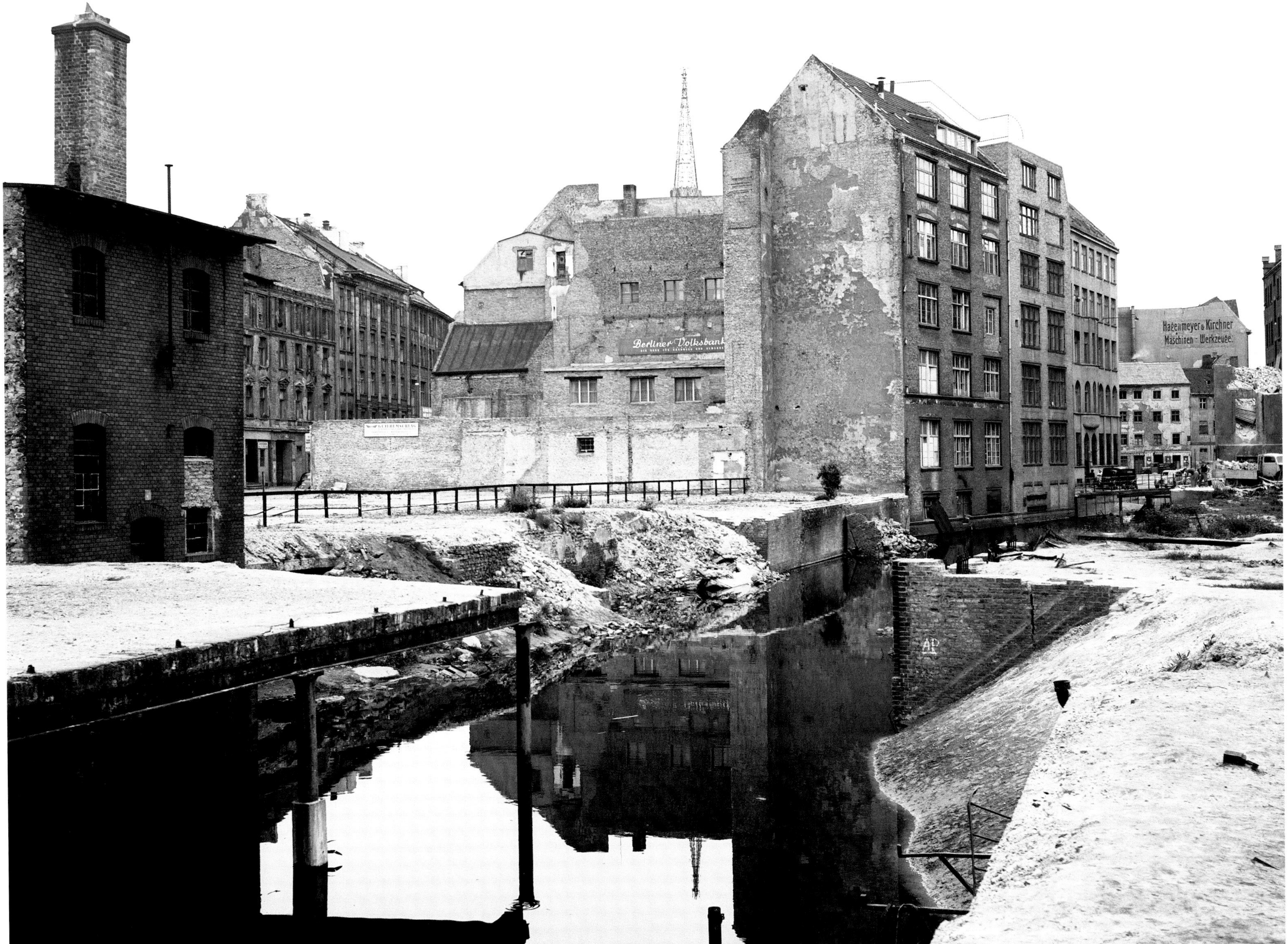

Blick über den Mühlengraben, links die damals noch bis zum Schlossplatz führende Brüderstraße. Im Hintergrund die ausgebrannte Kirchturmspitze der Petrikirche, 23. Mai 1952
View over Mühlengraben, on the left Brüderstraße, which still led at that time to Schlossplatz. In the background the burned-out church spire of Petrikirche, 23 May 1952

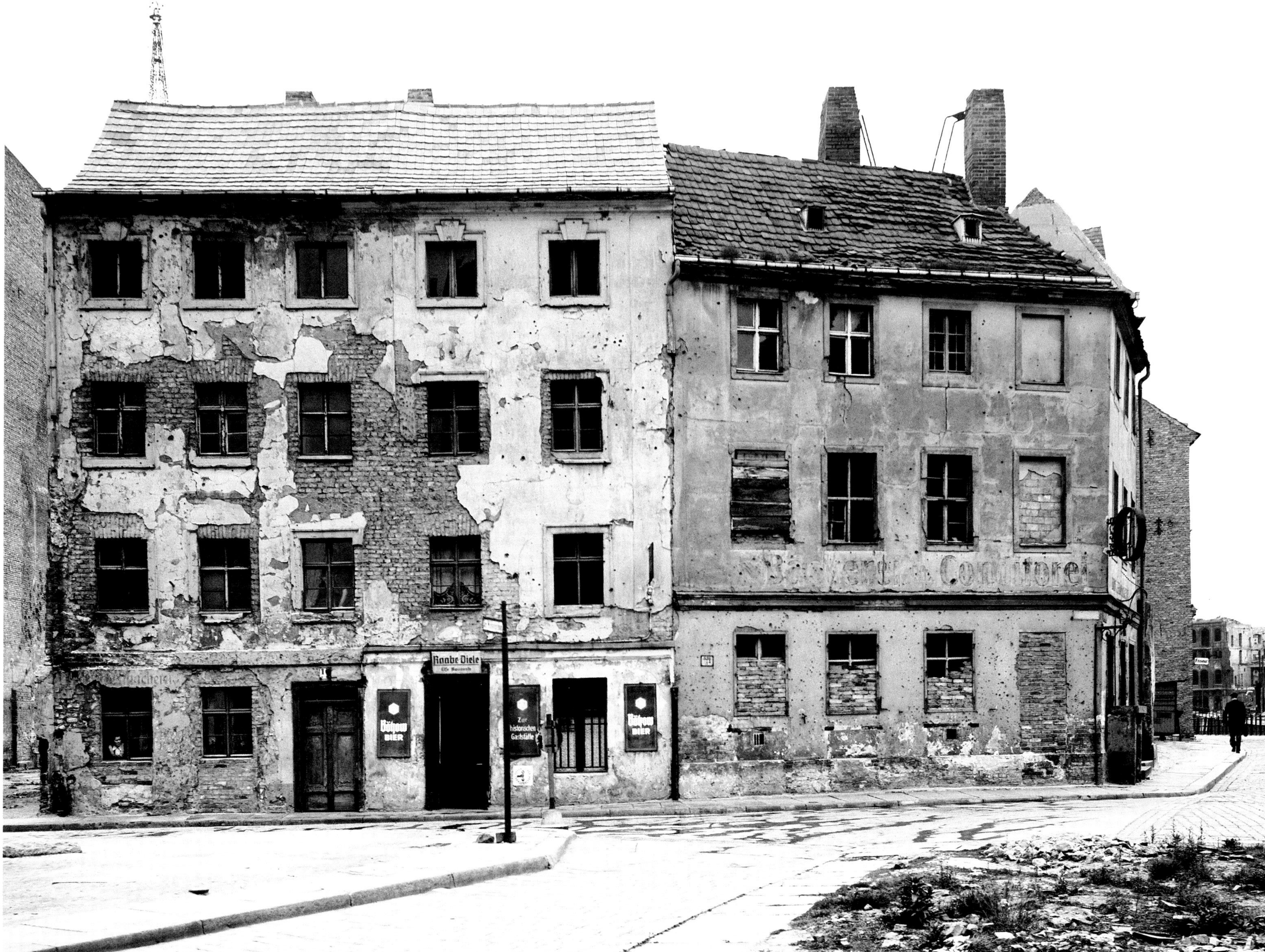

Die Raabe-Diele in der Sperlingsgasse 10, rechts die Friedrichsgracht, 23. Mai 1952
The Raabe-Diele in Sperlingsgasse 10, on the right Friedrichsgracht, 23 May 1952

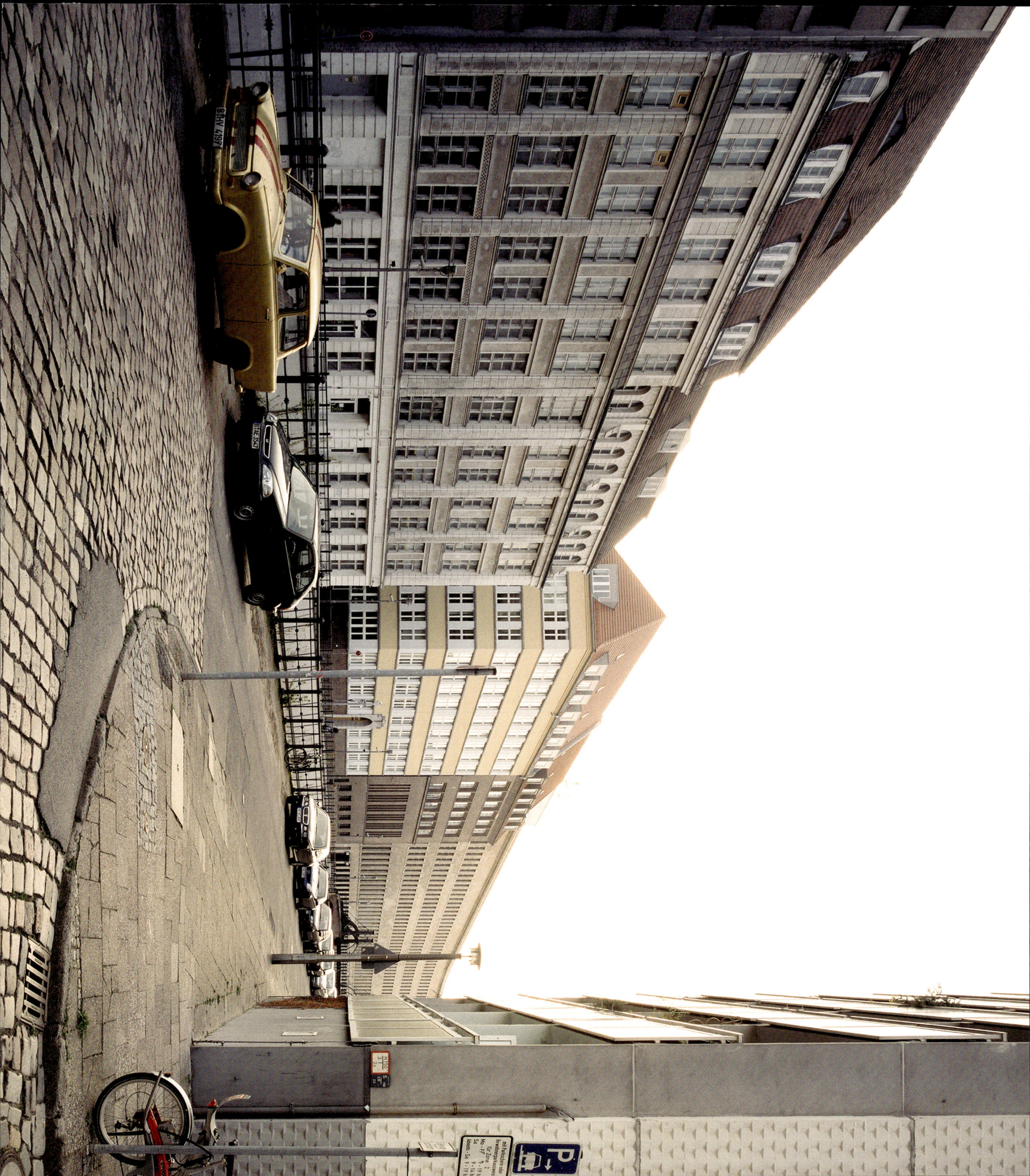

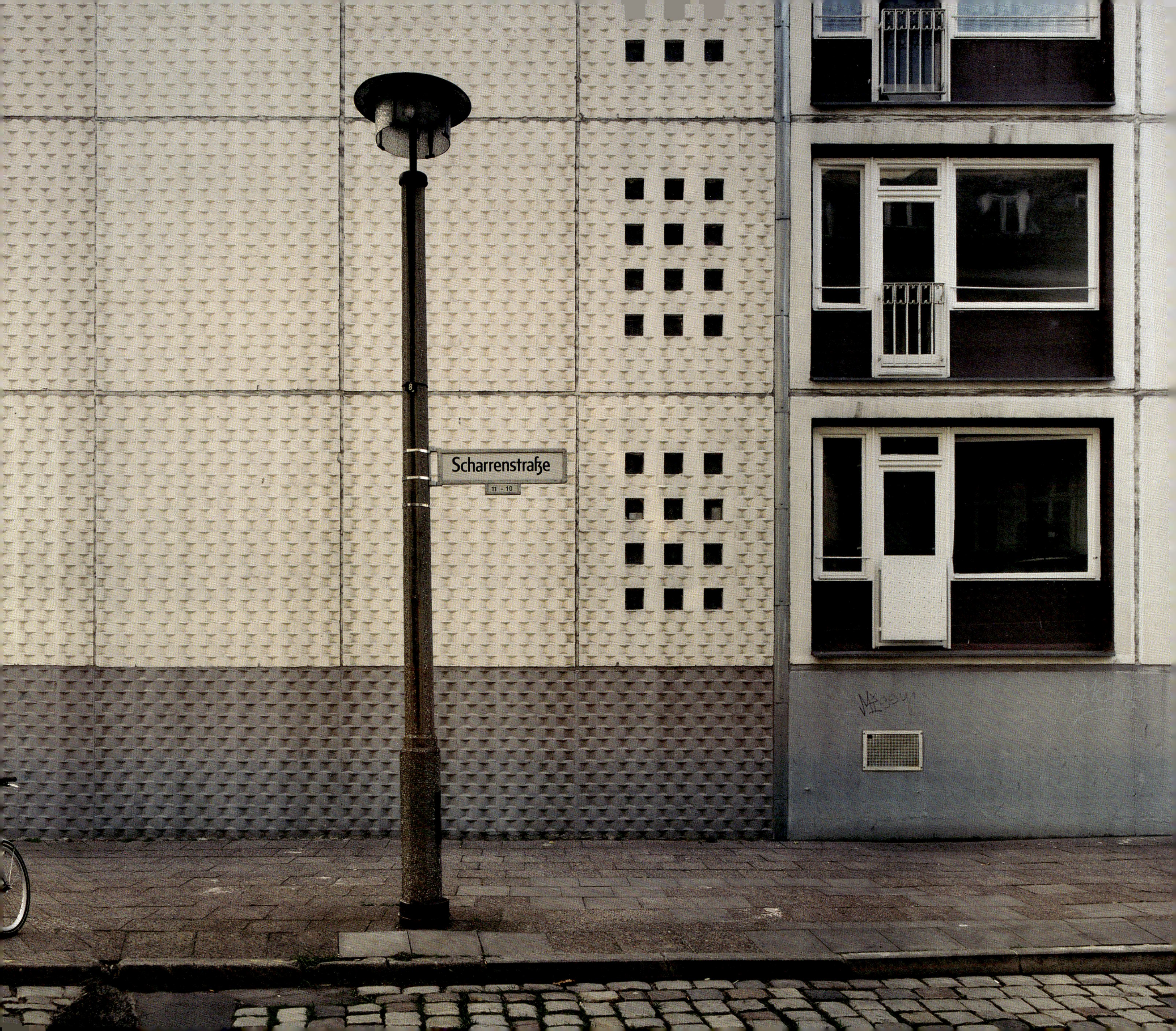
Scharrenstraße
11 - 10

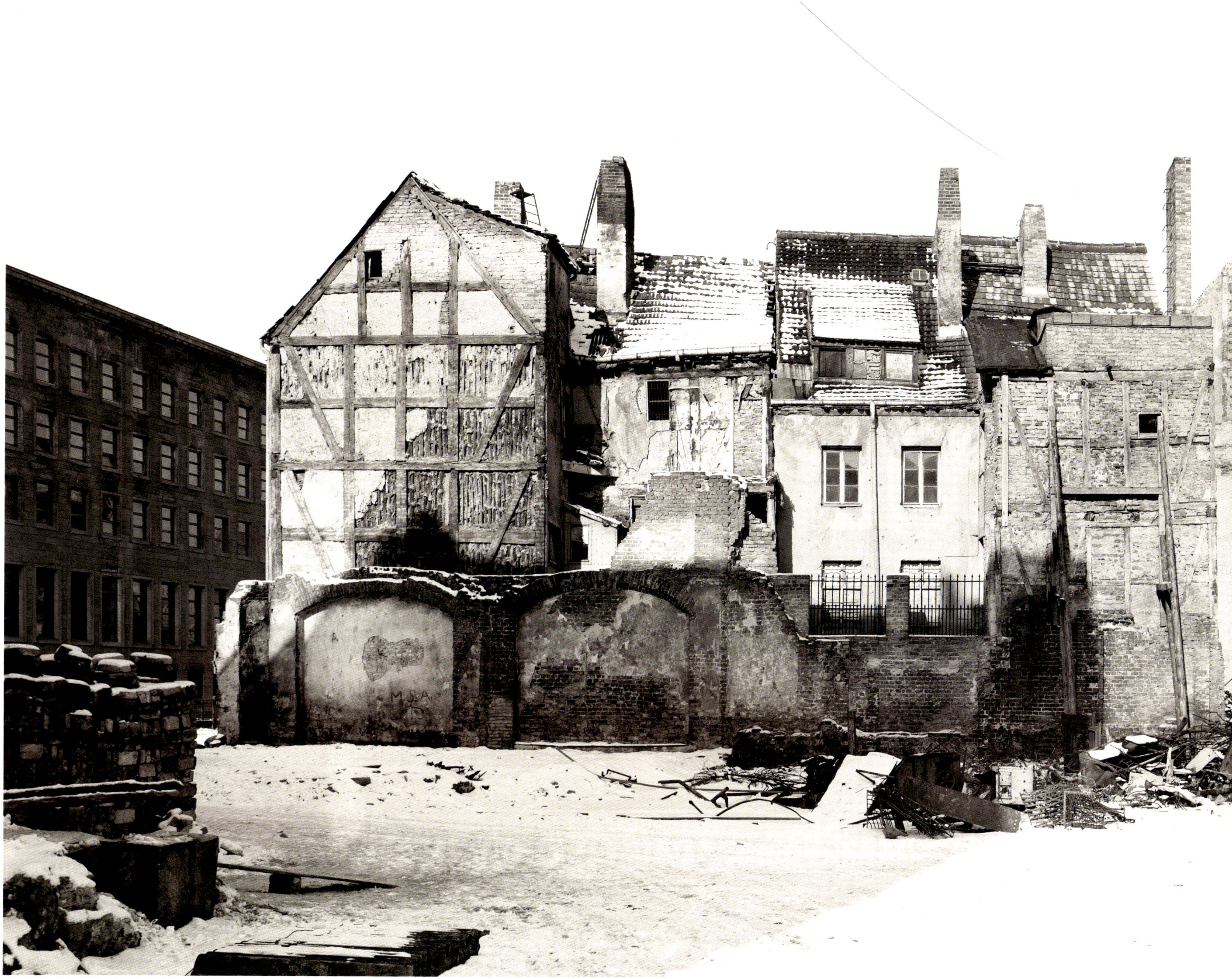

Seiten 50/51: Scharrenstraße, Ecke Friedrichsgracht. Im Hintergrund der Gebäudekomplex des Auswärtigen Amtes, 24. April 2006

Pages 50/51: The corner of Scharrenstraße and Friedrichsgracht. In the background the Foreign Ministry complex, 24 April 2006

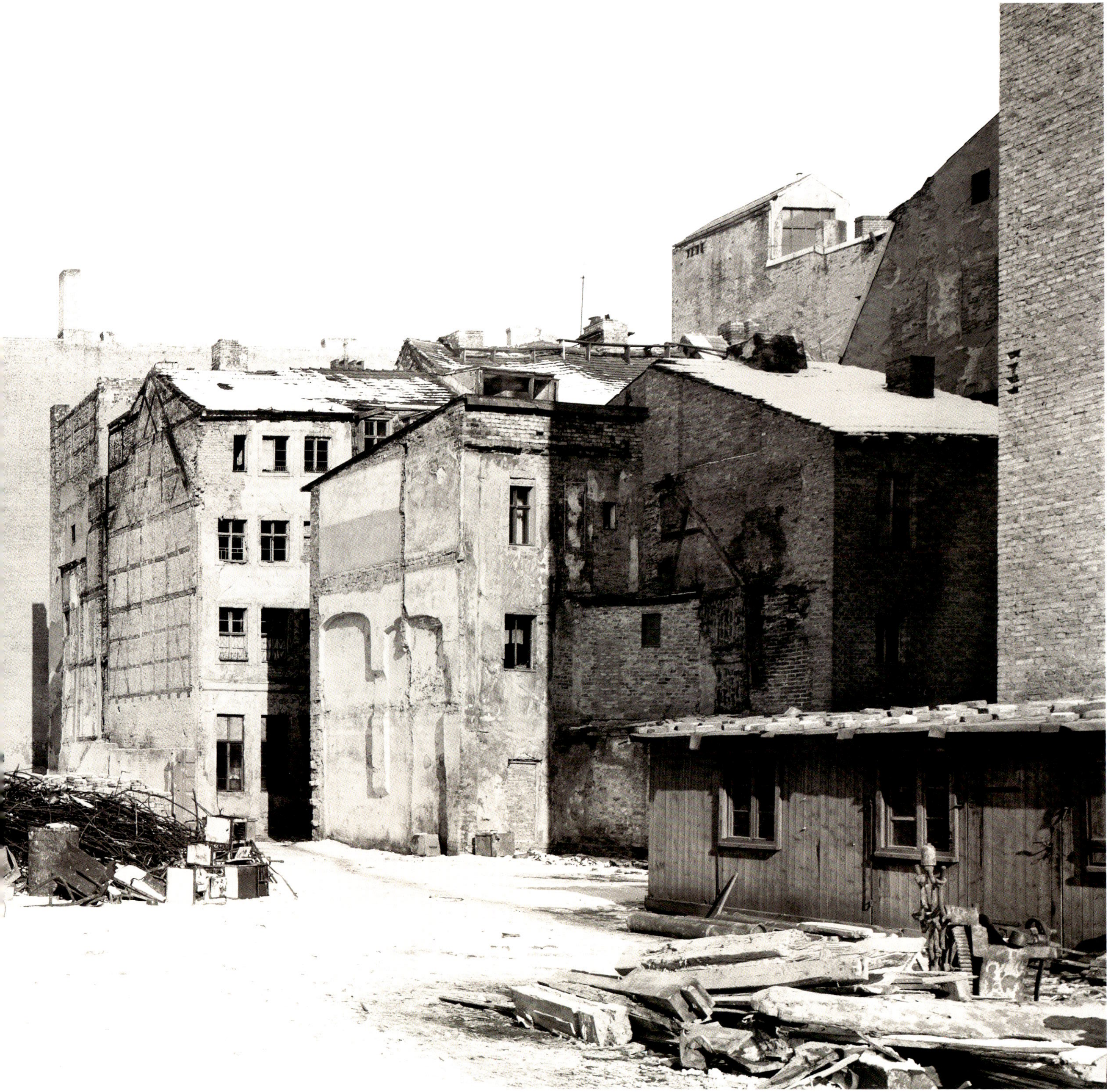

Rückseite der Sperlingsgasse, im Vordergrund die von Ruinen beräumten Flächen zwischen Friedrichsgracht und Brüderstraße, 3. März 1951
Rear of Sperlingsgasse, in the foreground the cleared areas between Friedrichsgracht and Brüderstraße, 3 March 1951

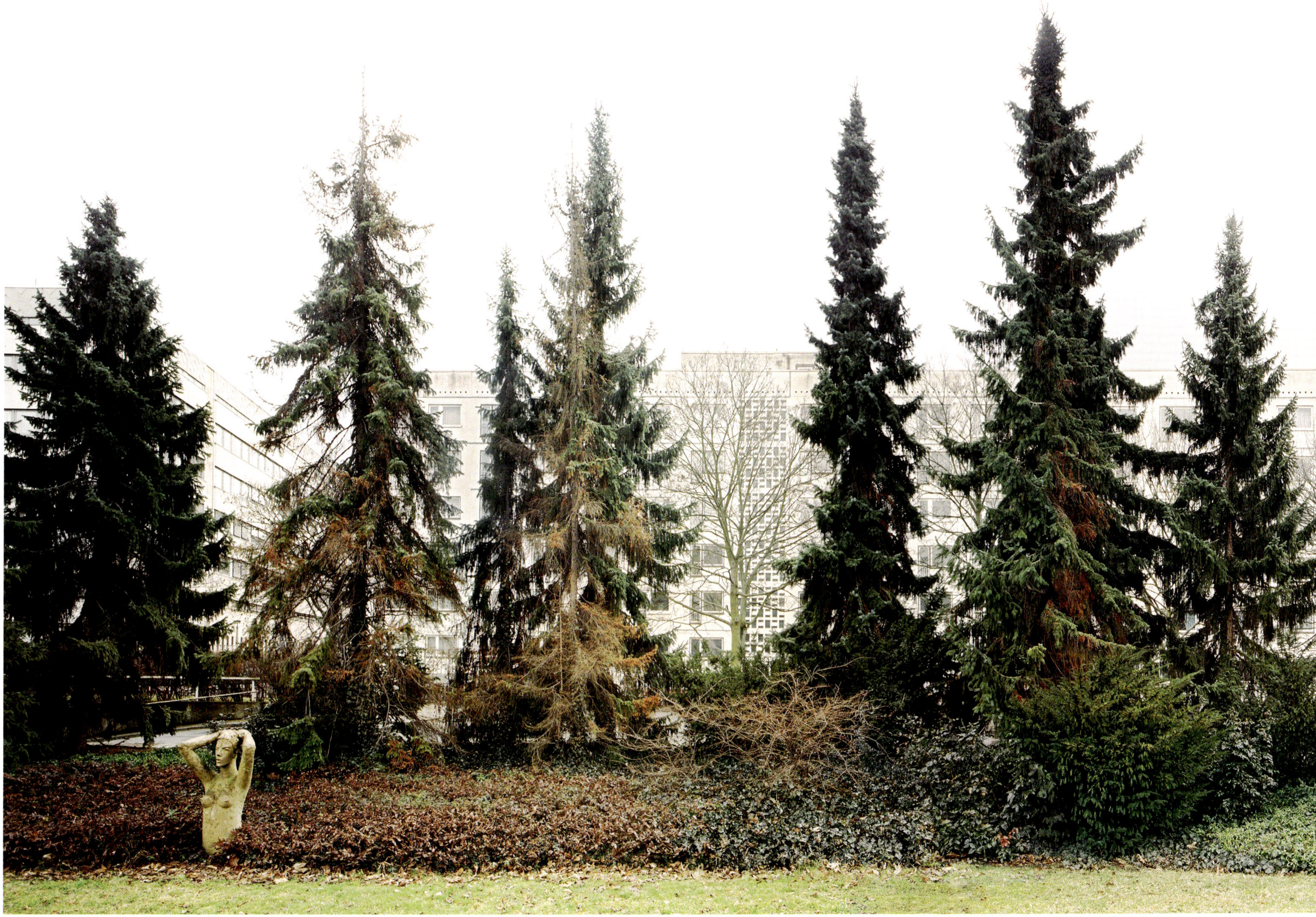

Der Appartementbau an der Sperlingsgasse, vom Garten des ehemaligen Staatsratgebäudes aus gesehen, 9. März 2009
The apartment block on Sperlingsgasse, seen from the garden of the former State Council building, 9 March 2009

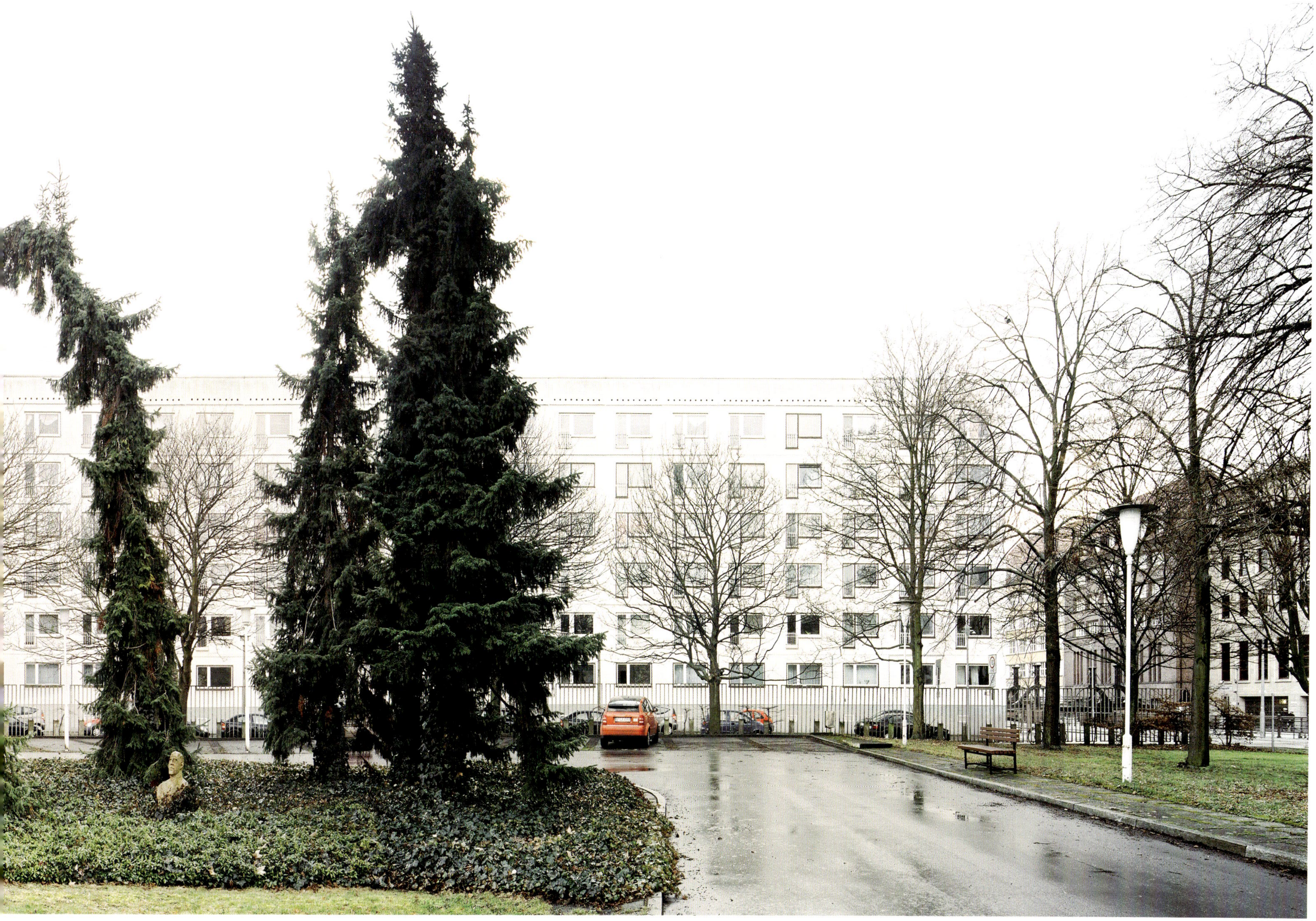

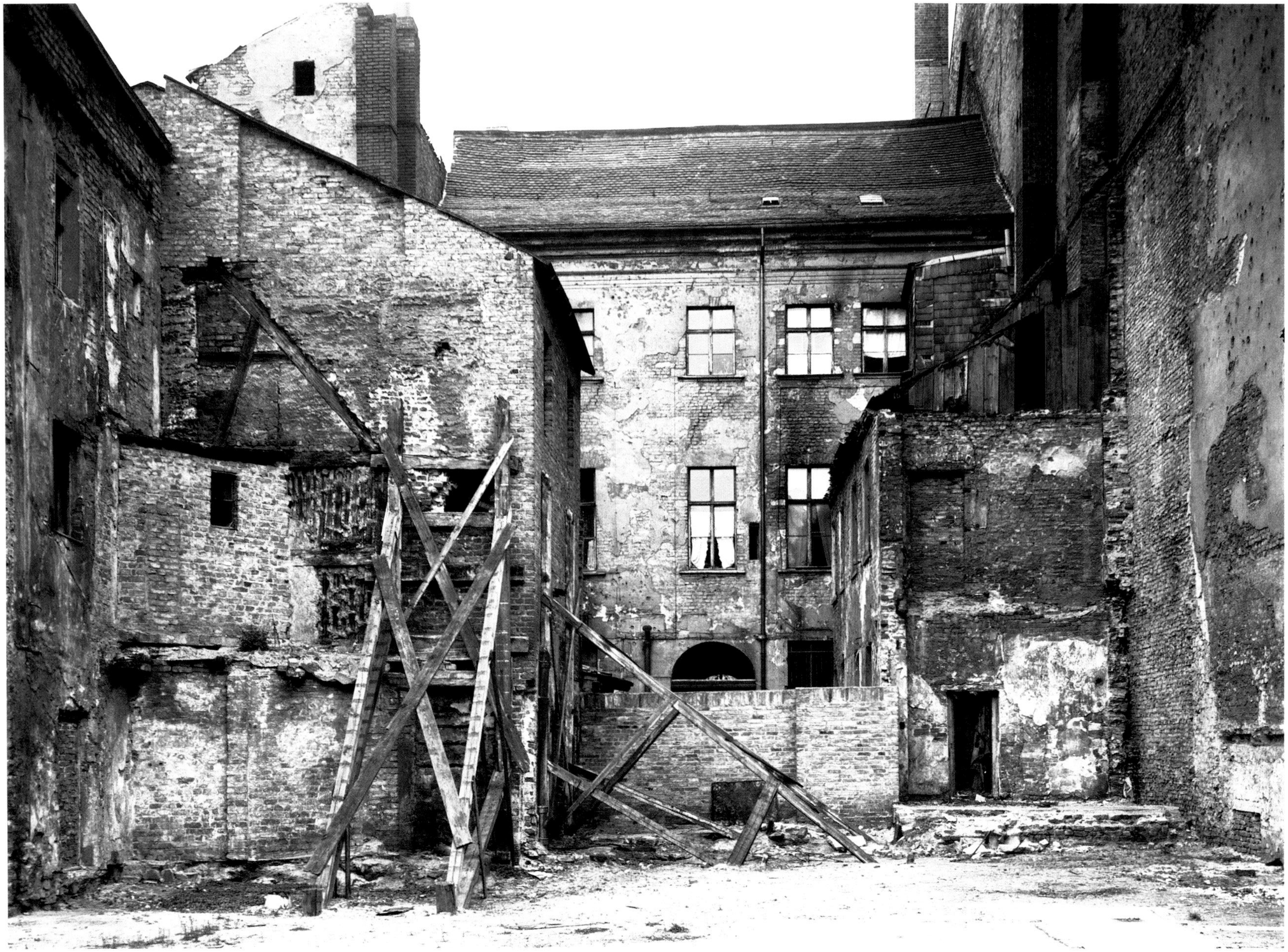

Rückansicht des Galgenhauses, Brüderstasse 10, links 23. Mai 1952, rechts 21. März 2009
Rear view of the Galgenhaus, no. 10 Brüderstraße; left: 23 May 1952; right: 21 March 2009

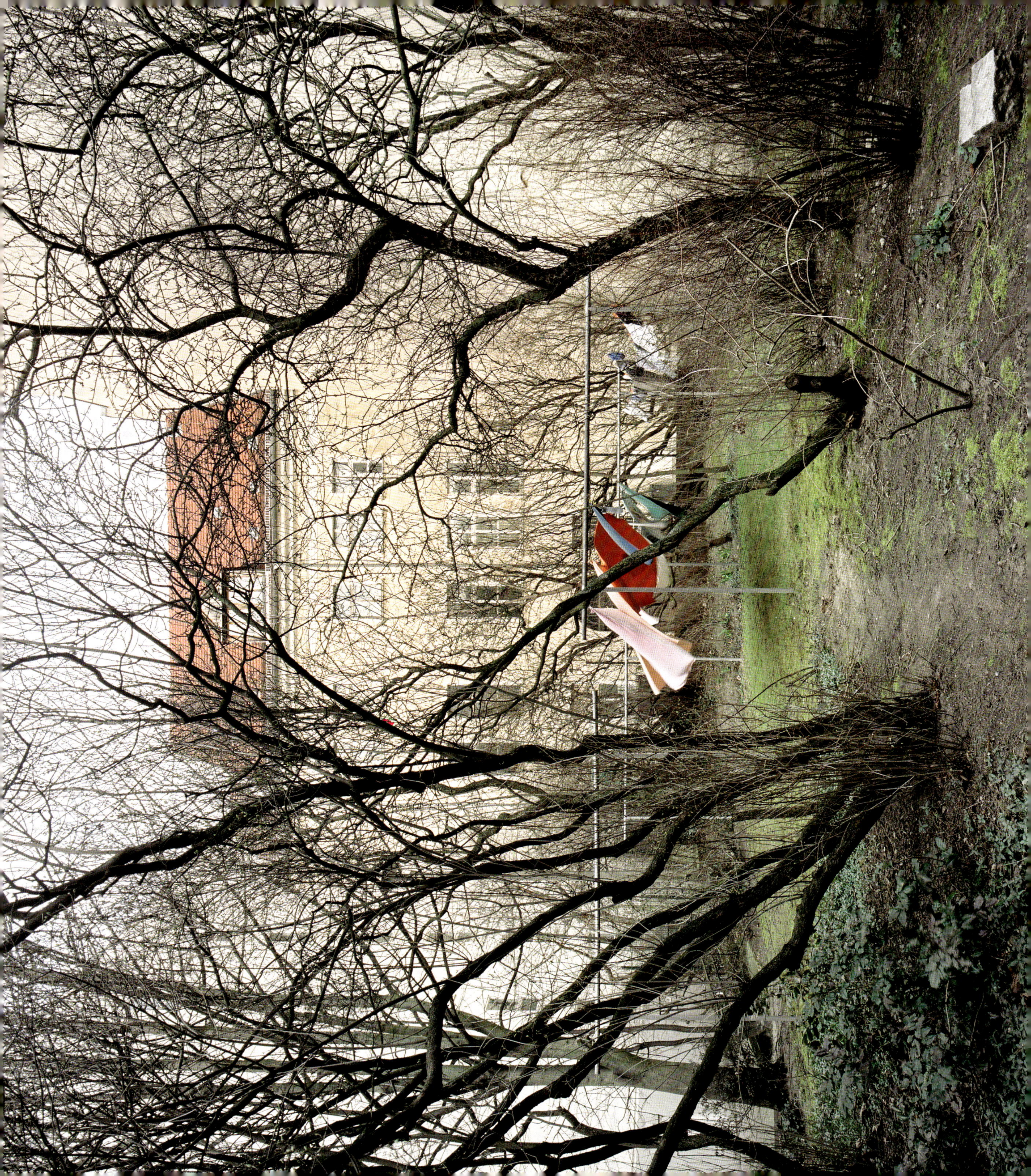

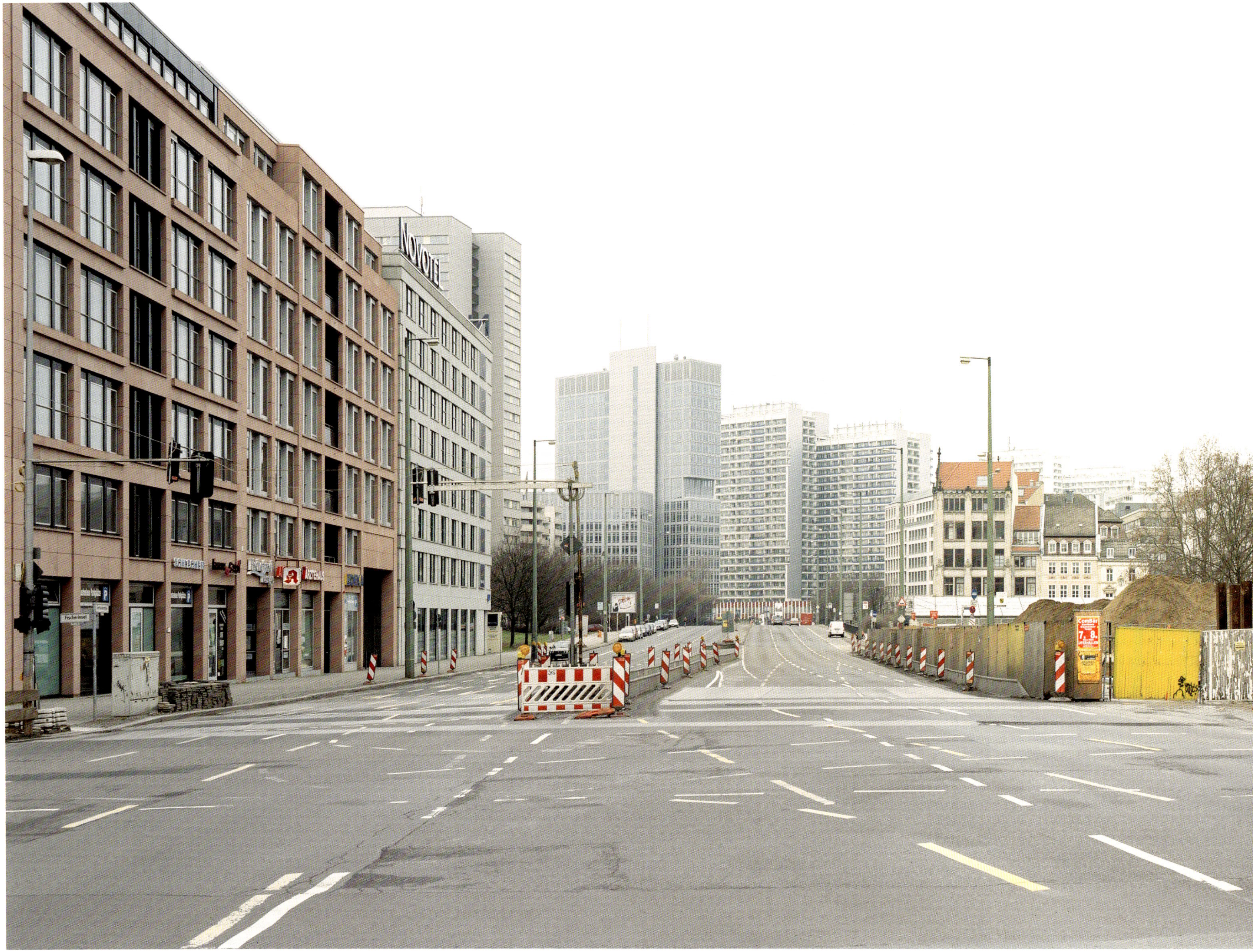

Kreuzung Gertraudenstraße, Scharrenstraße, Breite Straße, 8. März 2009. In der Bildmitte befindet sich das zum Abriss vorgesehene DDR-Bauministerium, im Hintergrund die Hochhäuser der Leipziger Straße.
Crossroads of Gertraudenstraße, Scharrenstraße and Breite Straße, 8 March 2009. In the centre the condemned East German Construction Ministry, in the background high-rise blocks on Leipziger Straße.

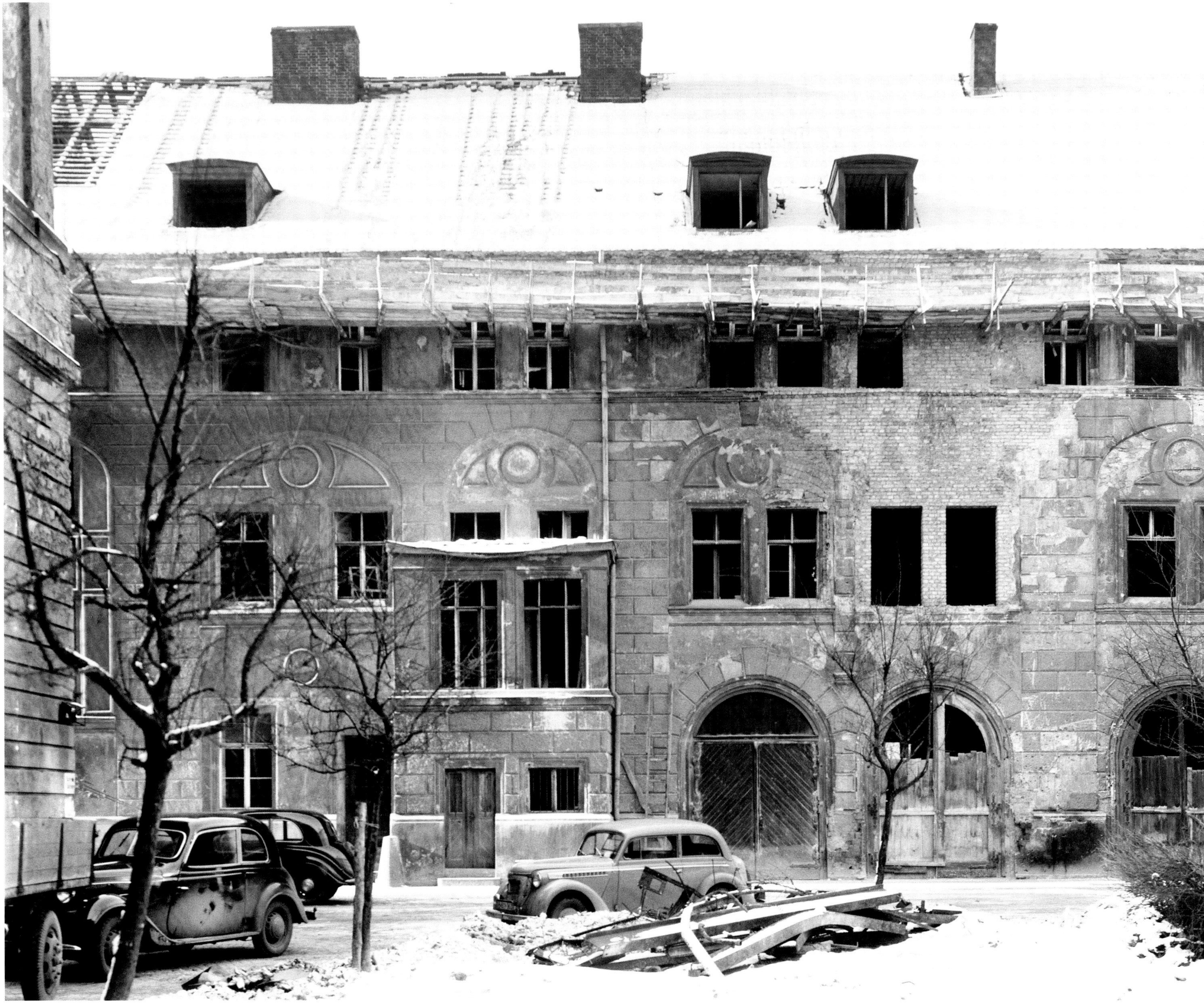

Hofansicht des Alten Marstalls, Breite Straße 32–37, 3. März 1951
View into the courtyard of the Alter Marstall, nos. 32–37 Breite Straße, 3 March 1951

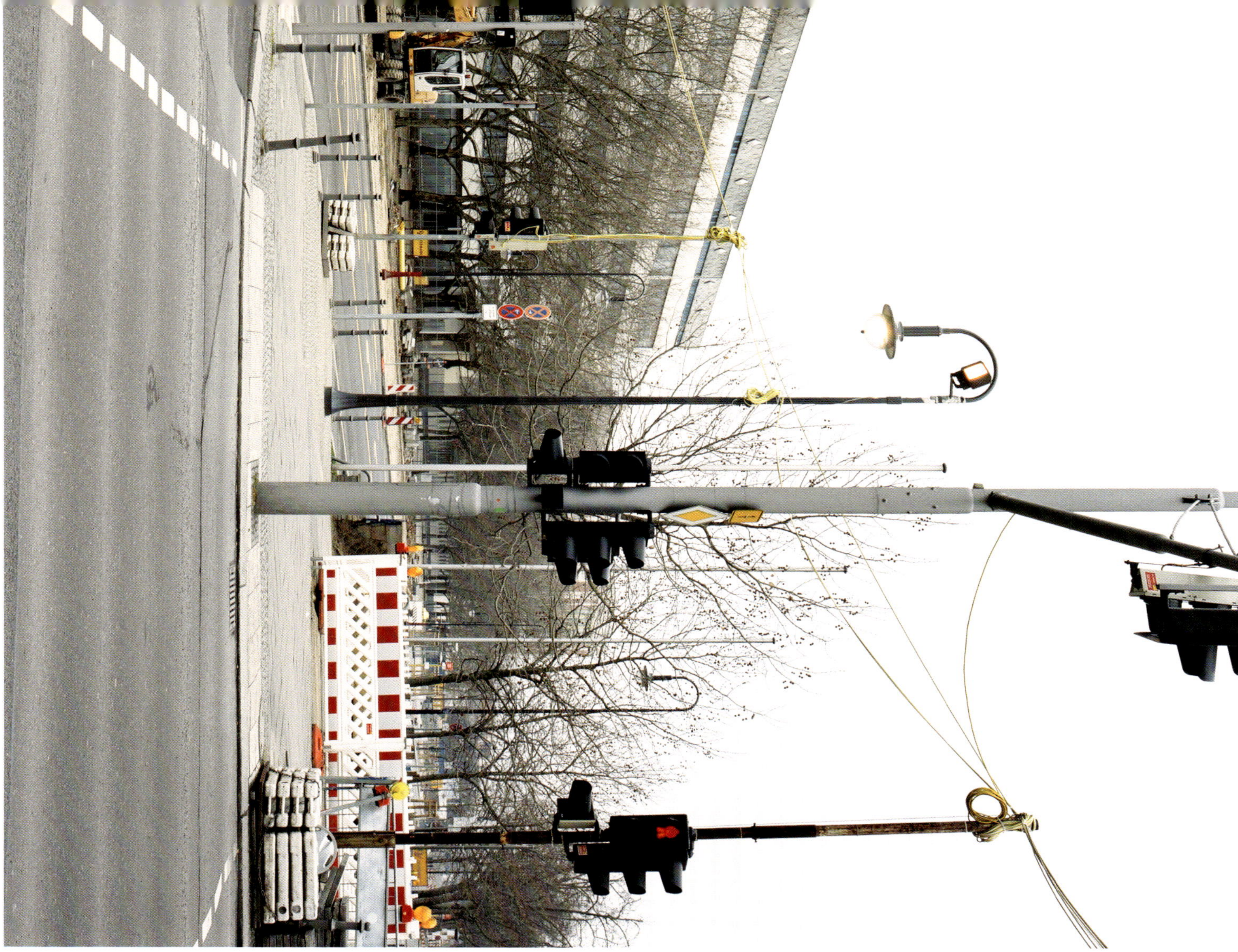

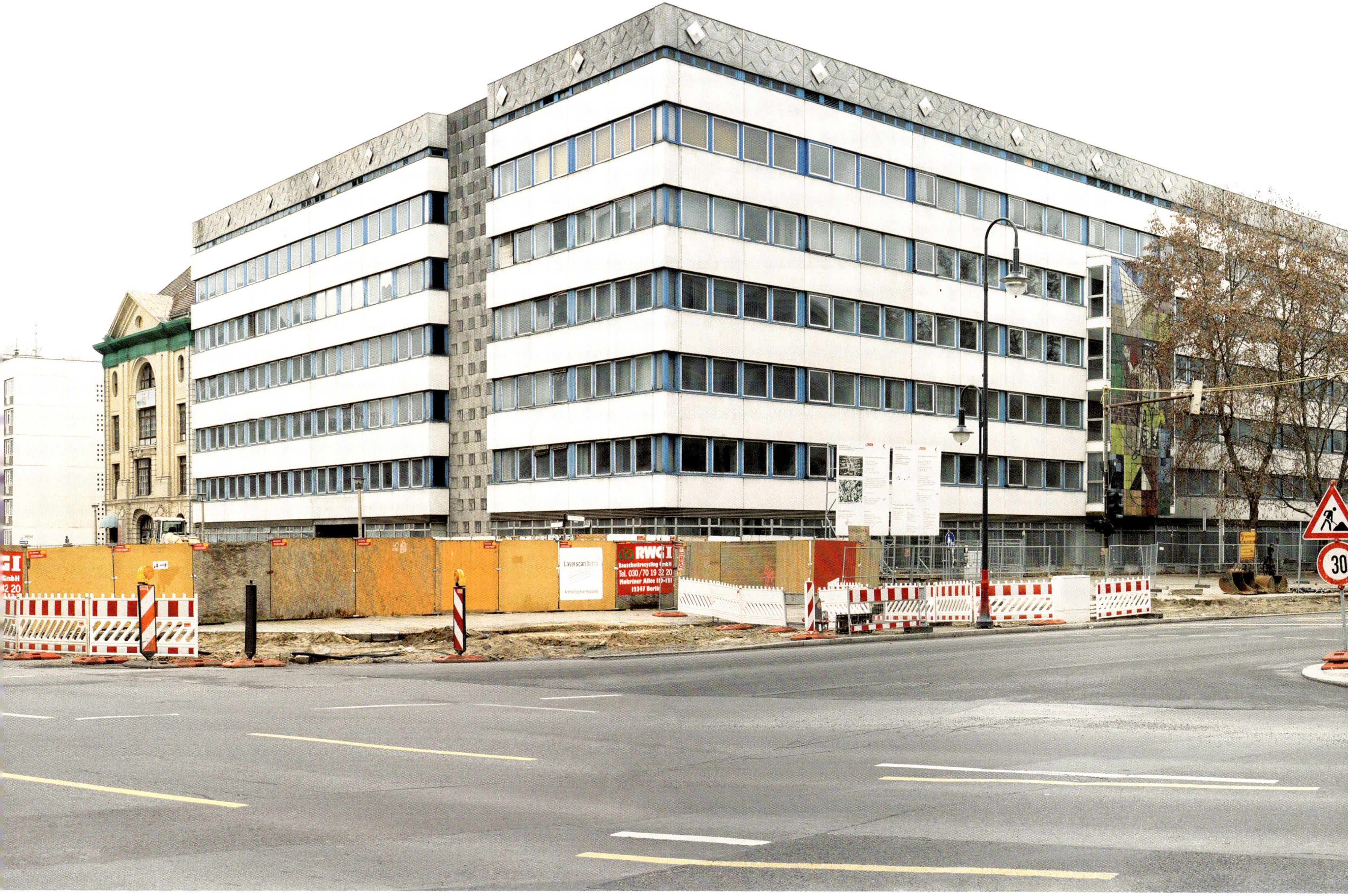
RWG I
Bauschuttrecycling GmbH
Tel. 030/70 19 32 20
Mehriner Allee 111-121
12347 Berlin
Laserscan Berlin
30

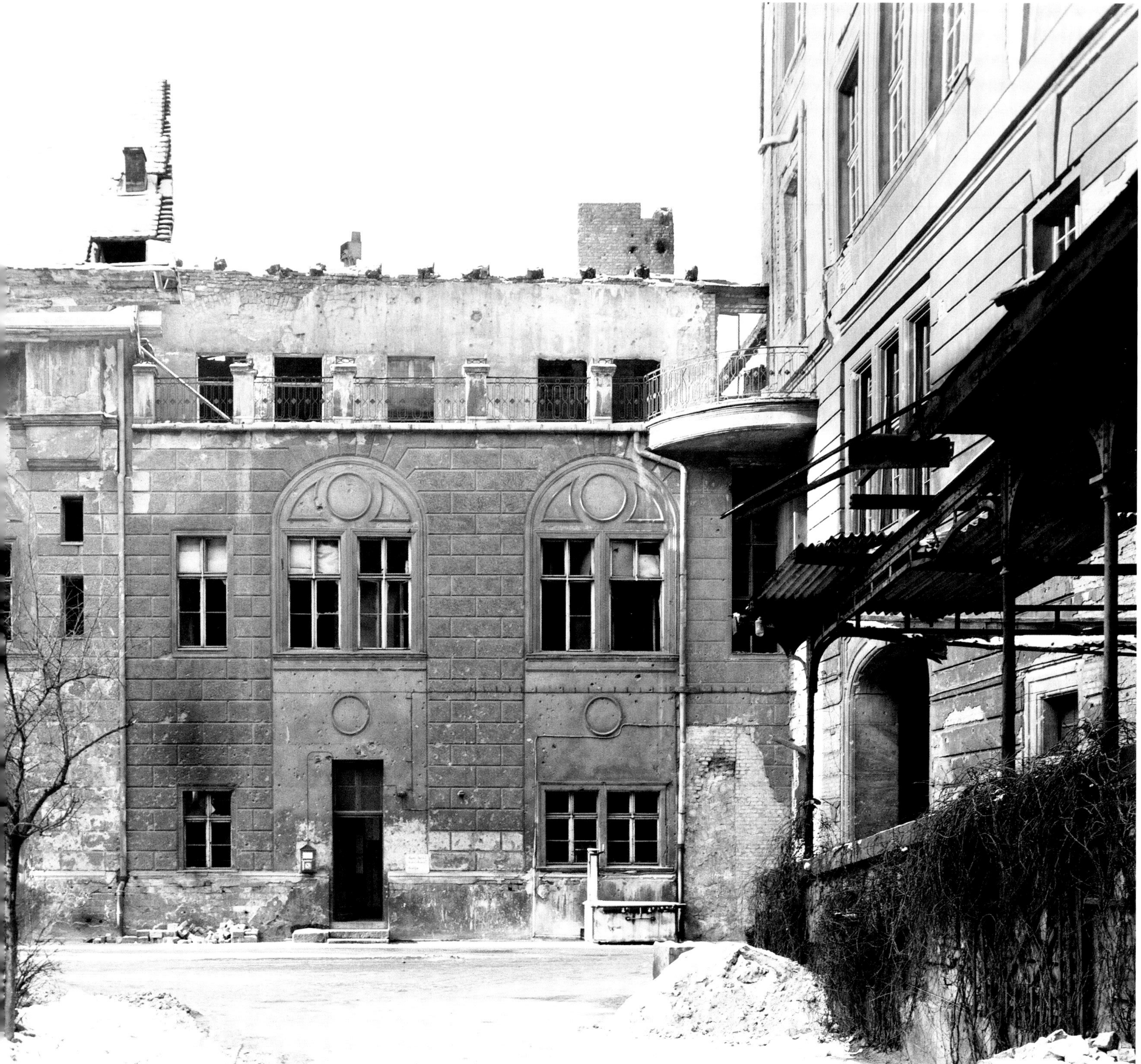

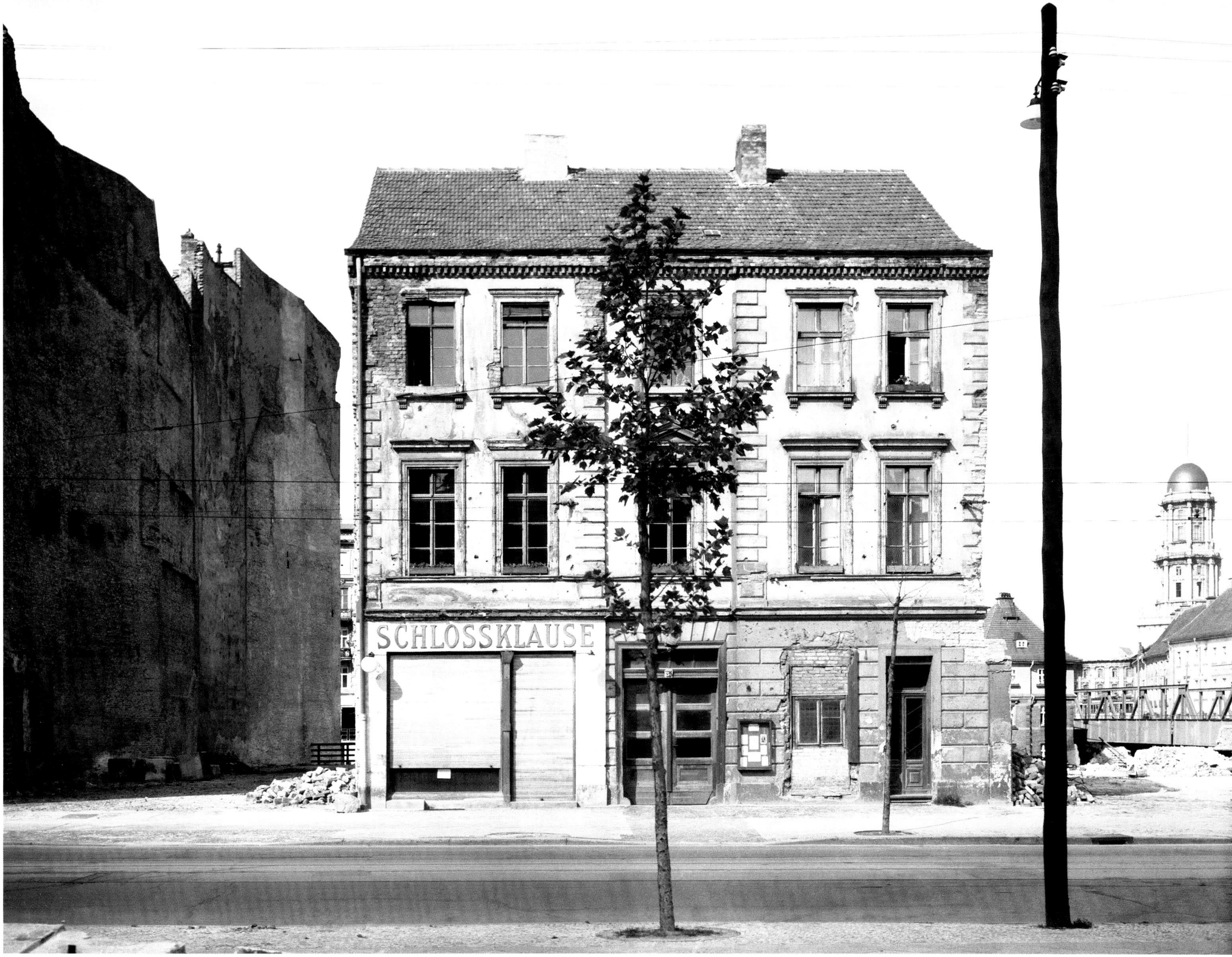

Gaststätte Schlossklause, Breite Straße 28, im Hintergrund die provisorische Mühlendammbrücke und das alte Stadthaus, 8. Juni 1954
Schlossklause Inn, no. 28 Breite Straße, in the background the provisional Mühlendammbrücke and the old town hall, 8 June 1954

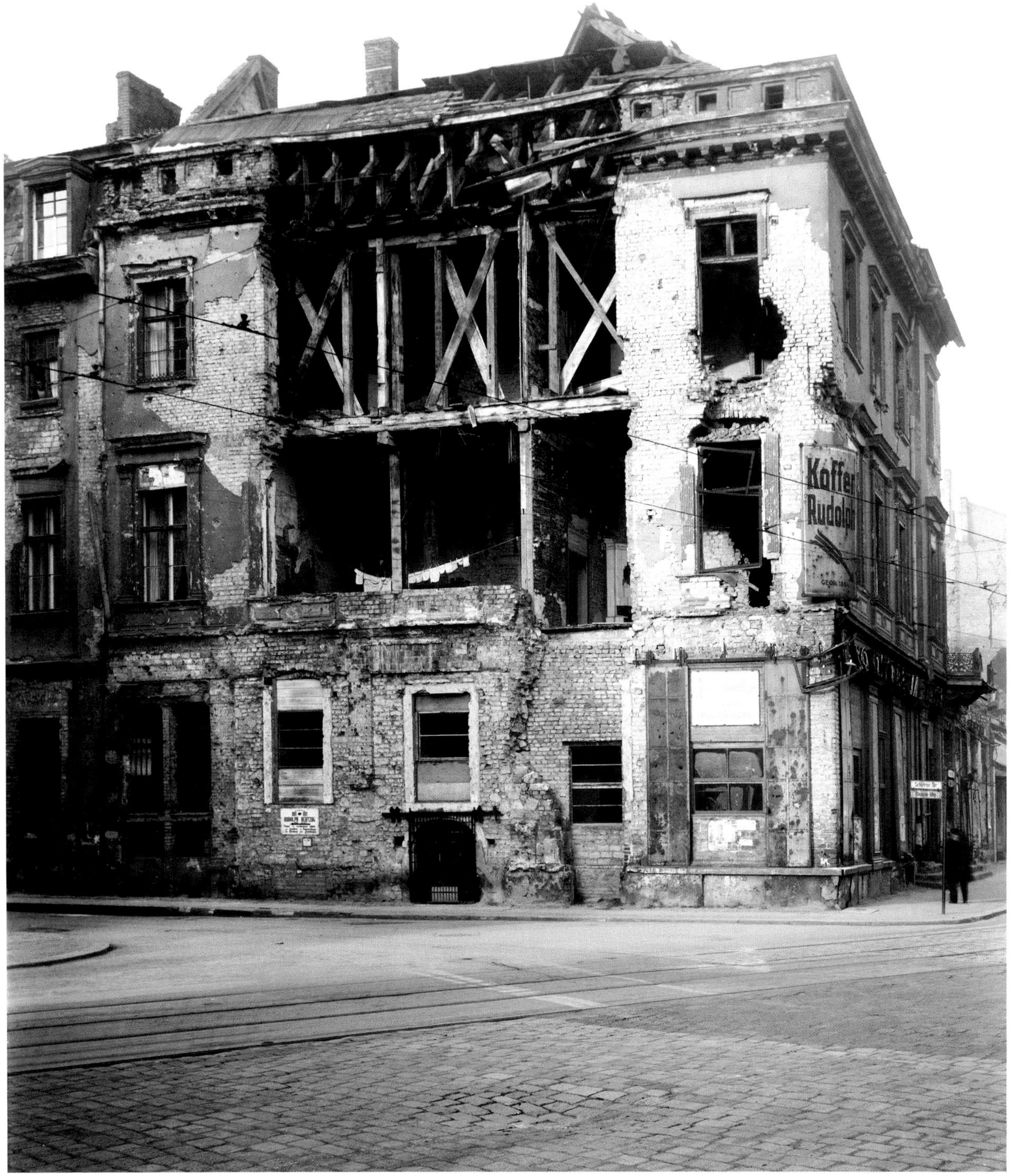

Scharren-, Ecke Breite Straße 20 mit der Konditorei Jaenicke, 12. Januar 1949
Jaenicke's confectioners, no. 20 Scharrenstraße, at the intersection with Breite Straße, 12 January 1949

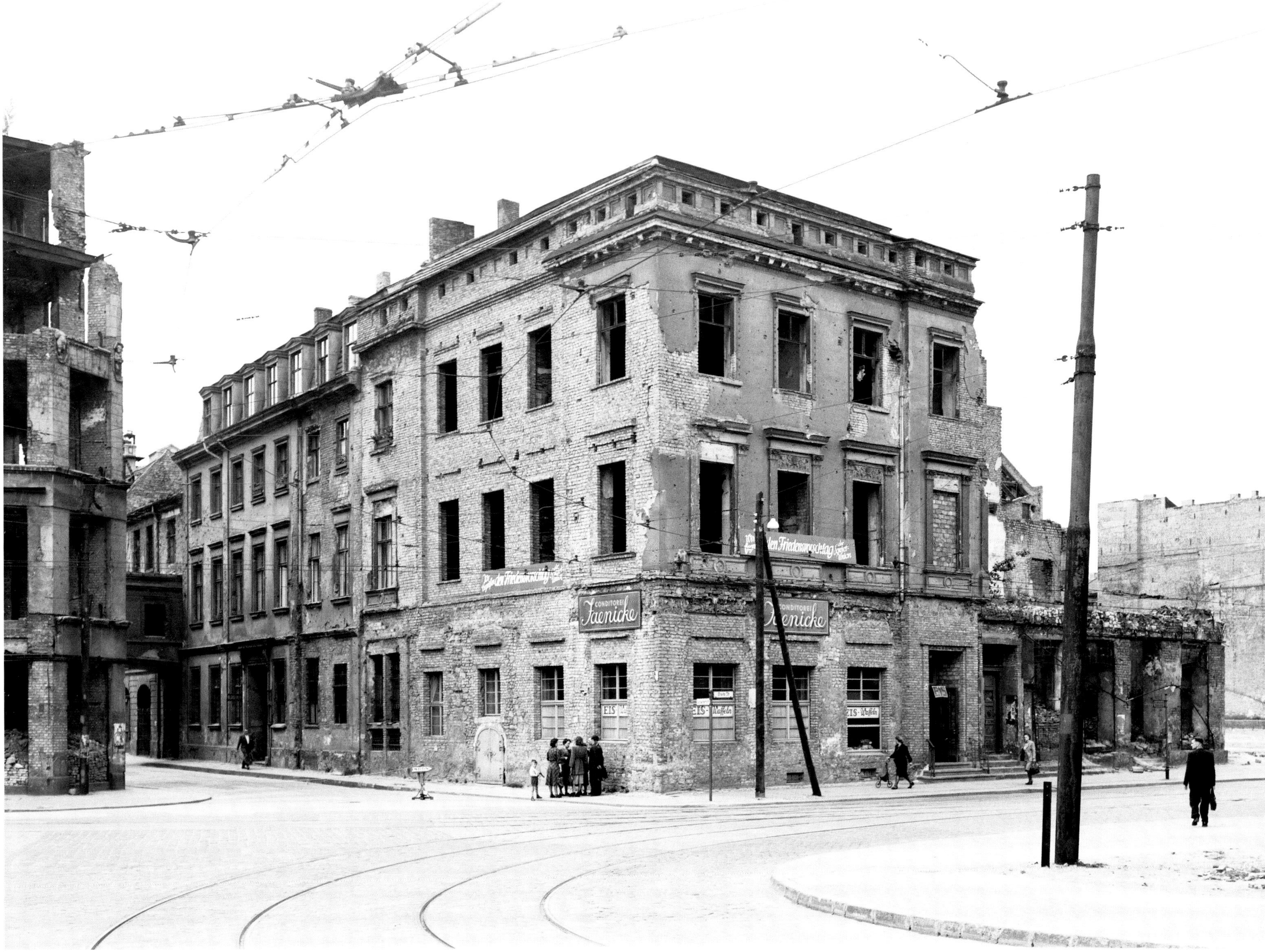

Dasselbe Gebäude nach der Teilsanierung, 5. Juni 1952
The same building after semi-refurbishment, 5 June 1952

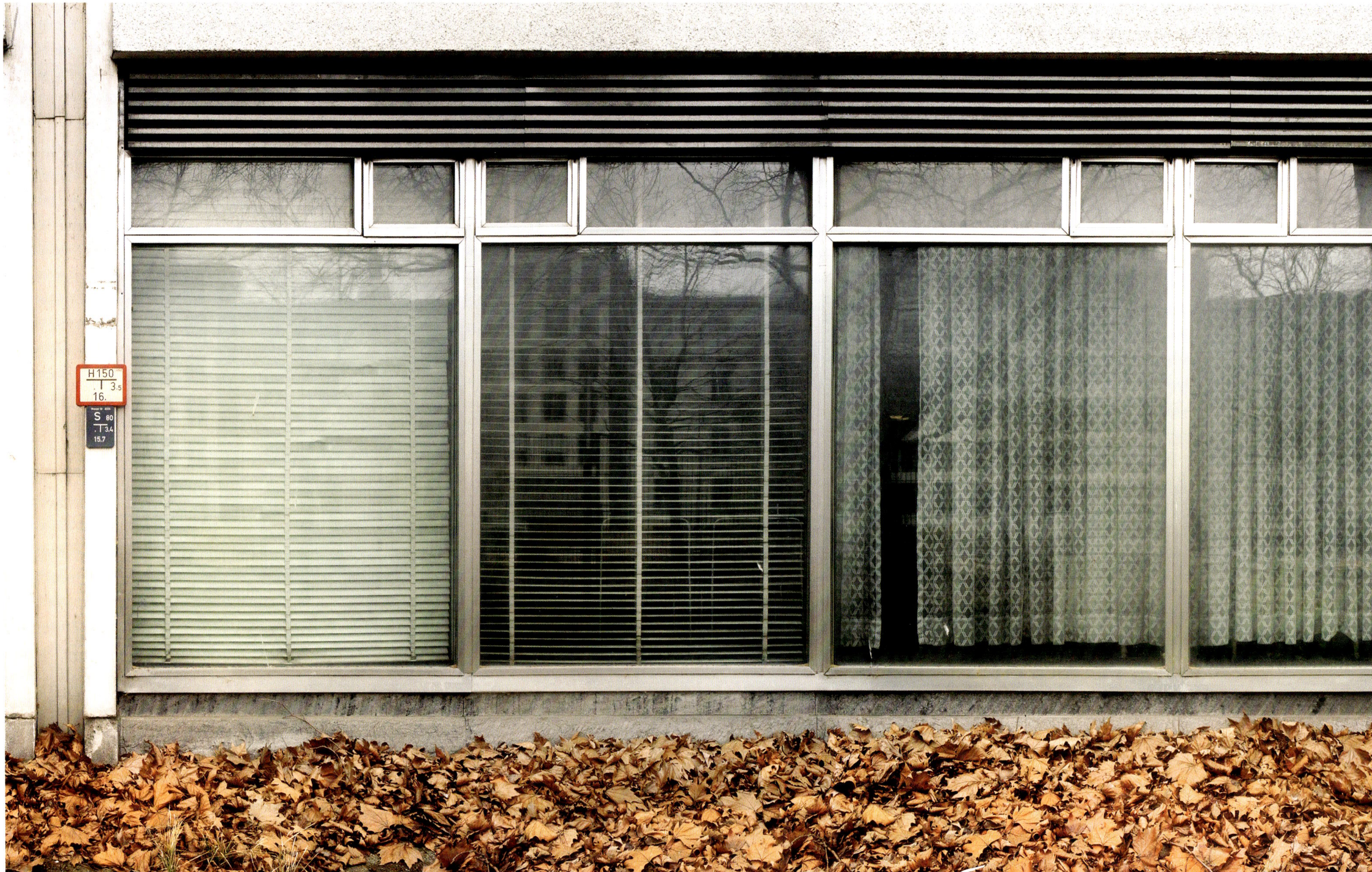

Erdgeschoss des ehemaligen Ministeriums für Bauwesen der DDR, Breite Straße 12–17, 8. März 2009
Ground floor of the former East German Construction Ministry, nos. 12–17 Breite Straße, 8 March 2009

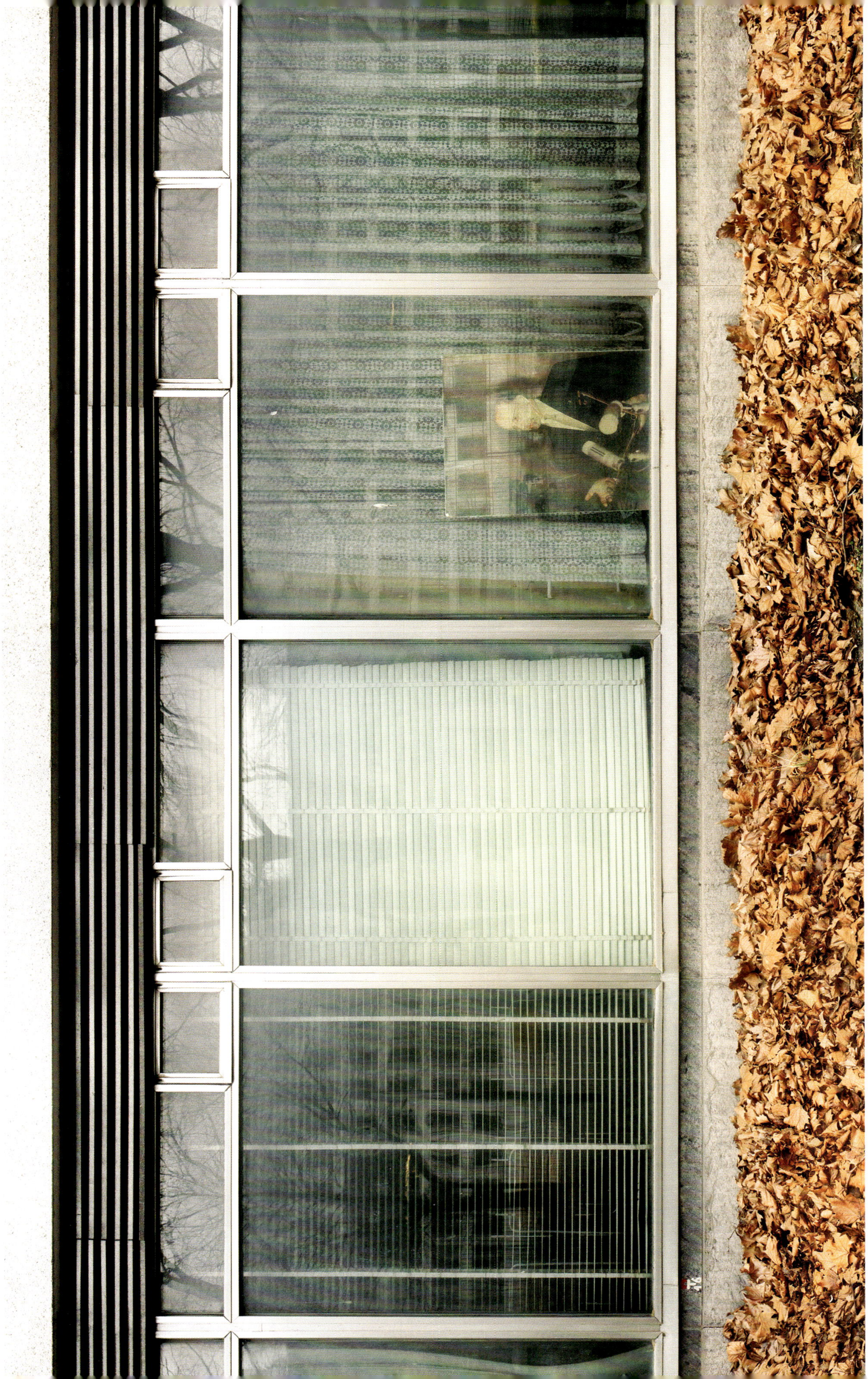

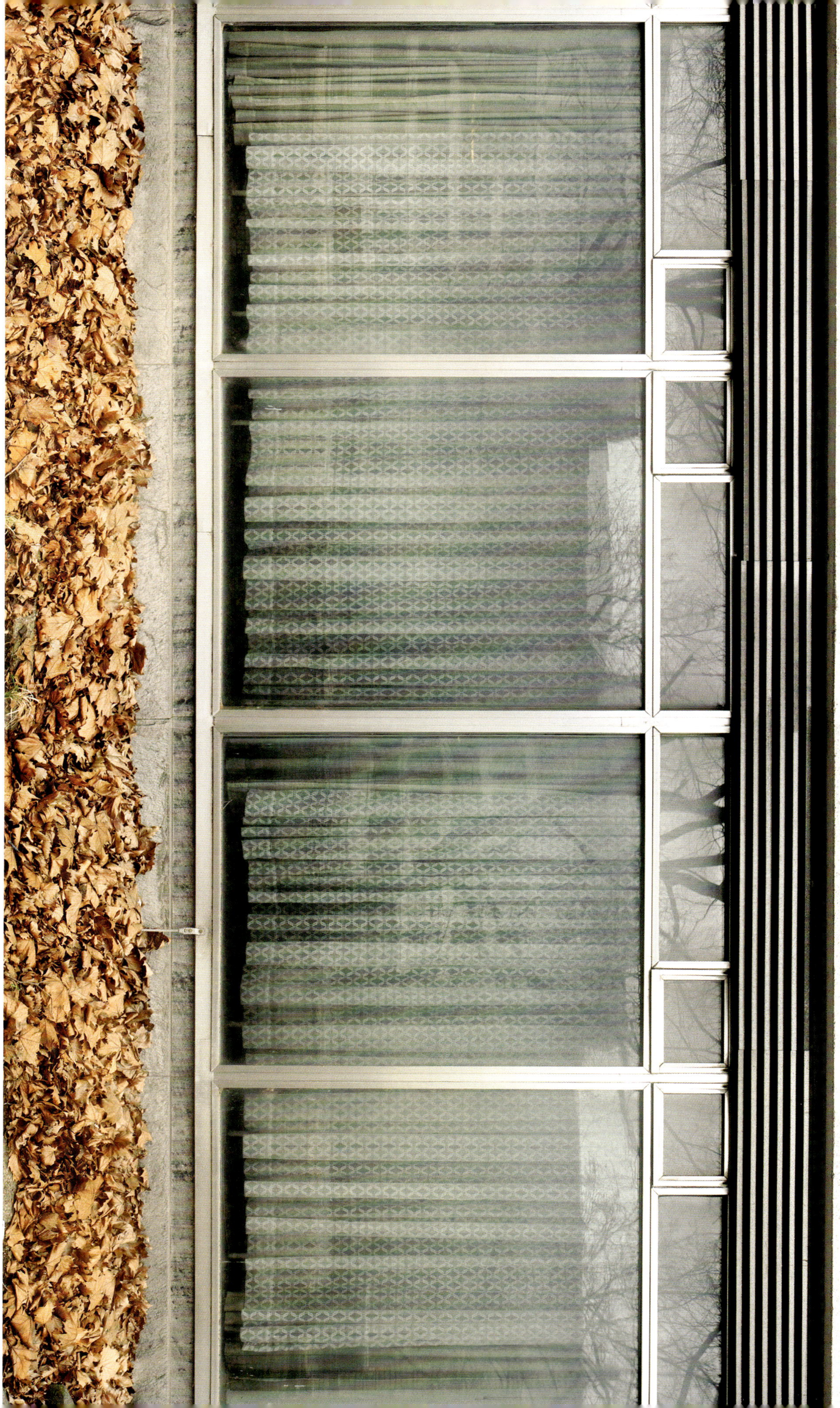

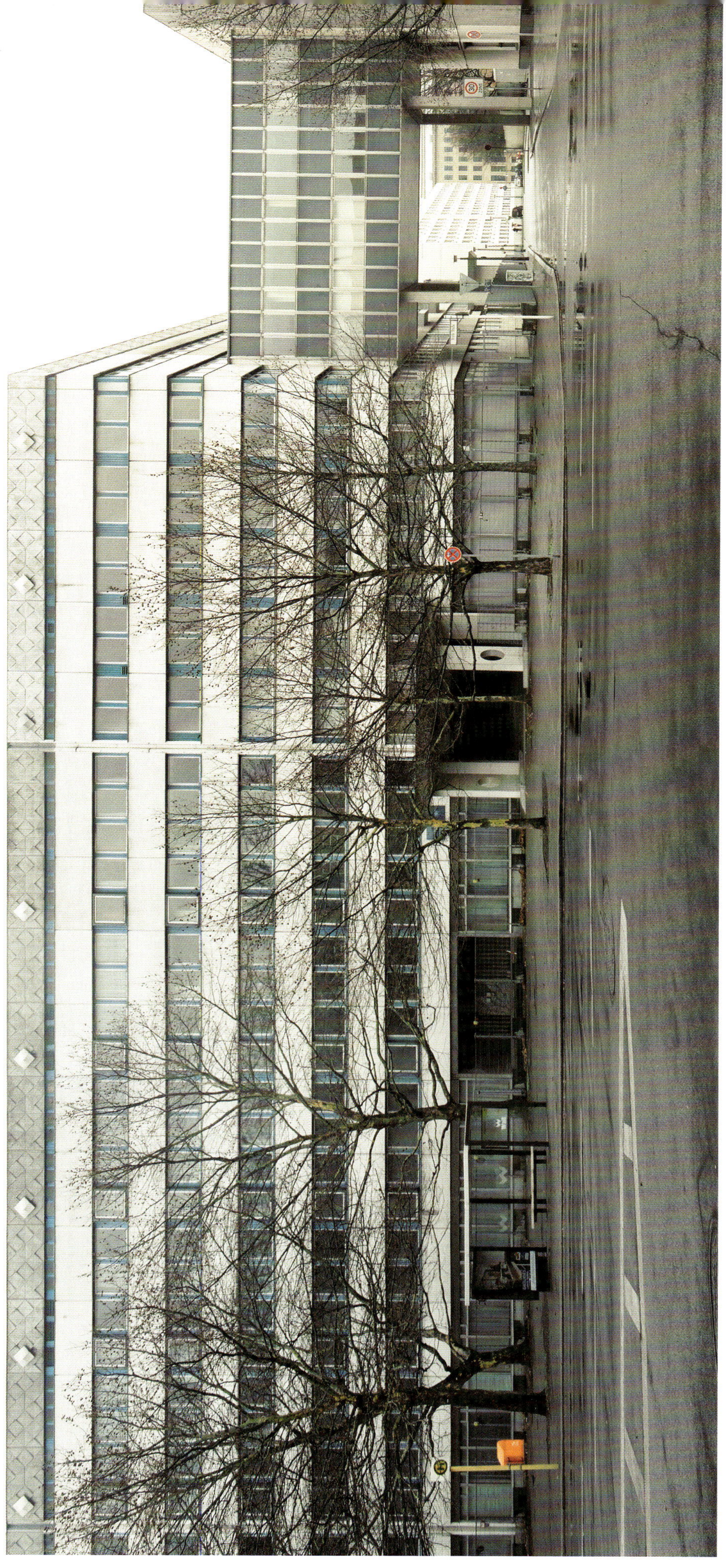

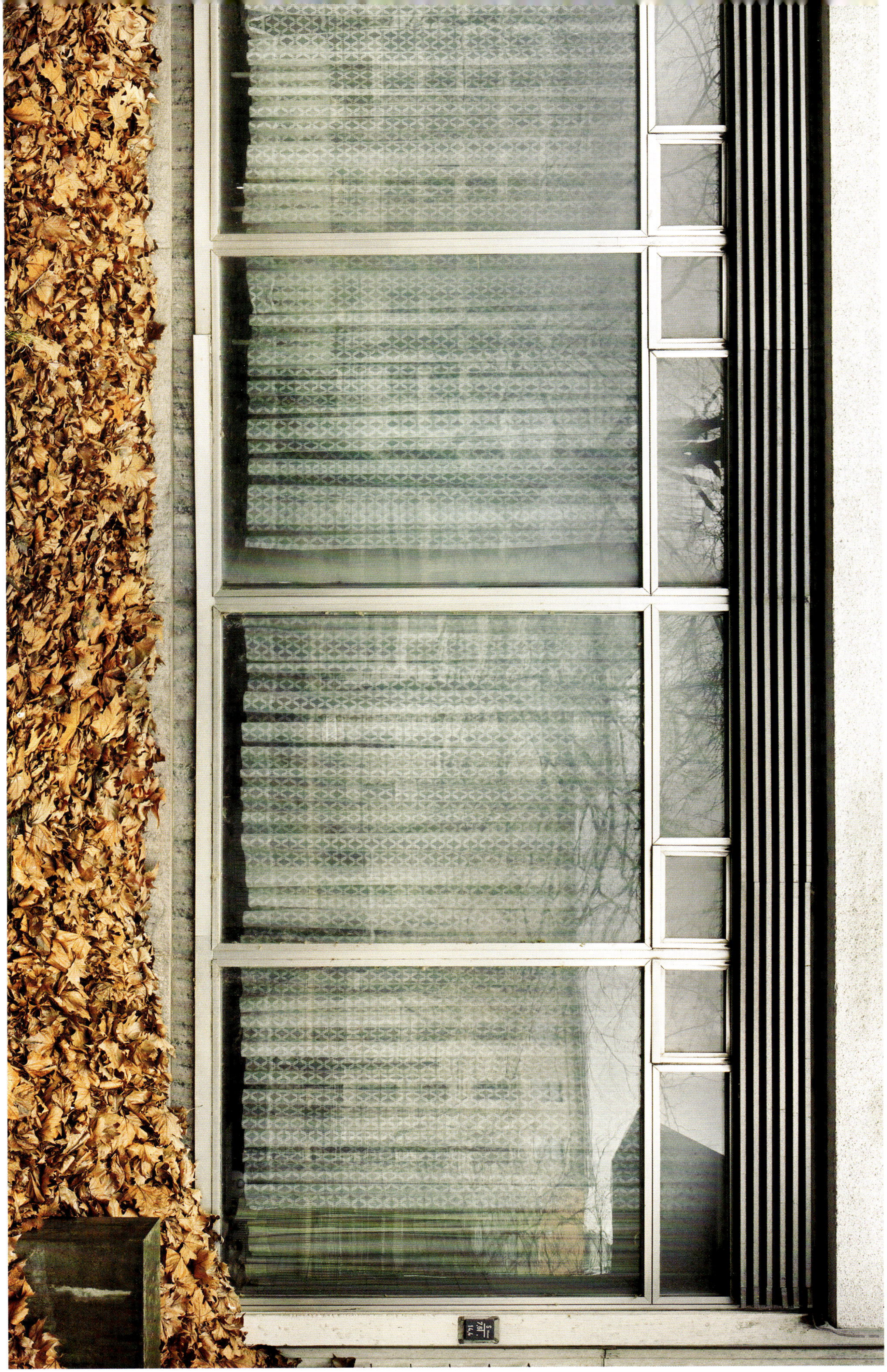

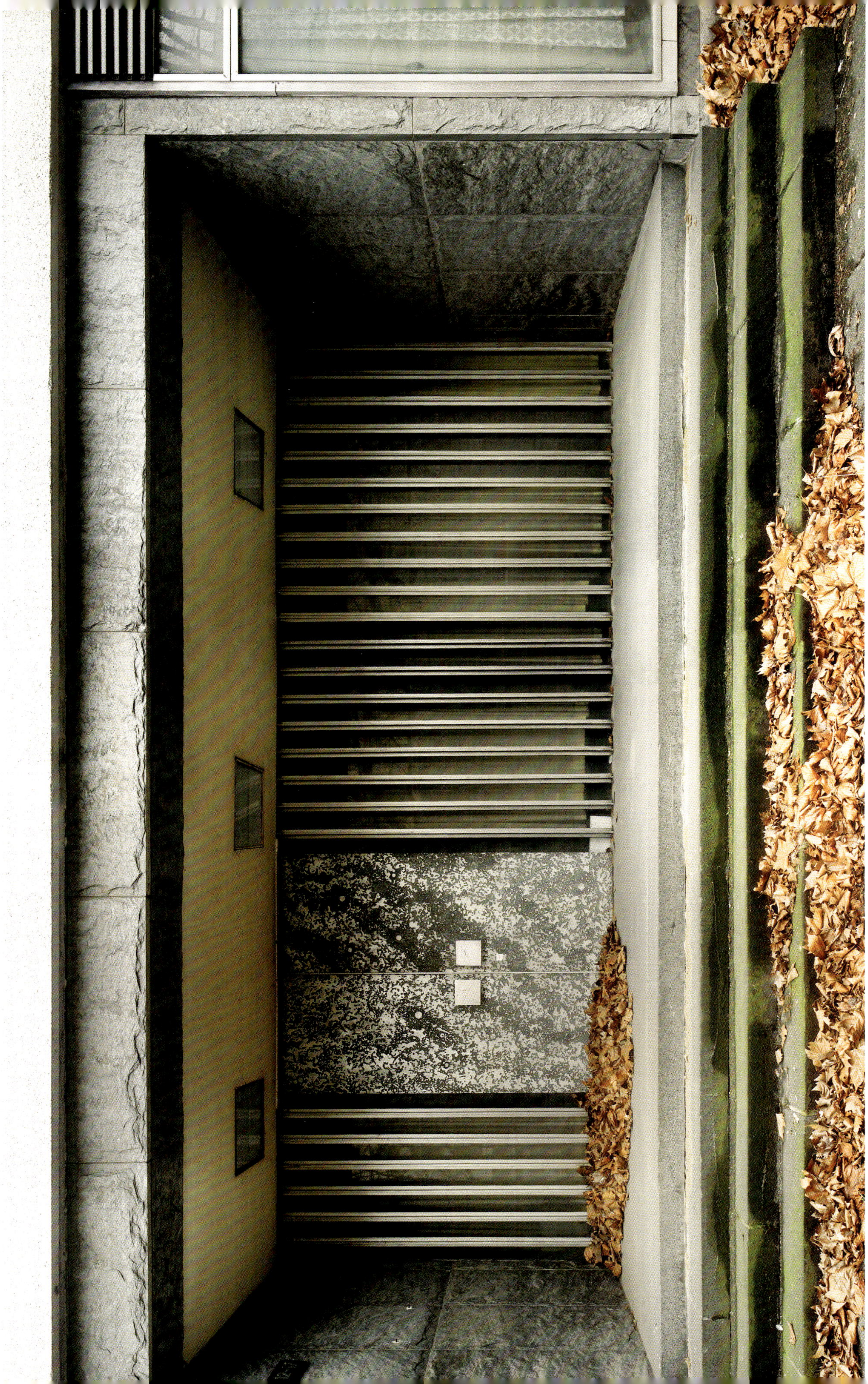

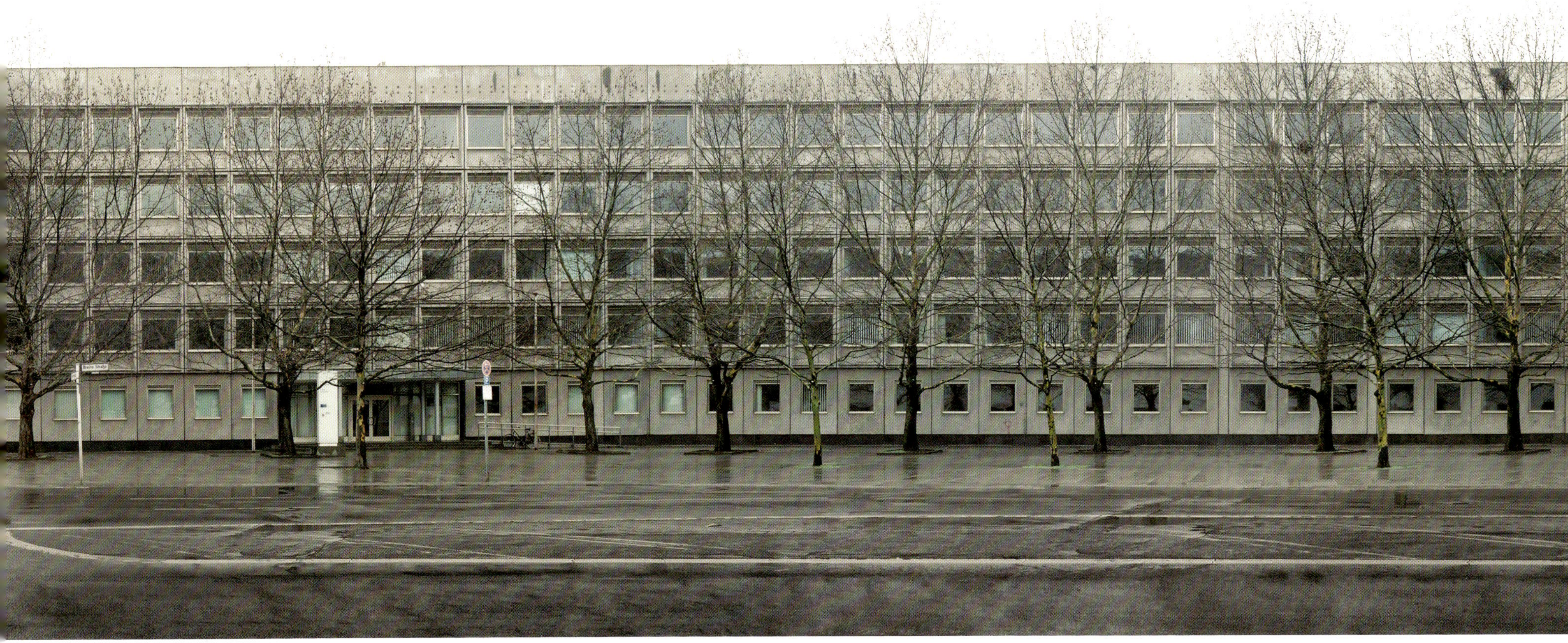

Breite Straße 1–11, Kanzleiflügel des Staatsratsgebäudes mit der Überbrückung der Neumannsgasse zum ehemaligen Ministerium für Bauwesen der DDR, 17. März 2006
Nos. 1–11 Breite Straße, chancellery wing of the State Council building with the connecting bridge over Neumannsgasse to former Construction Ministry, 17 March 2006

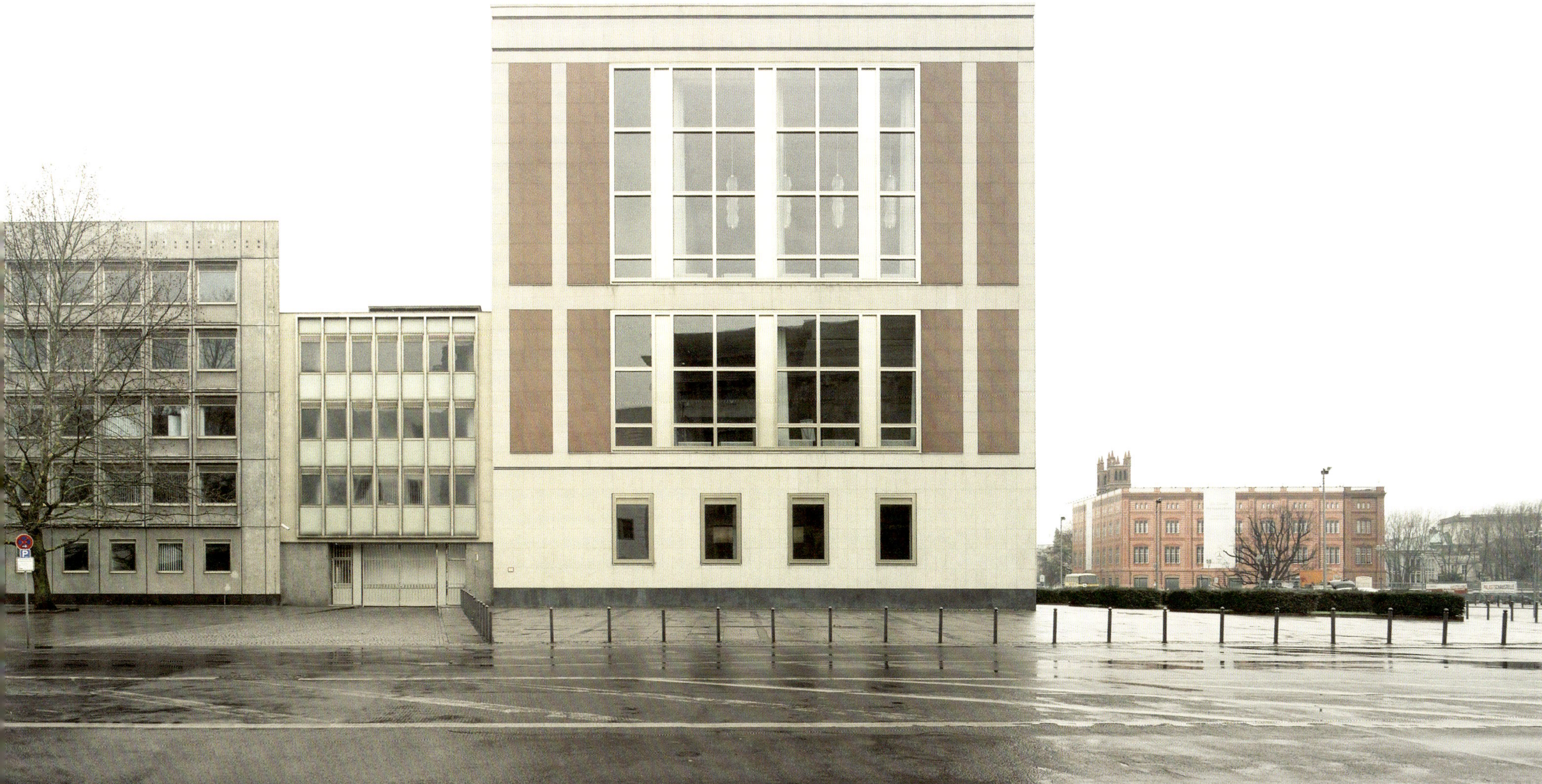

Seiten/*pages* 70/71:
Schaufenster des ehemaligen Kaufhauses Hertzog, Brüderstraße, 21. März 2009
Shop windows of the former Hertzog department store, Brüderstraße, 21 March 2009

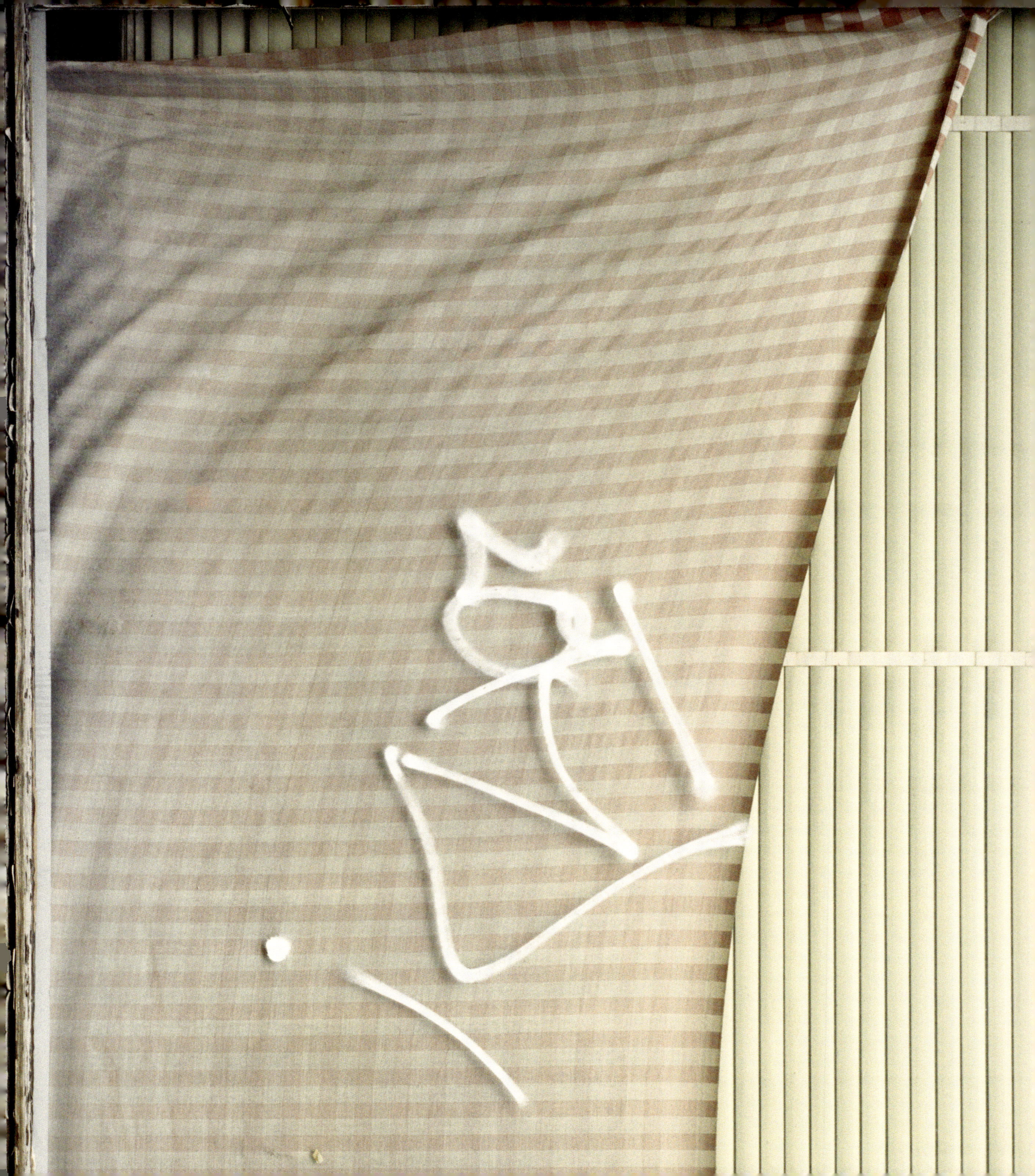

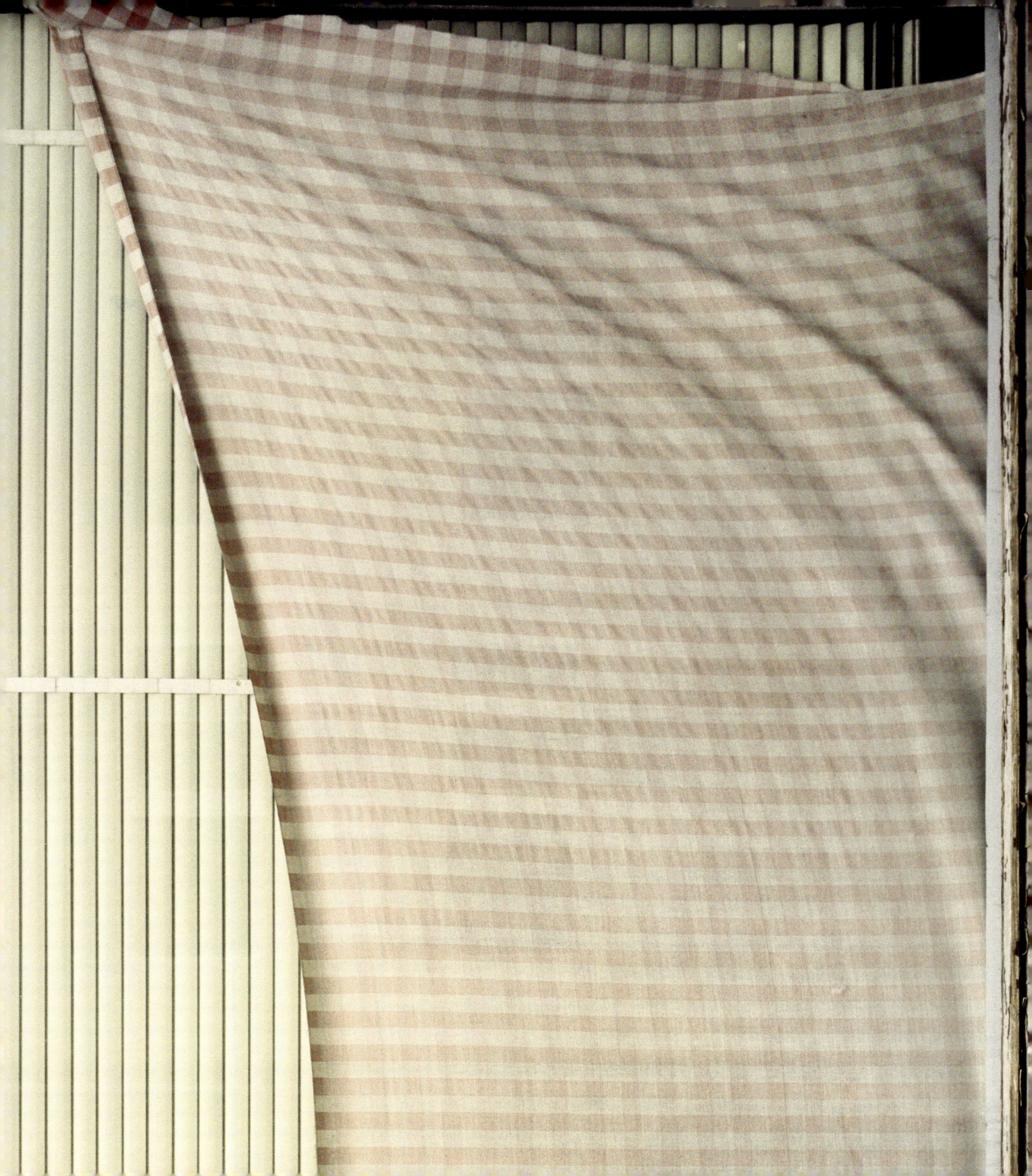

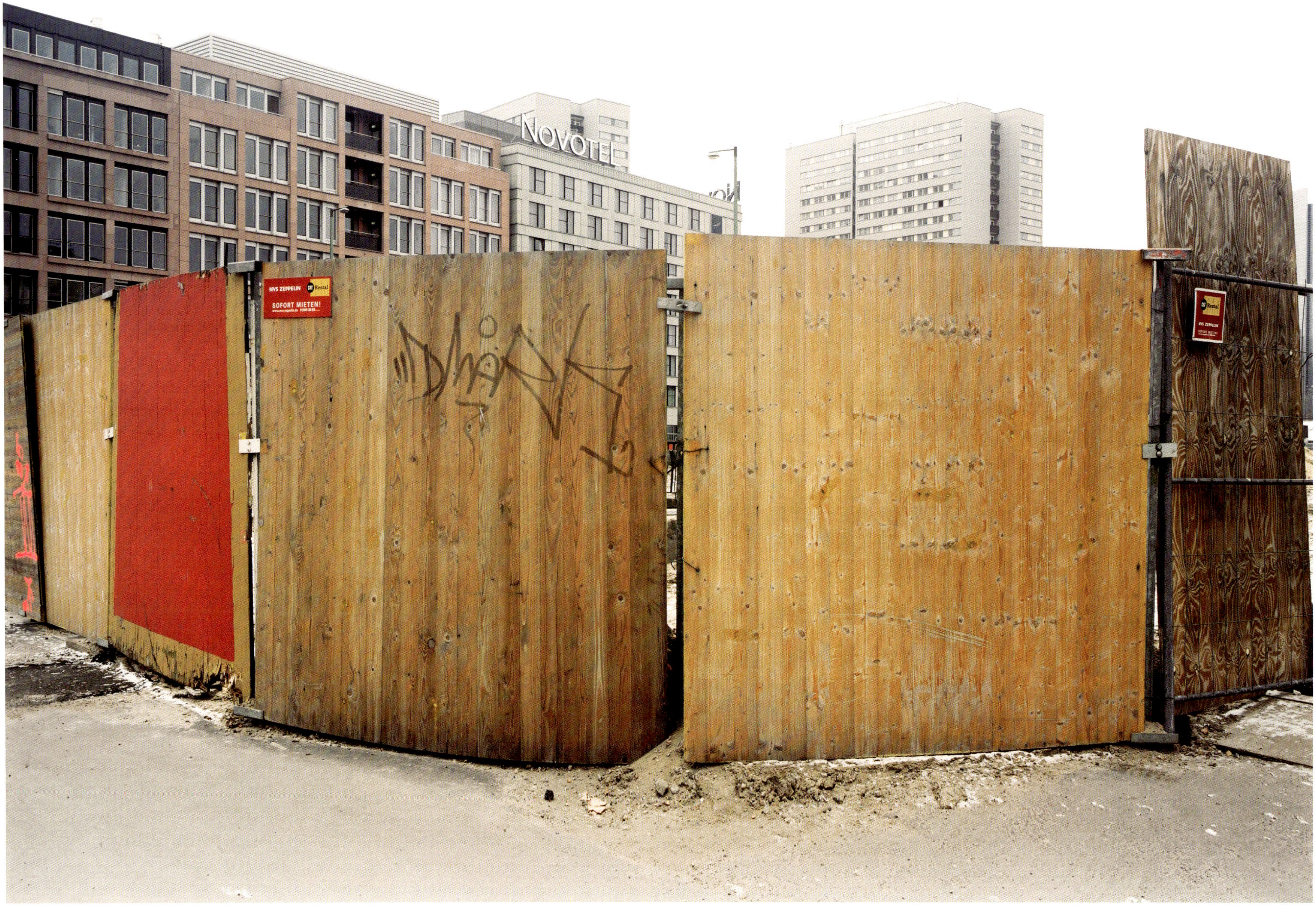

Bauzaun an der archäologischen Grabungsstelle Scharren-, Ecke Breite Straße, im Hintergrund die Neubebauung der Gertraudenstraße, 31. Januar 2009

Fence around the archeological dig at the corner of Scharrenstraße and Breite Straße, in the background the new development on Gertraudenstraße, 31 January 2009

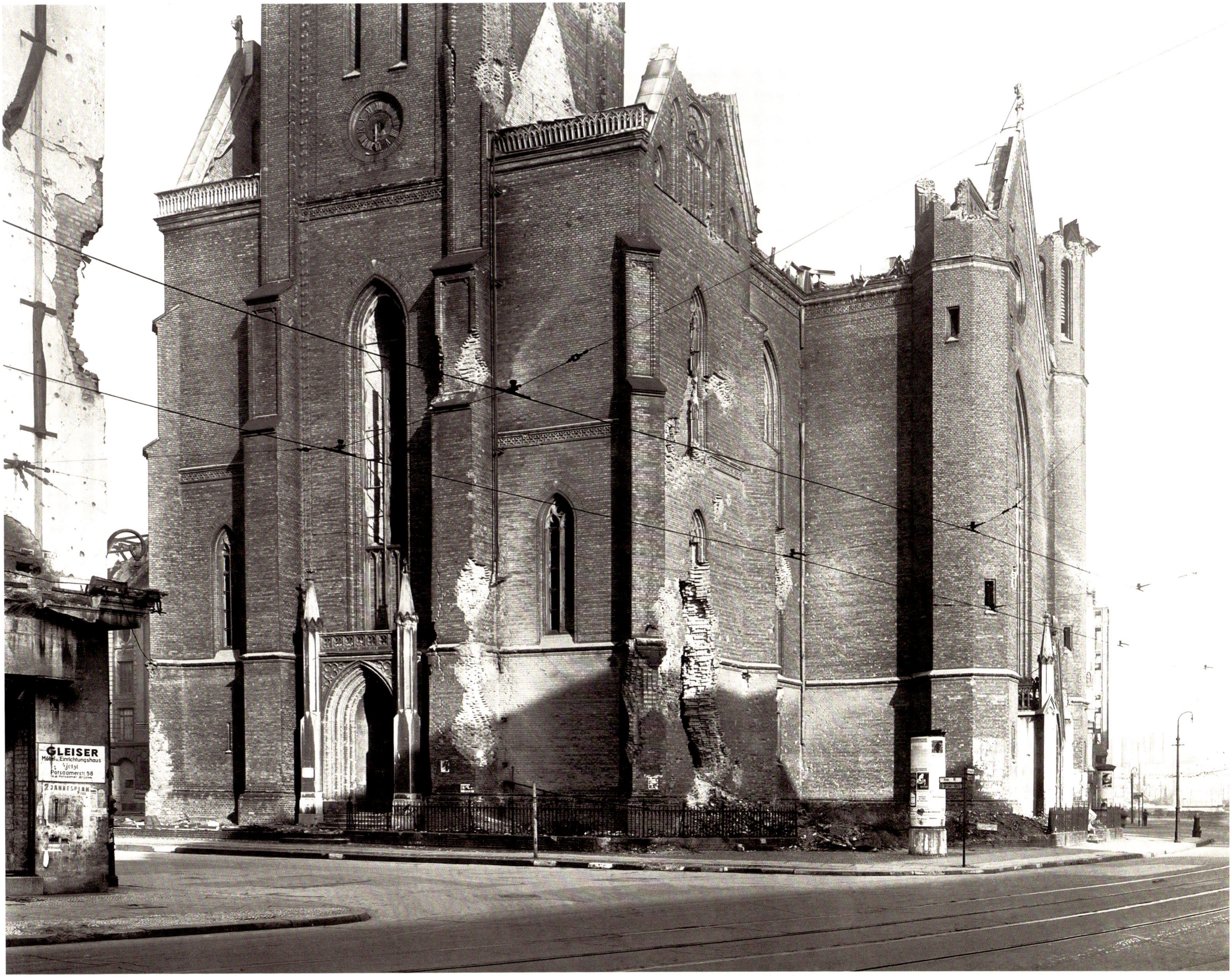

Ruine der letzten Petrikirche, von der Gertraudenstraße aus gesehen, 9. November 1948
Ruins of the last Petrikirche, seen from Gertraudenstraße, 9 November 1948

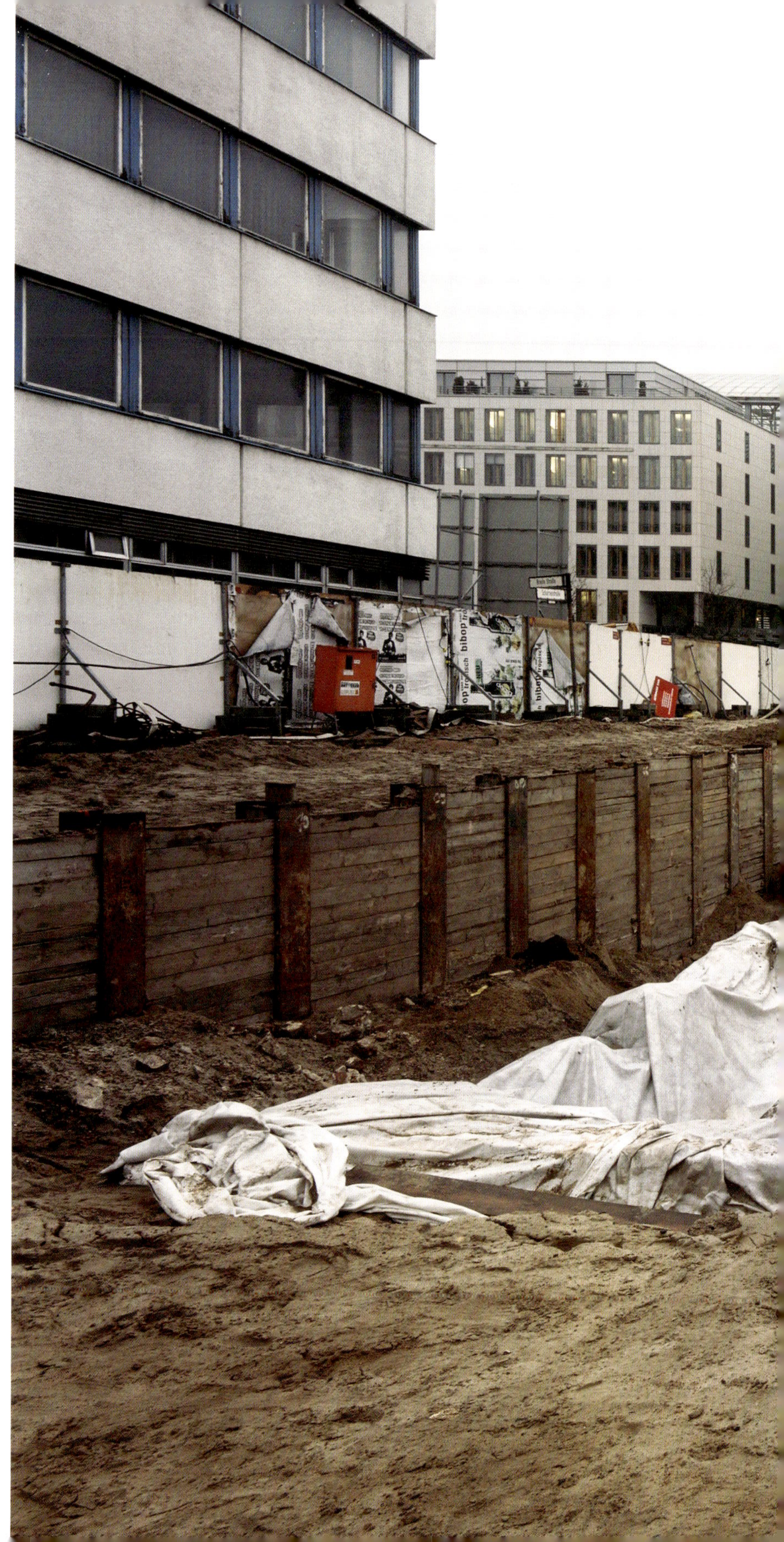

Archäologische Grabungsstelle Kaufhaus Hertzog/Cöllnisches Rathaus, 6. März 2009
Archaeological excavation at the site of Hertzog department store and Cölln town hall, 6 March 2009

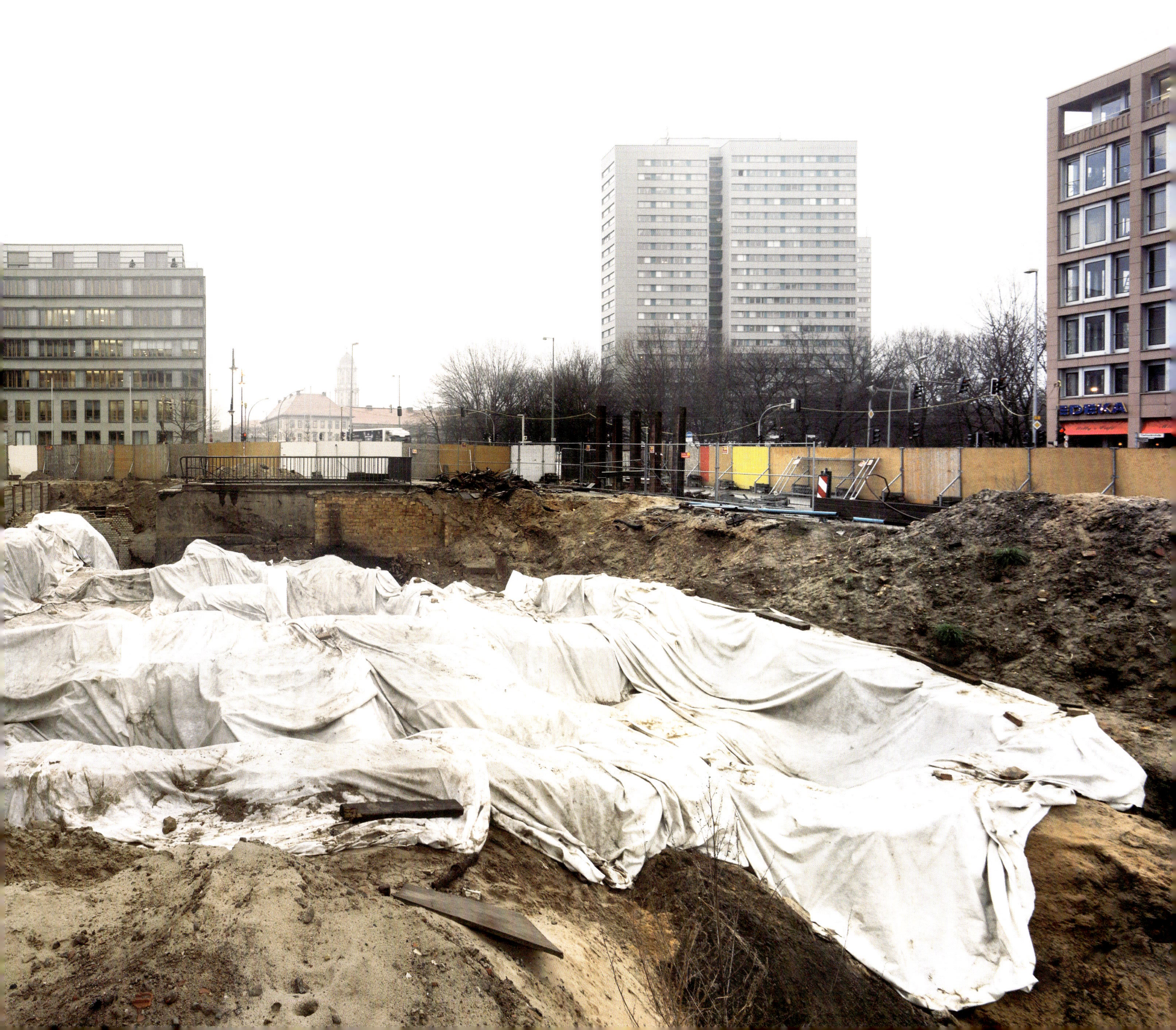
EDEKA

Aufbewahrung der auf dem Petriplatz ausgegrabenen Gebeine in den Gewölben der Petrikapelle auf dem Georgen-Parochial-Friedhof, Landsberger Allee, 2. April 2009
Resting place of the human remains found on Petriplatz in the vaults of Petrikapelle, a chapel on the Georgen Parochial Graveyard in Landsberger Allee, 2 April 2009

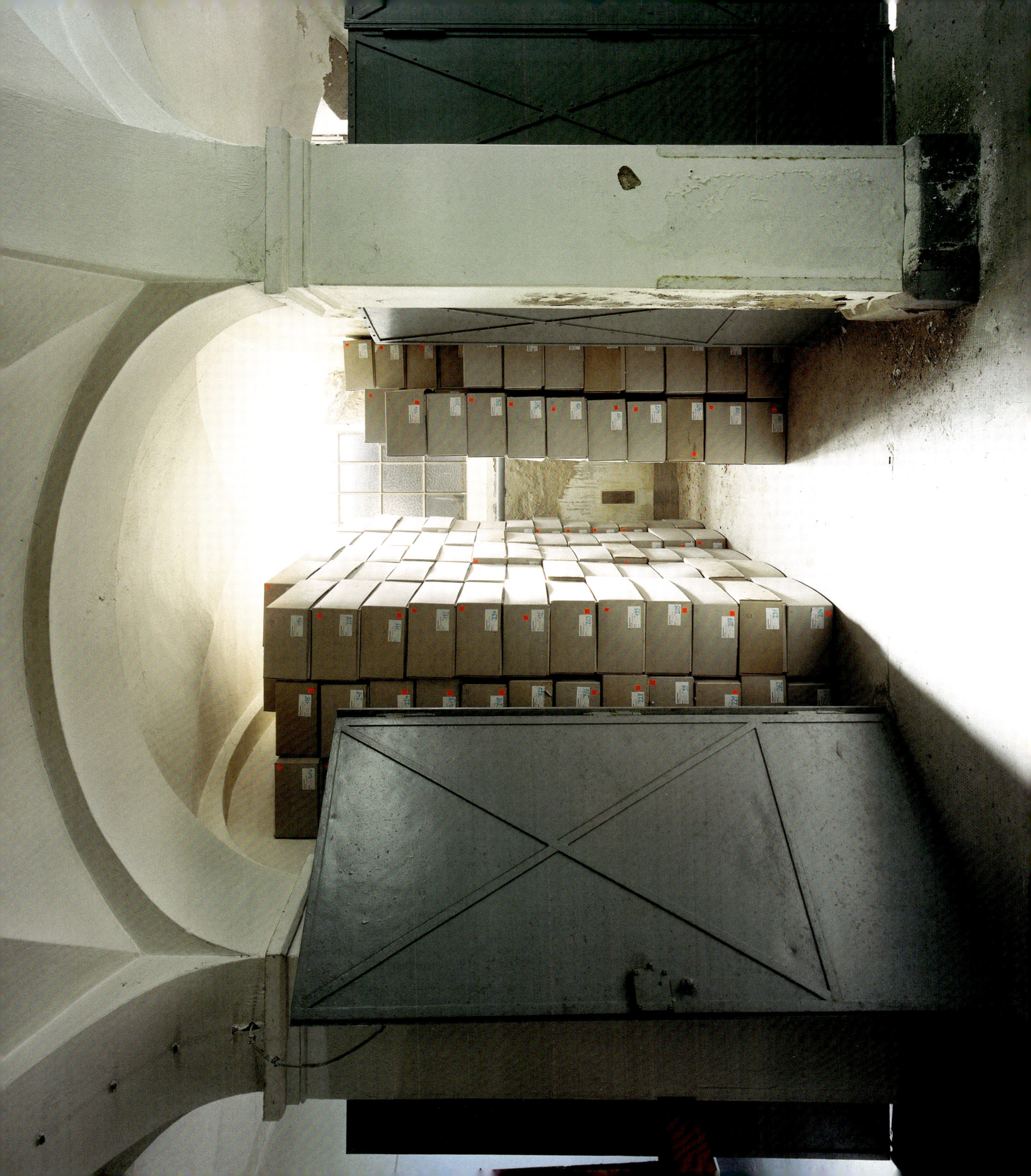

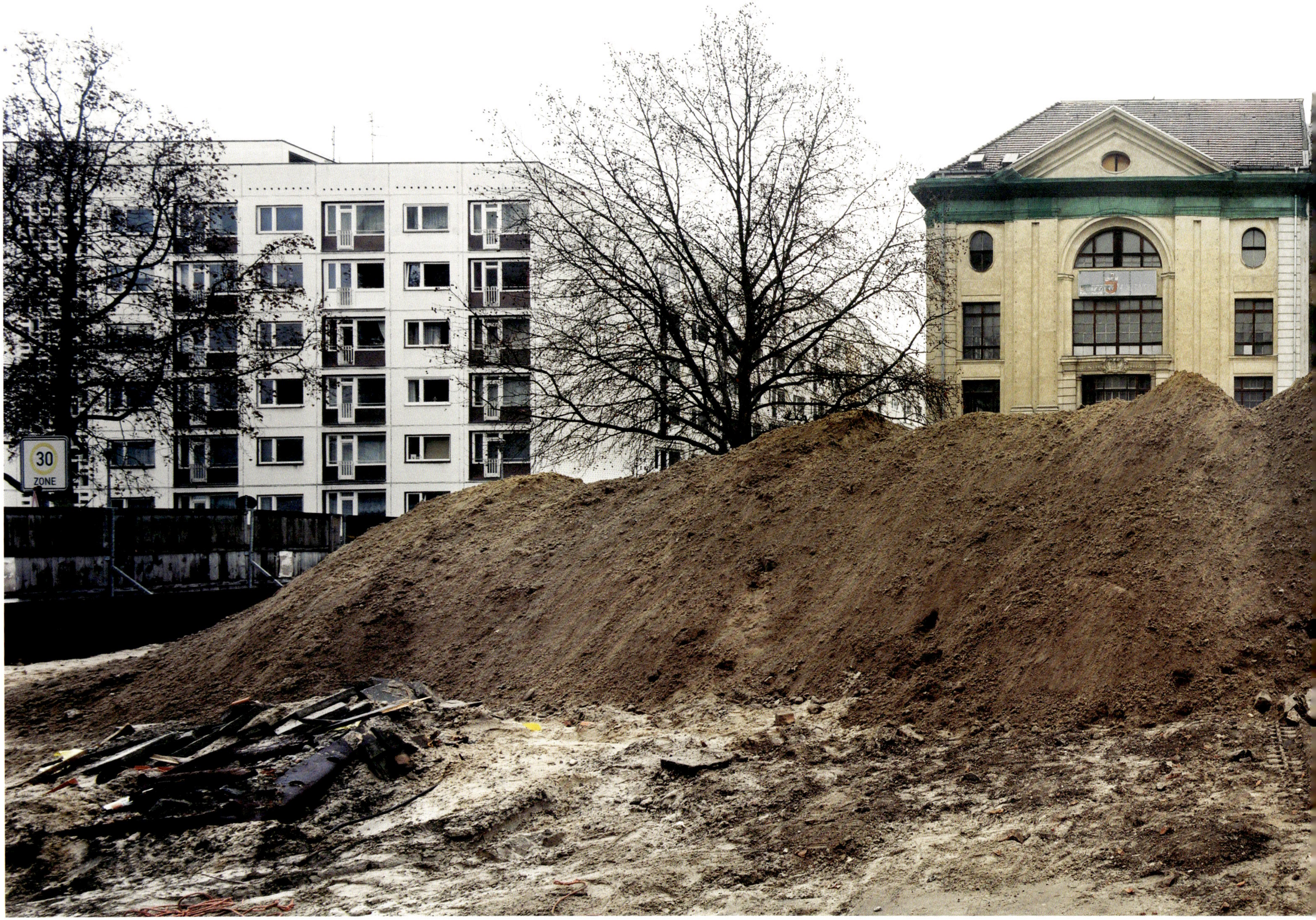

Archäologische Grabungsstelle zwischen Gertrauden- und Scharrenstraße vor der Zuschüttung, 3. März 2009
Archaeological excavation site between Gertraudenstraße and Scharrenstraße, 3 March 2009

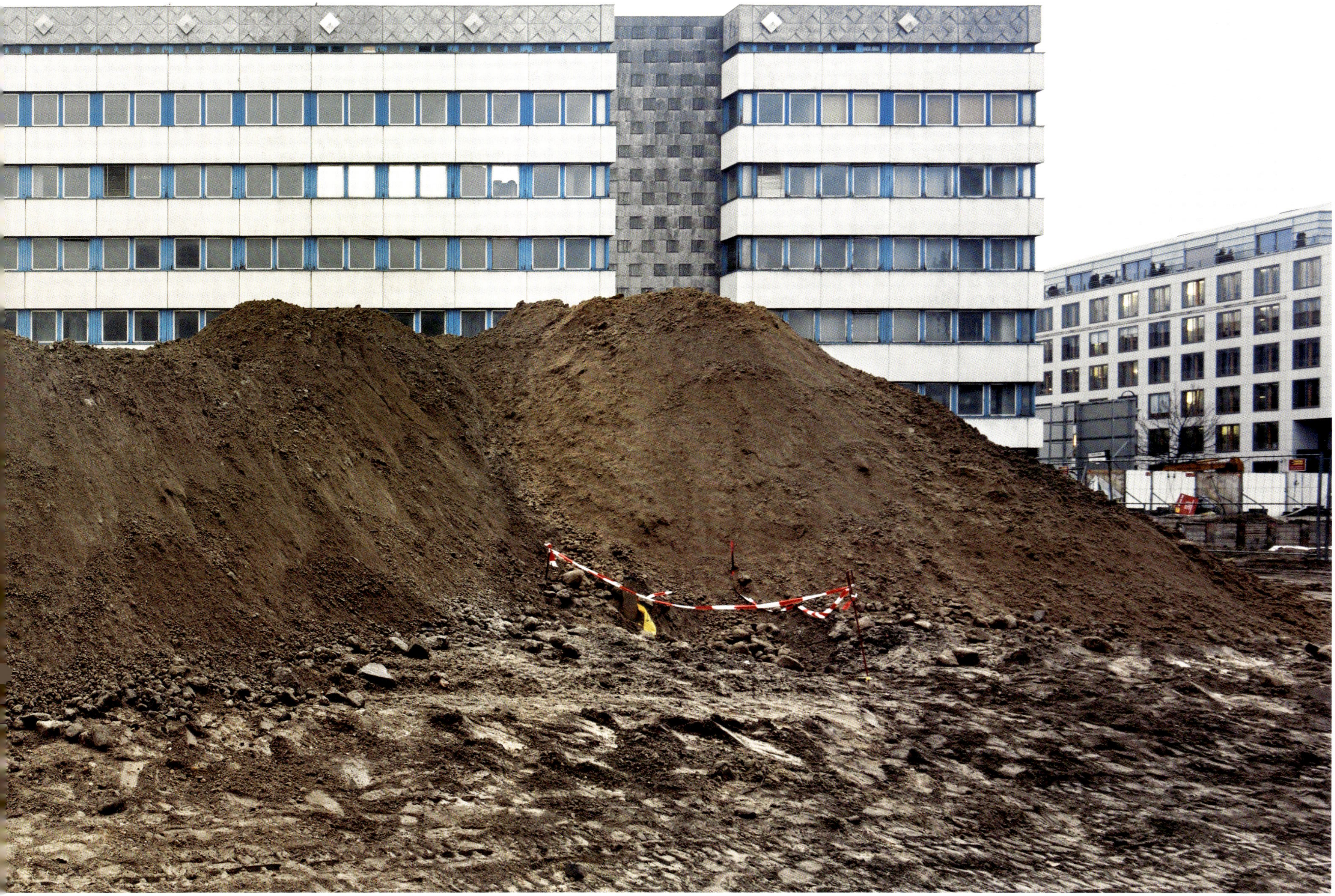

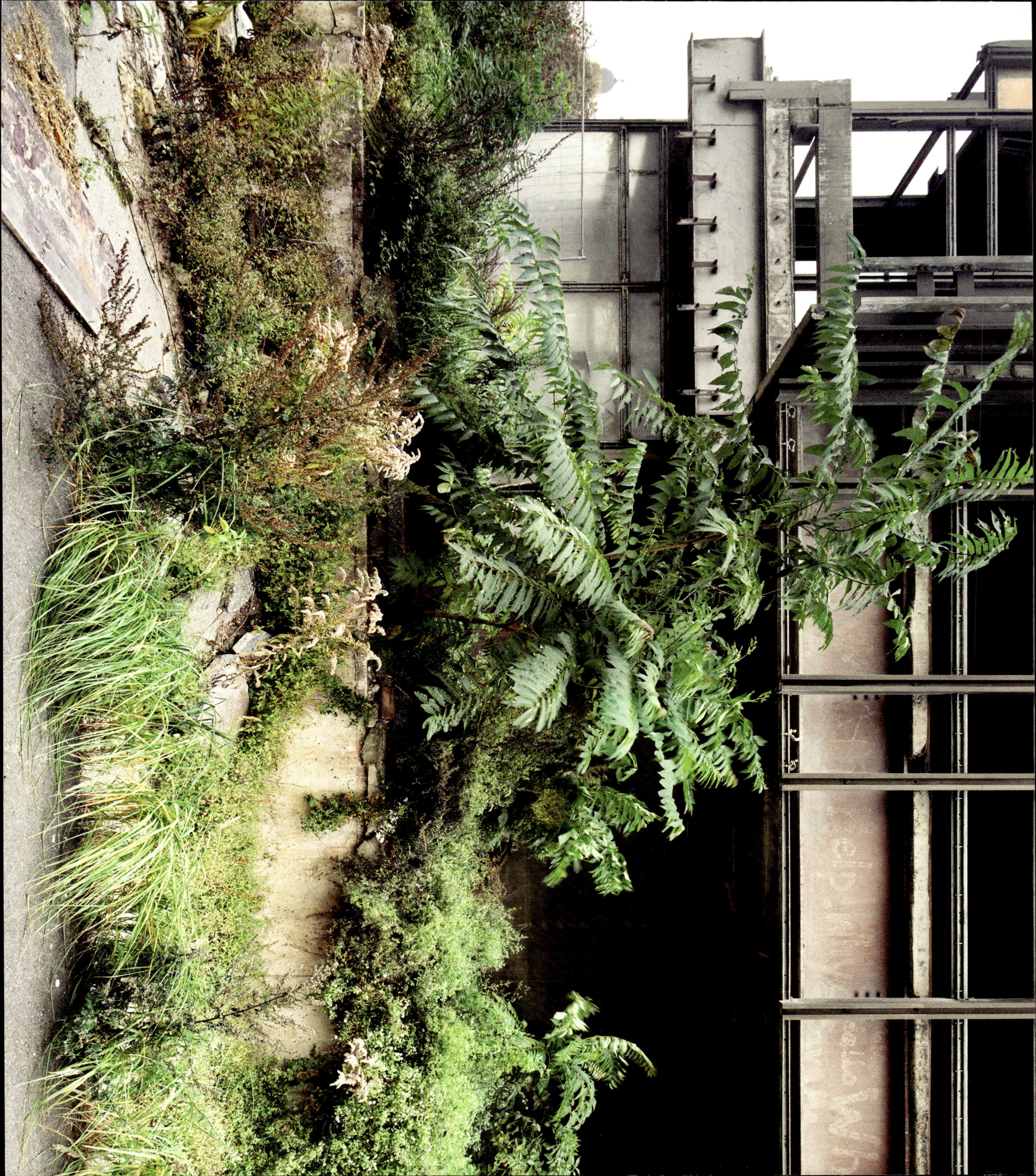

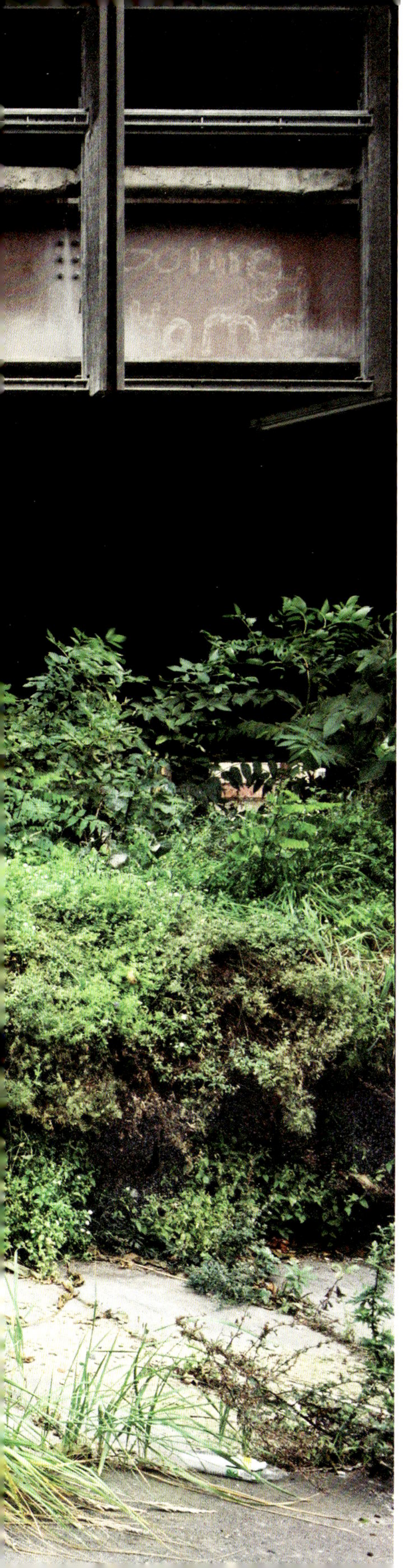

Palast der Republik, Volkskammerseite. Die Natur erobert sich das Terrain zurück, 13. Oktober 2007
The Palace of the Republic. Nature is reclaiming the site, 13 October 2007

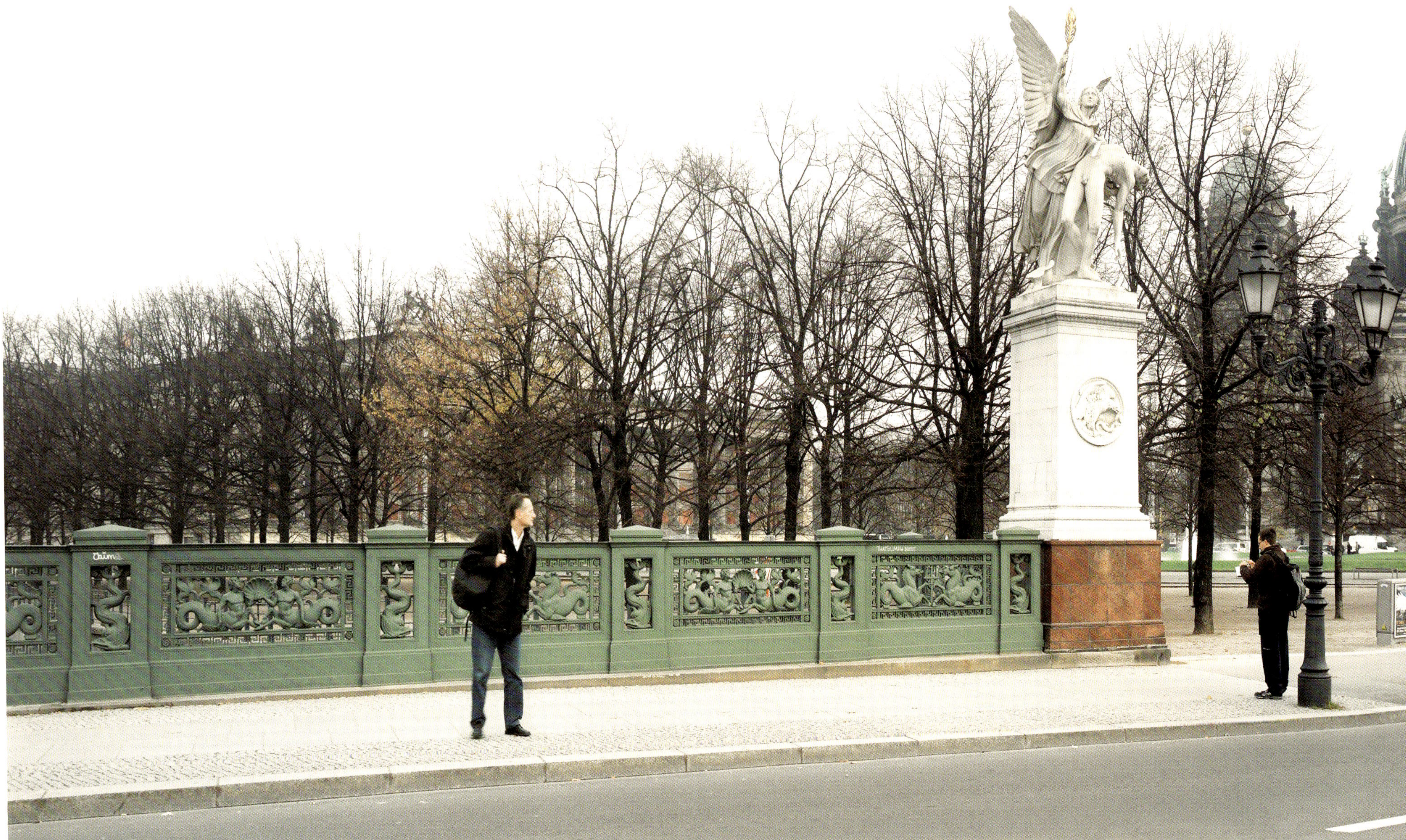

Blick auf den Schlossplatz mit den Resten des Palastes der Republik, 8. November 2008

View of Schlossplatz with the remains of the Palace of the Republic, 8 November 2008

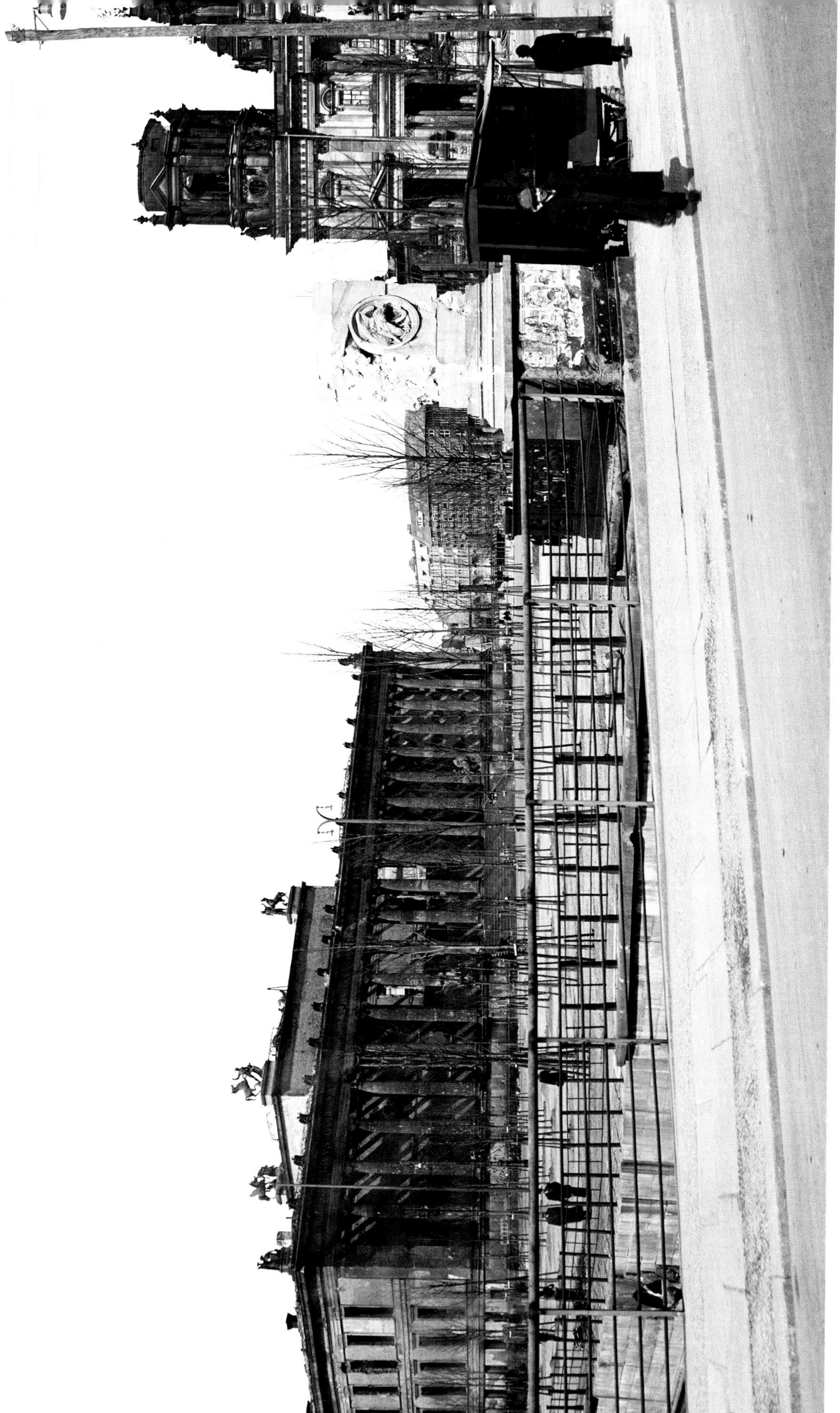

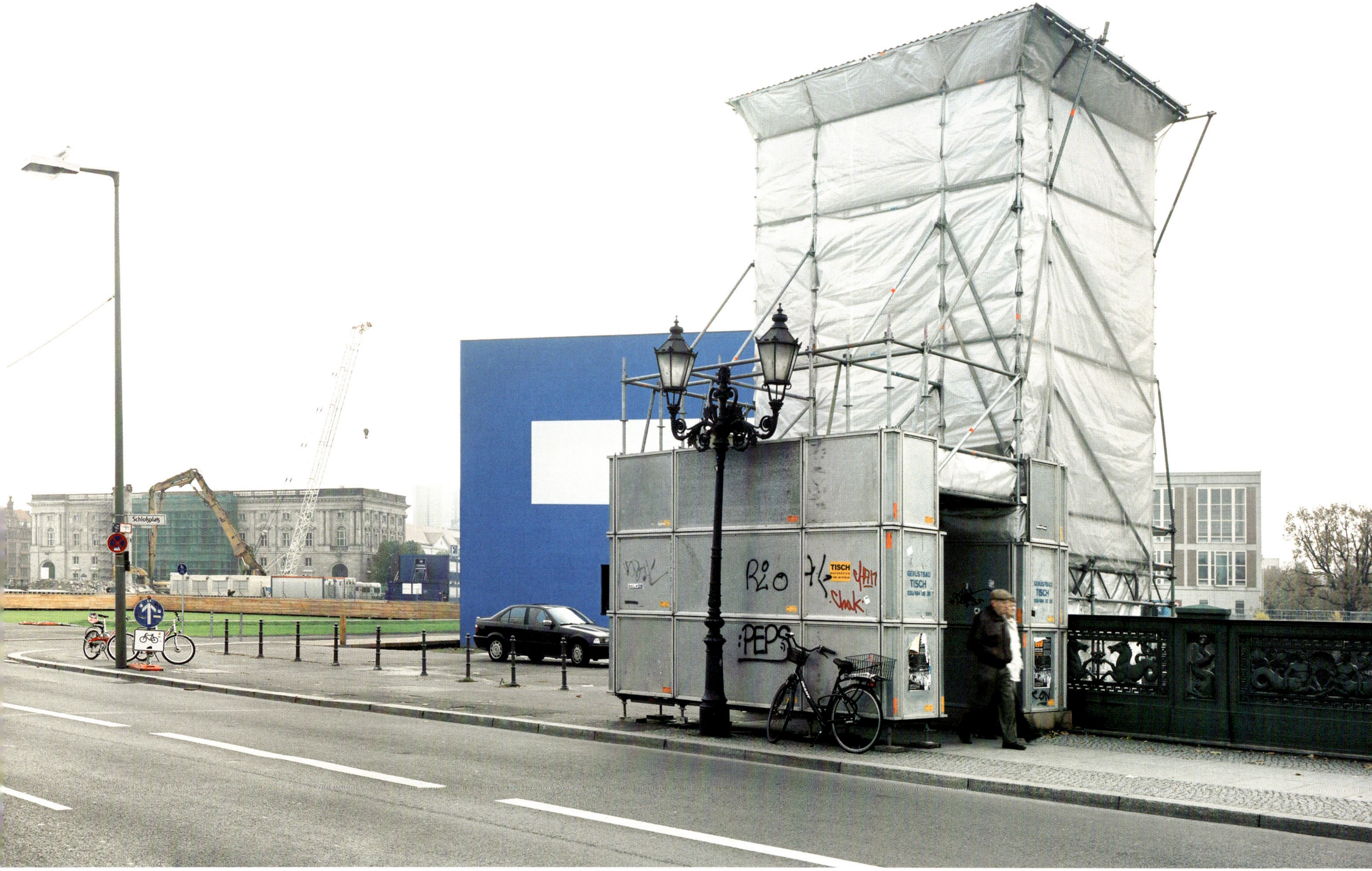
Schloßplatz
GERÜSTBAU
TISCH
TISCH

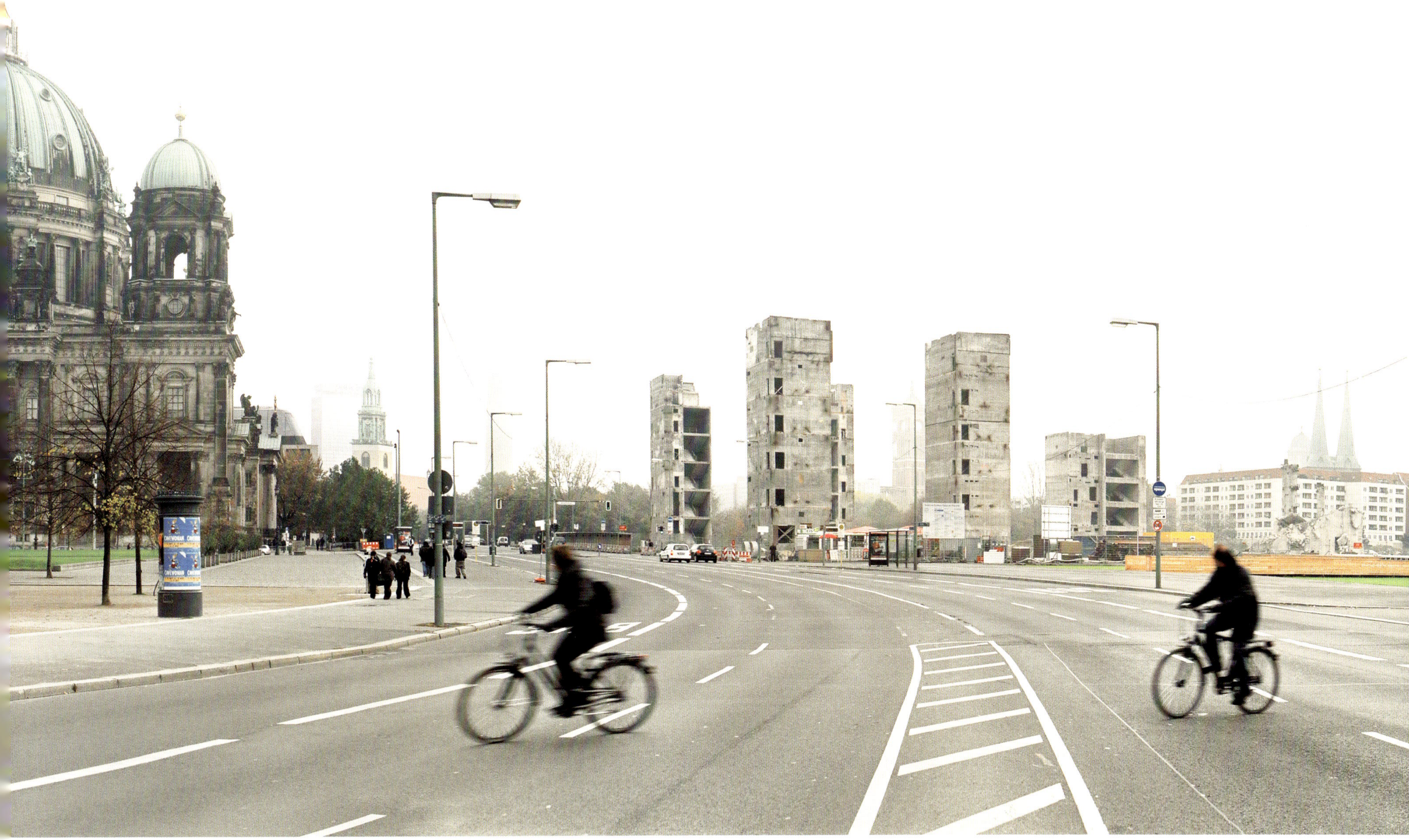

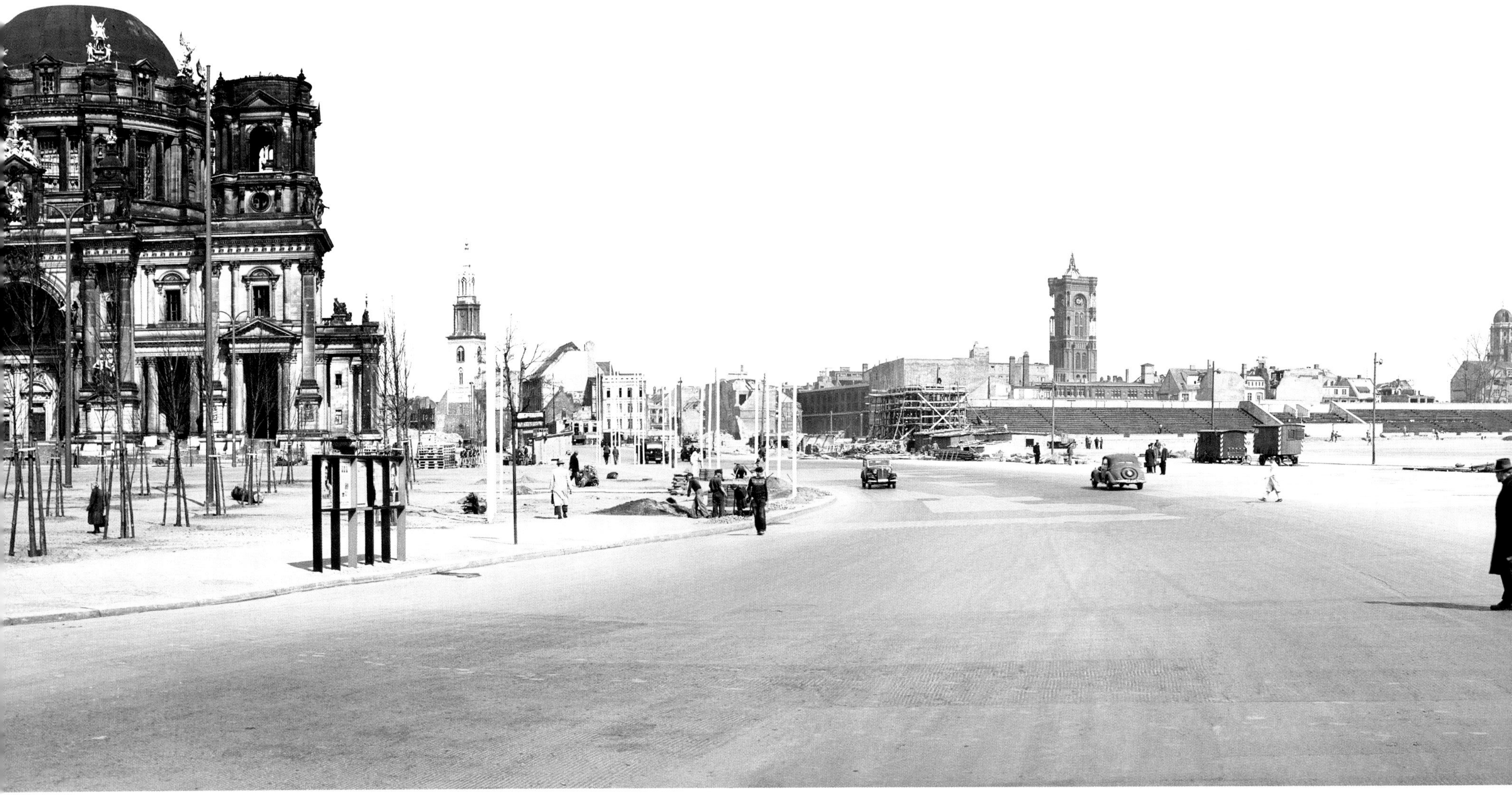

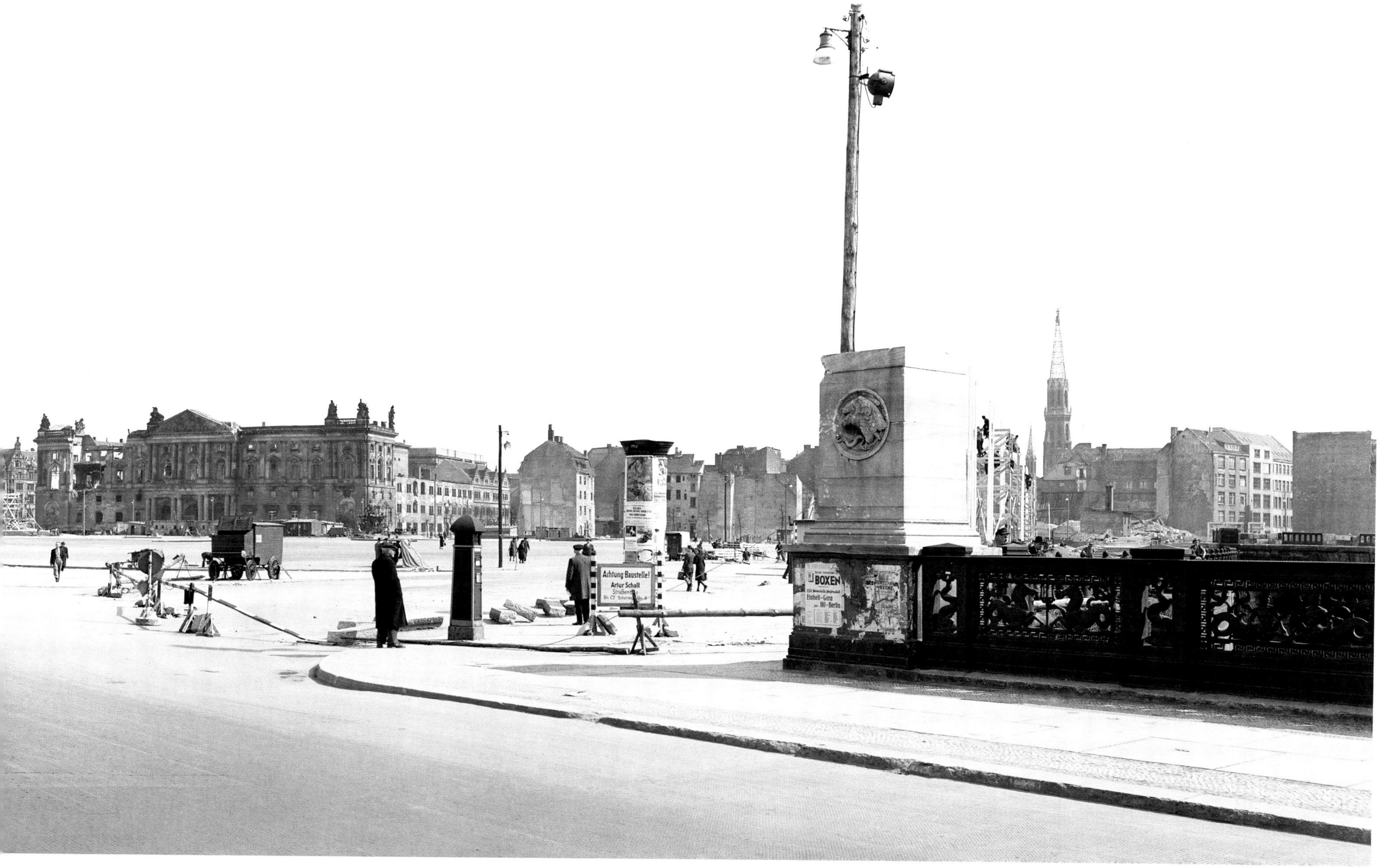

Blick auf den Marx-Engels-Platz, heute Schlossplatz, kurz nach dem Abriss des Berliner Stadtschlosses, 20. April 1951
View of Marx-Engels-Platz, today Schlossplatz, shortly before the demolition of the Royal Palace, 20 April 1951

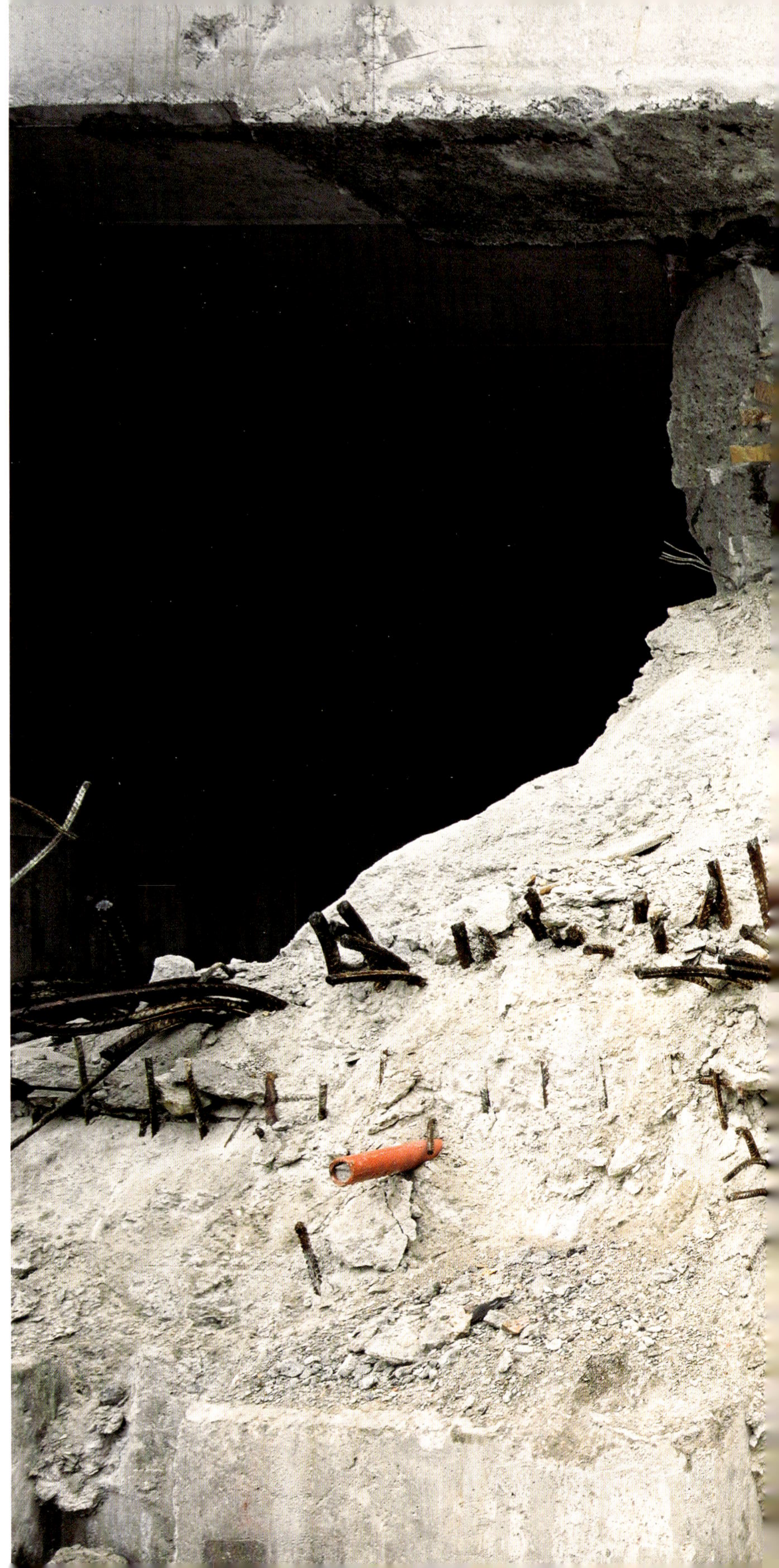

Palast der Republik, 19. Mai 2008
Palace of the Republic, 19 May 2008

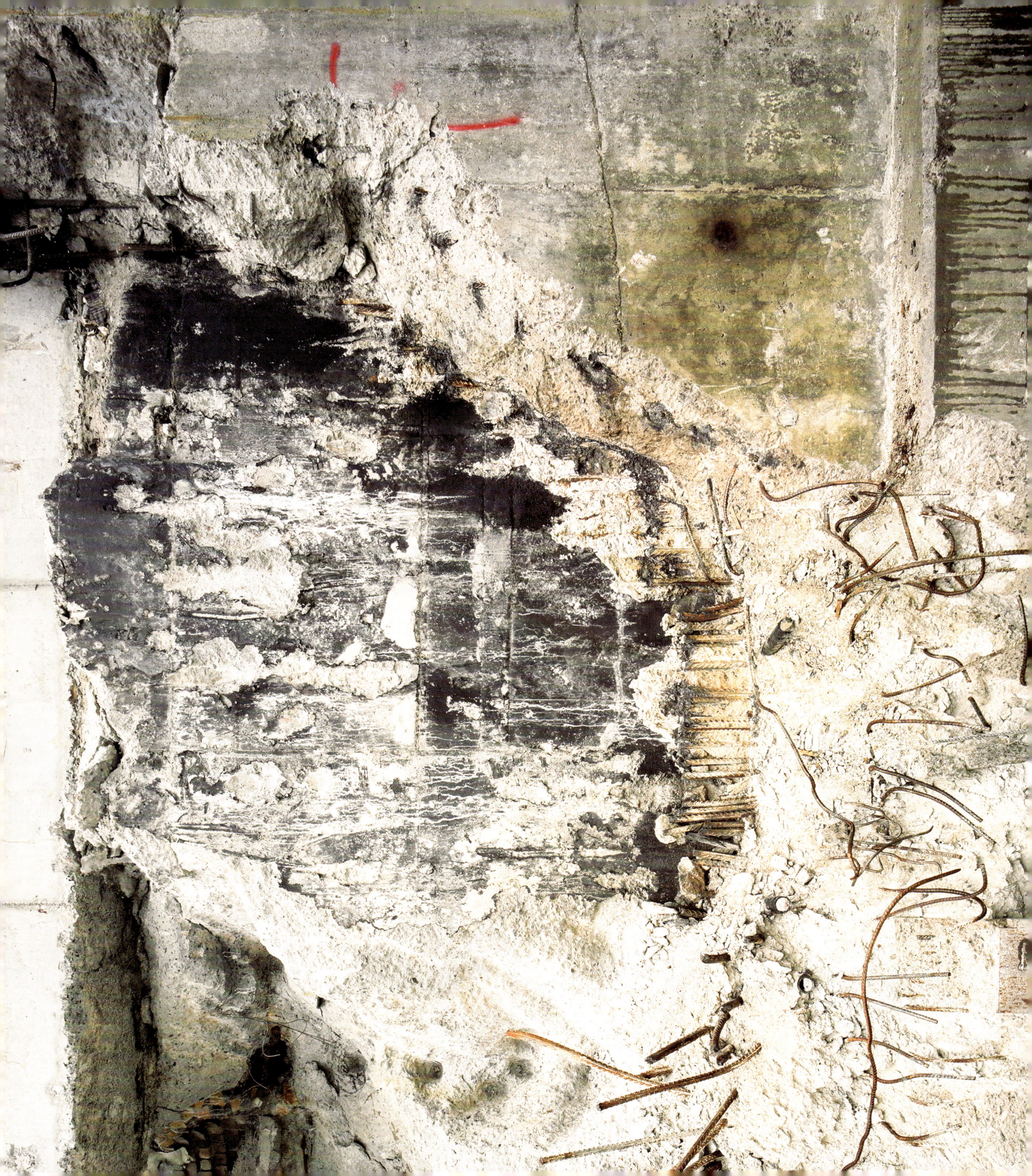

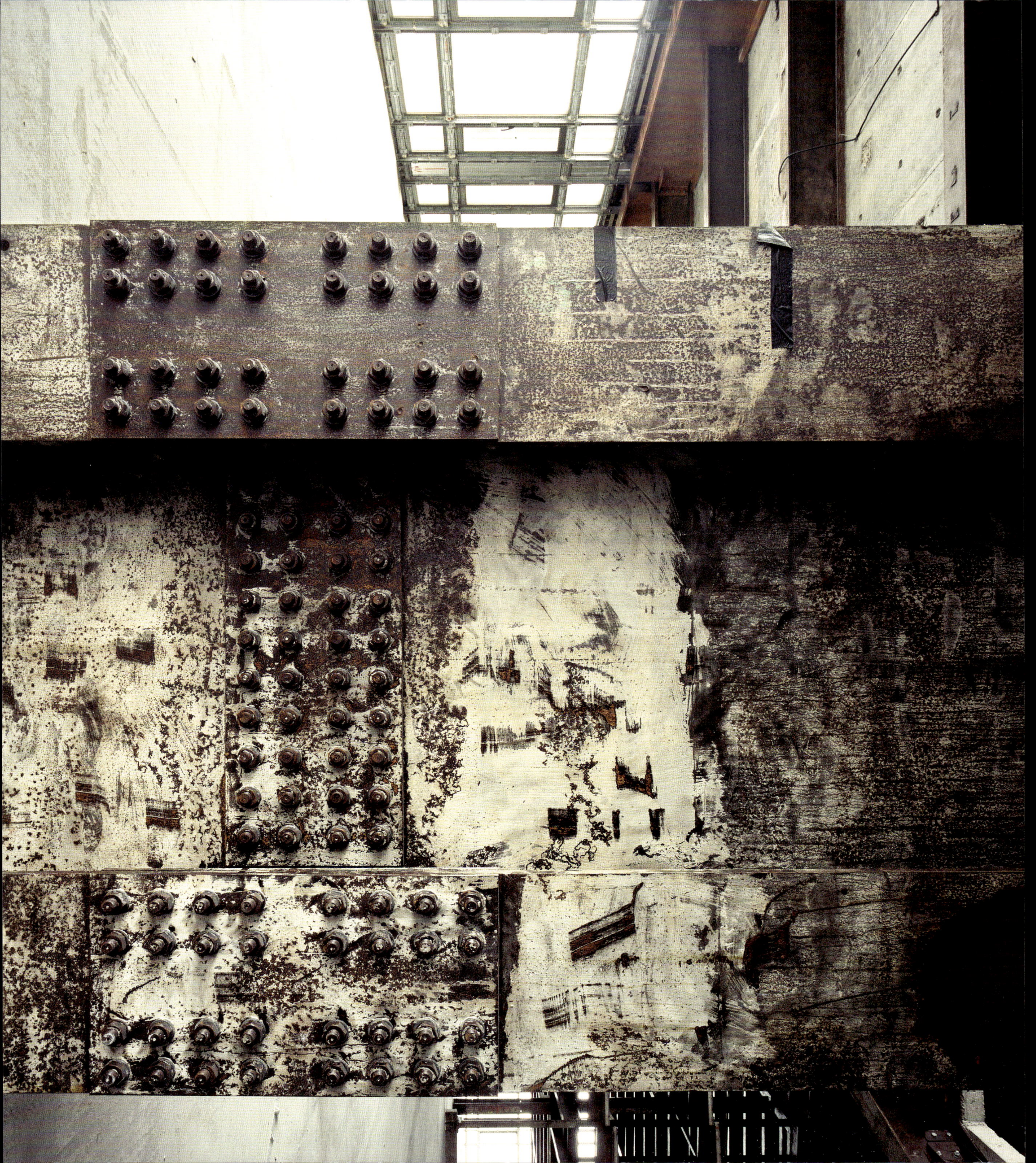

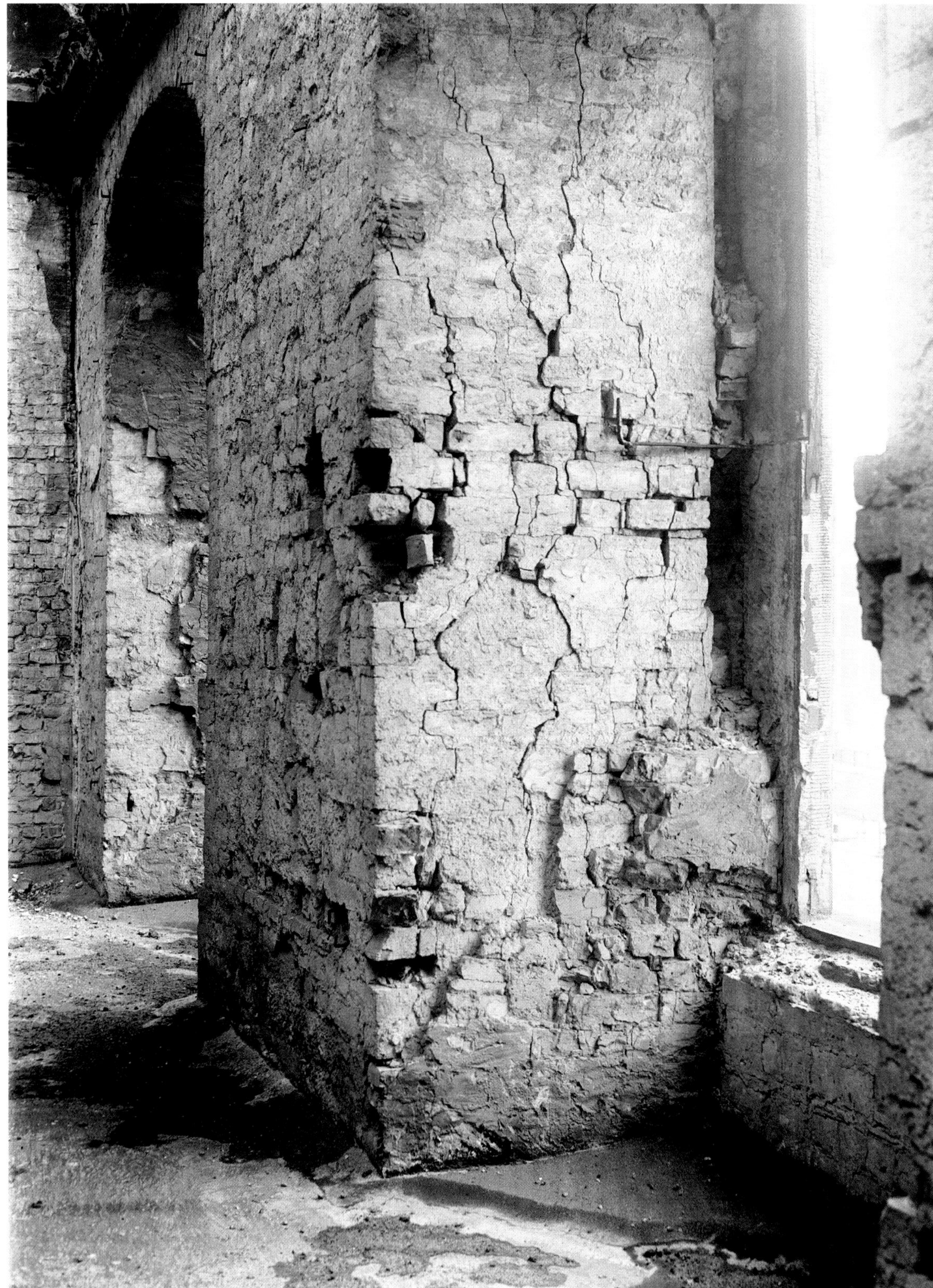

Palast der Republik, August 2005
Palace of the Republic, August 2005

Berliner Schloss, Schreibzimmer der Kaiserin Auguste Victoria, im Hintergrund die Ruinen am Schlossplatz, 27. Oktober 1948
The Royal Palace, Empress Auguste Victoria's writing room, in the background the ruins on Schlossplatz, 27 October 1948

Sockel des ehemaligen Nationaldenkmals an der Schlossfreiheit, links der Neubau des Auswärtigen Amtes, 4. Mai 2008
Plinth of the former national monument on Schlossfreiheit, left the new Foreign Ministry building, 4 May 2008

Seiten/*pages* 92/93:
Blick vom beräumten Grundstück des Palastes der Republik auf das Marx-Engels-Forum, 22. Februar 2009
View of Marx-Engels-Forum from the former site of the Palace of the Republic, 22 February 2009

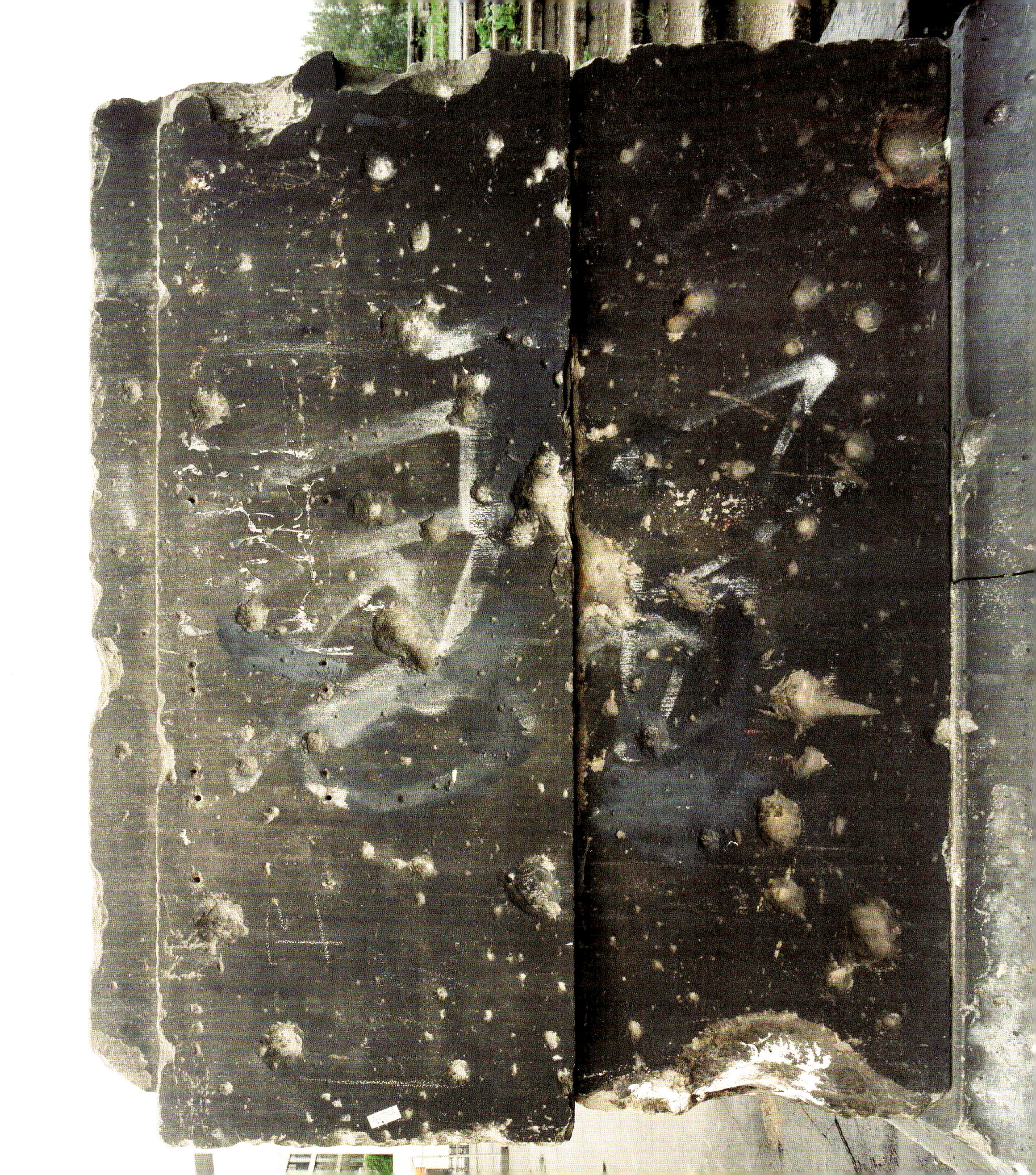

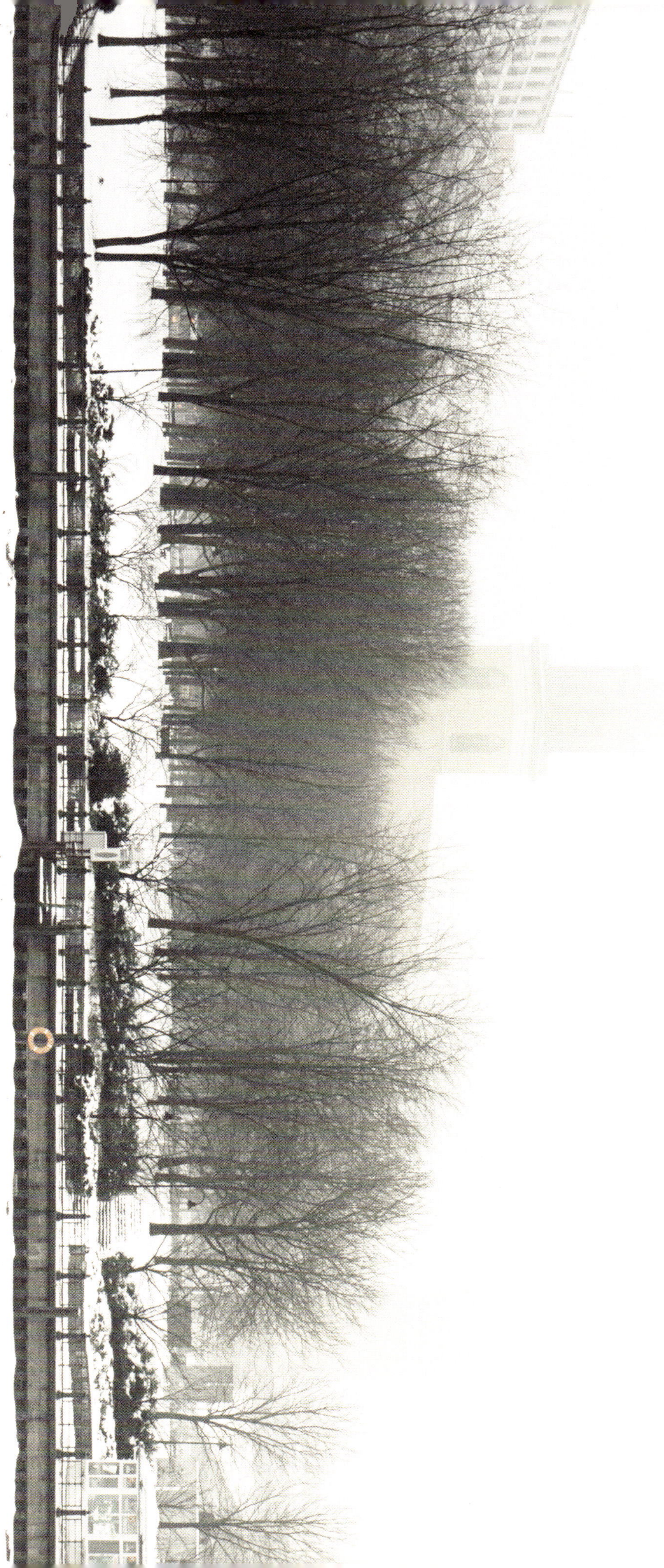

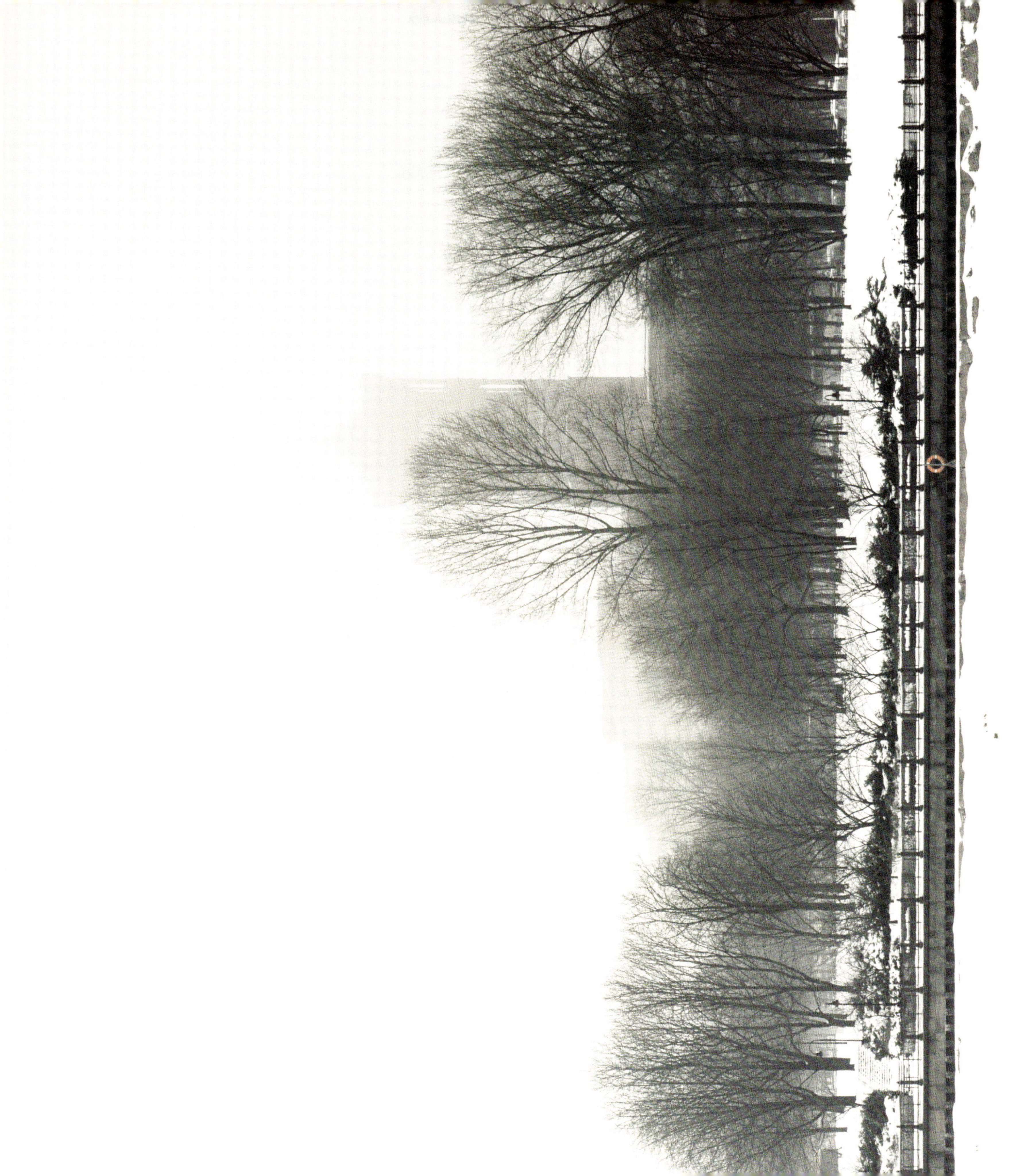

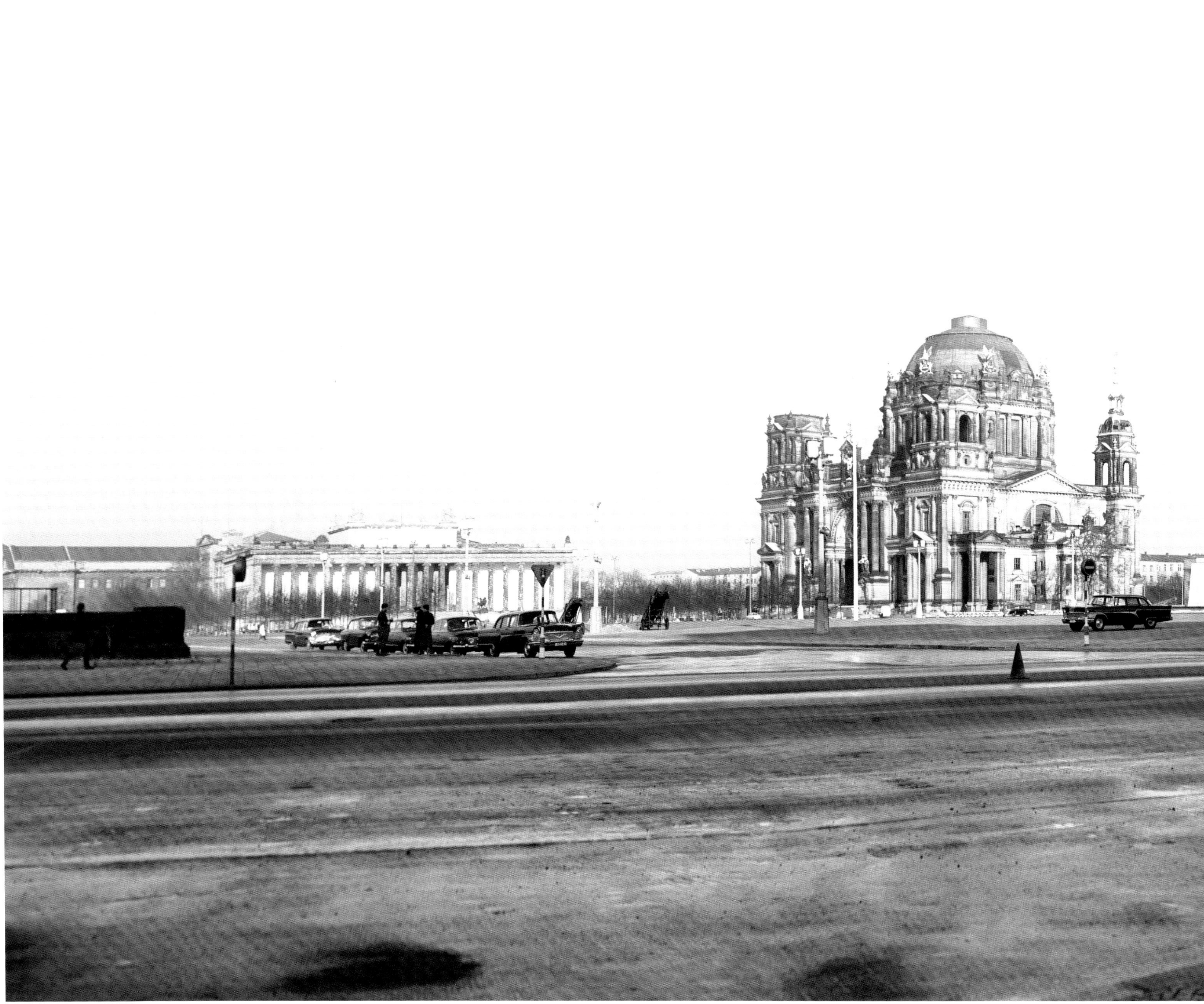

Marx-Engels-Platz, heute Schlossplatz. Im mittleren Bildhintergrund die Reste der Bebauung am Roten Rathaus, heute Marx-Engels-Forum, Februar 1965

Marx-Engels-Platz, today Schlossplatz. In the centre the remnants of buildings by the Rotes Rathaus, today Marx-Engels-Forum, February 1965

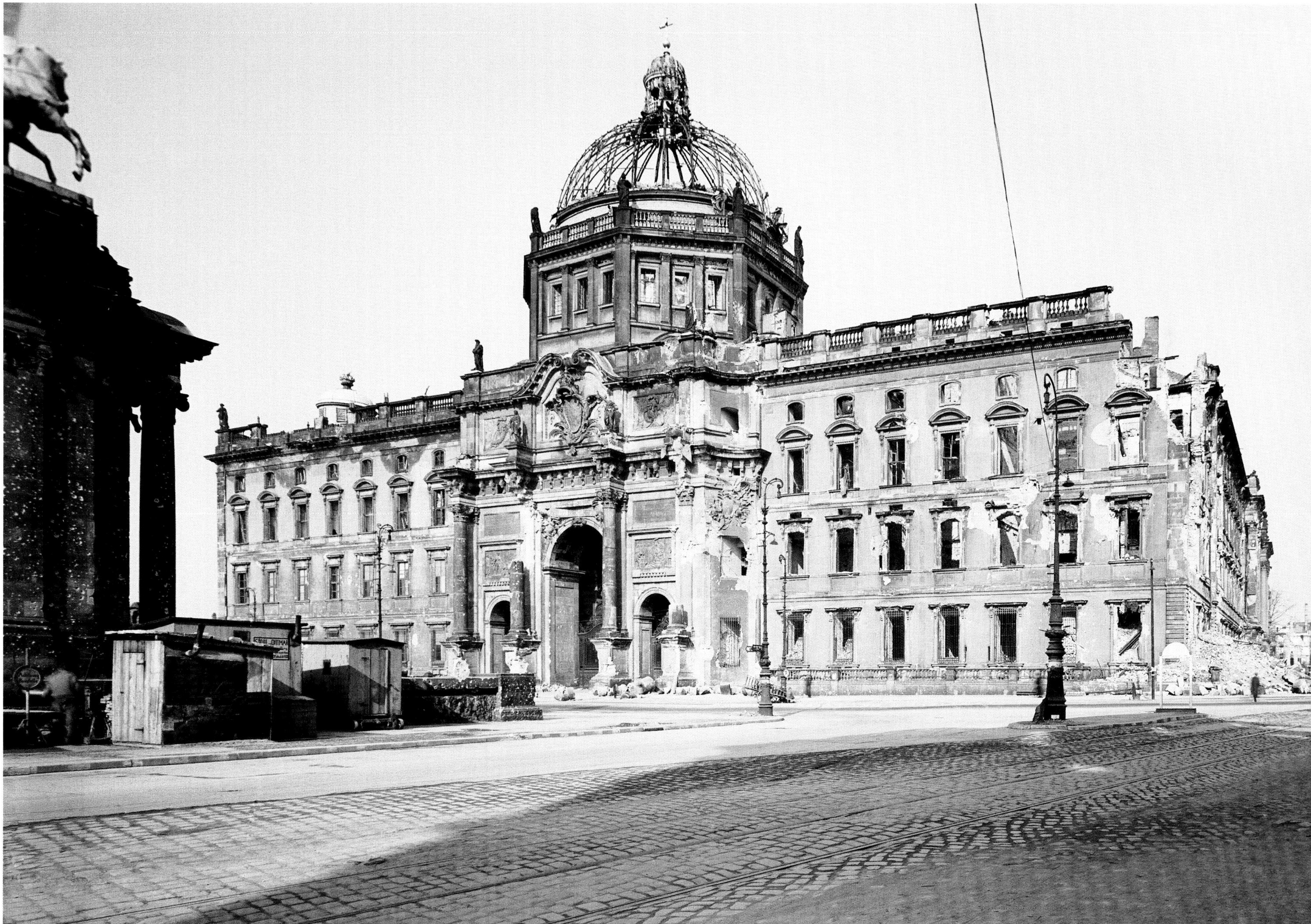

Berliner Schloss von der Schleusenbrücke aus gesehen. Links das Nationaldenkmal, Winter 1949/50
The Royal Palace as seen from Schleusenbrücke. Left the national monument, winter 1949/50

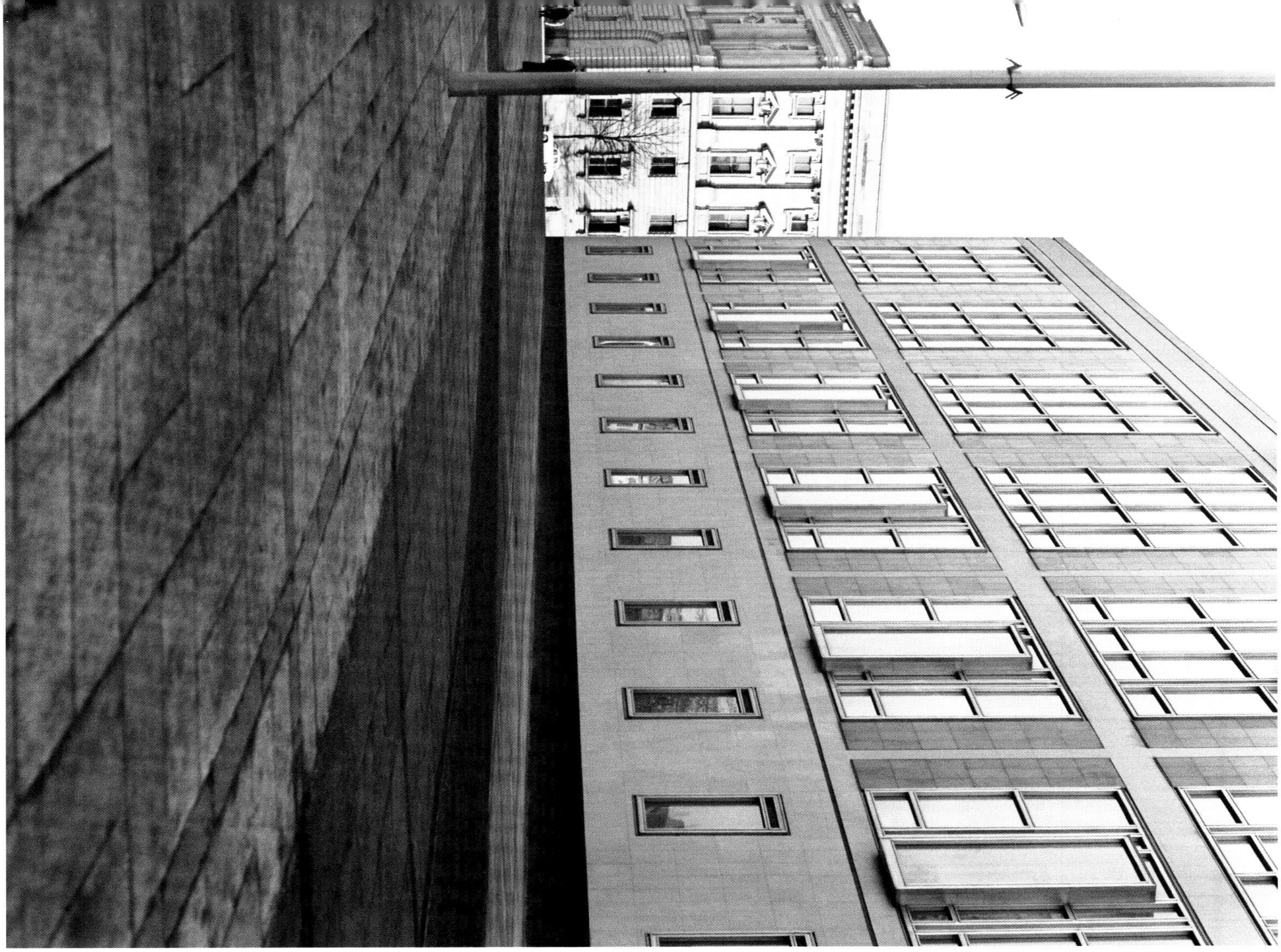

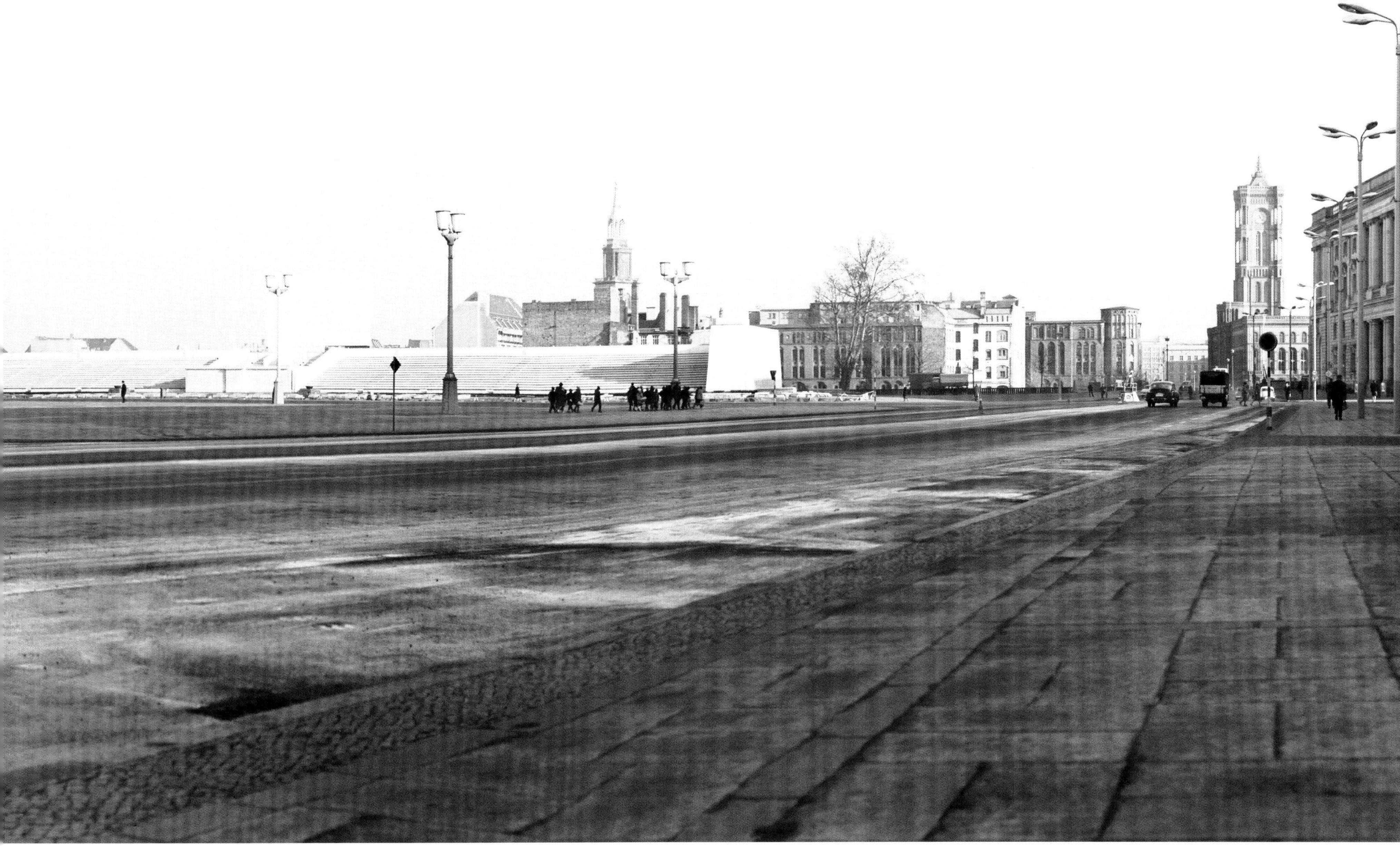

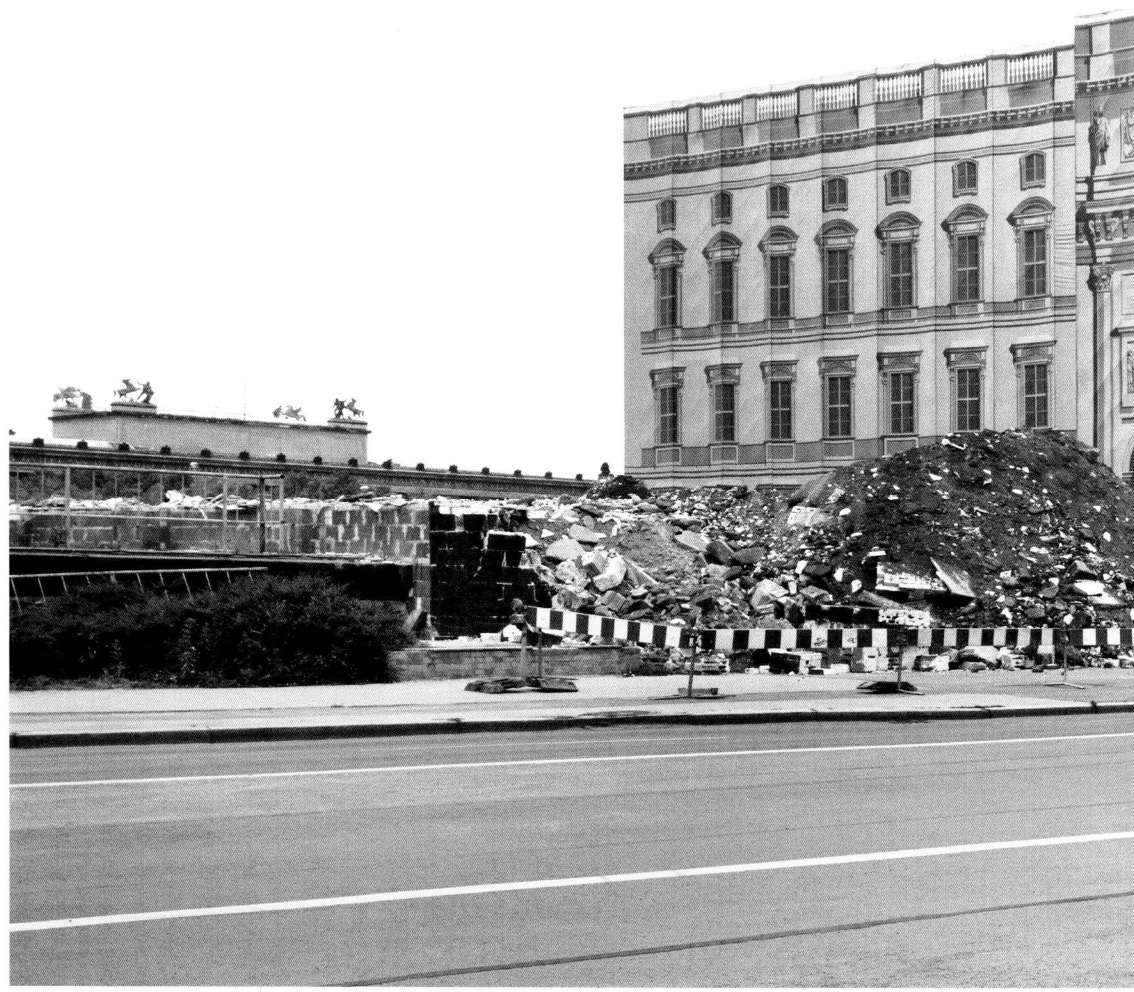

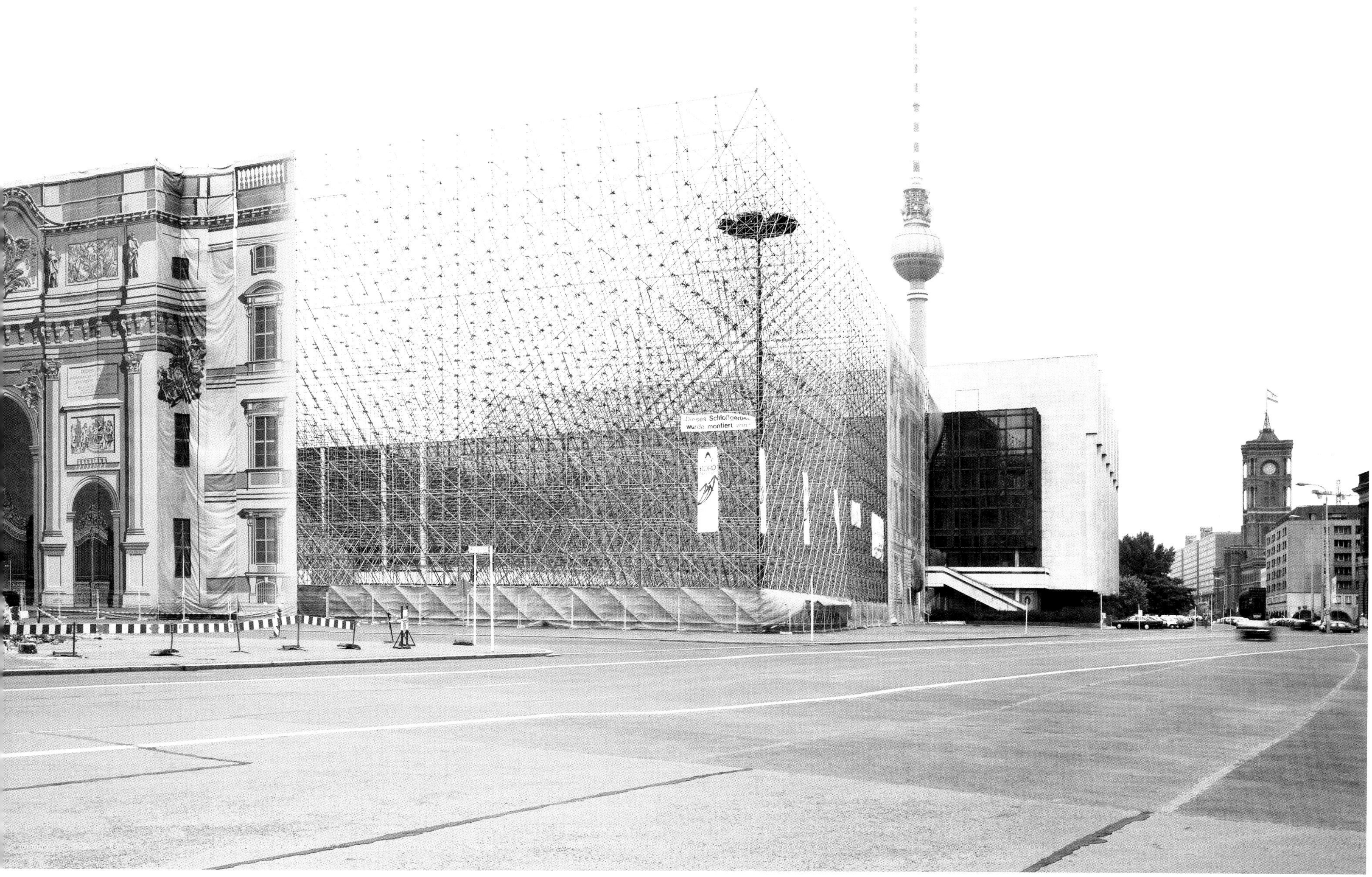

Schlossattrappe vor dem Palast der Republik, Juli 1994
Royal Palace mock-up in front of Palace of the Republic, July 1994

Ausgrabungen auf dem Schlossplatz. Im Hintergrund die Friedrichswerdersche Kirche, Frühjahr 1997
Excavations on Schlossplatz. In the background Friedrichswerder Church, spring 1997

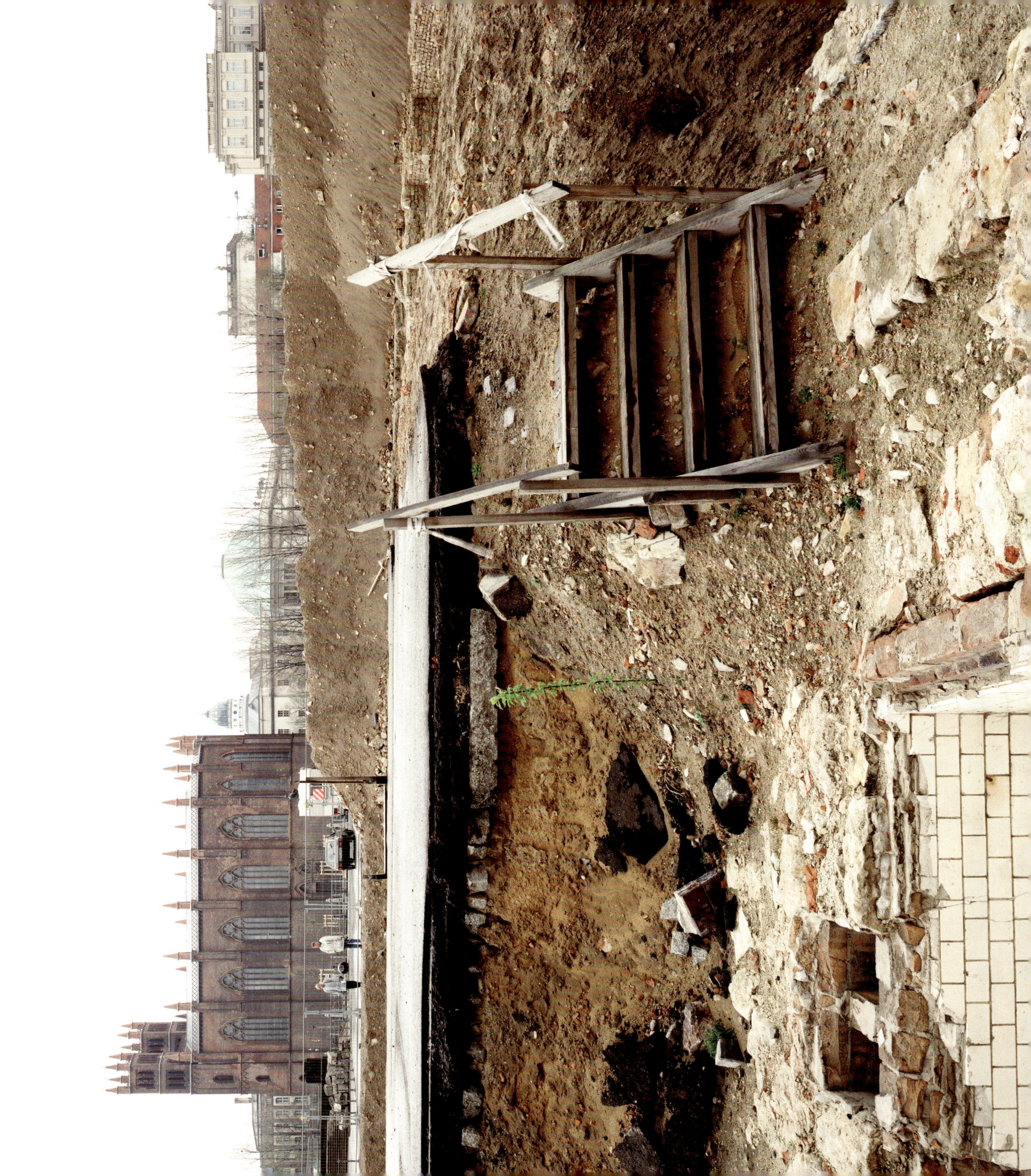

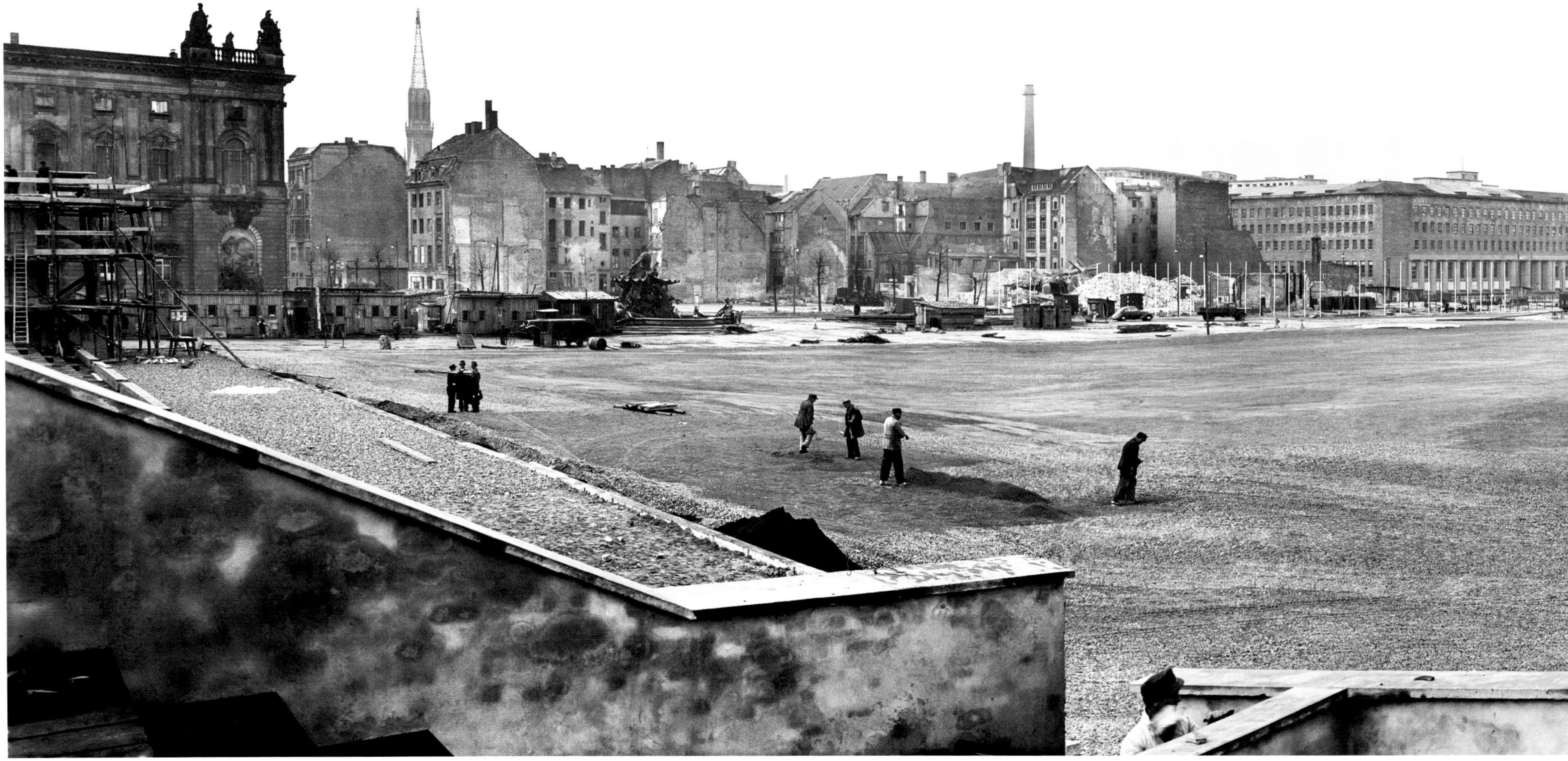

Beräumtes Gelände des Schlosses. Im Vordergrund ist die Tribüne für die Massendemonstrationen zu sehen. 21. April 1951
The former site of the Royal Palace. In the foreground the rostrum for mass demonstrations. 21 April 1951

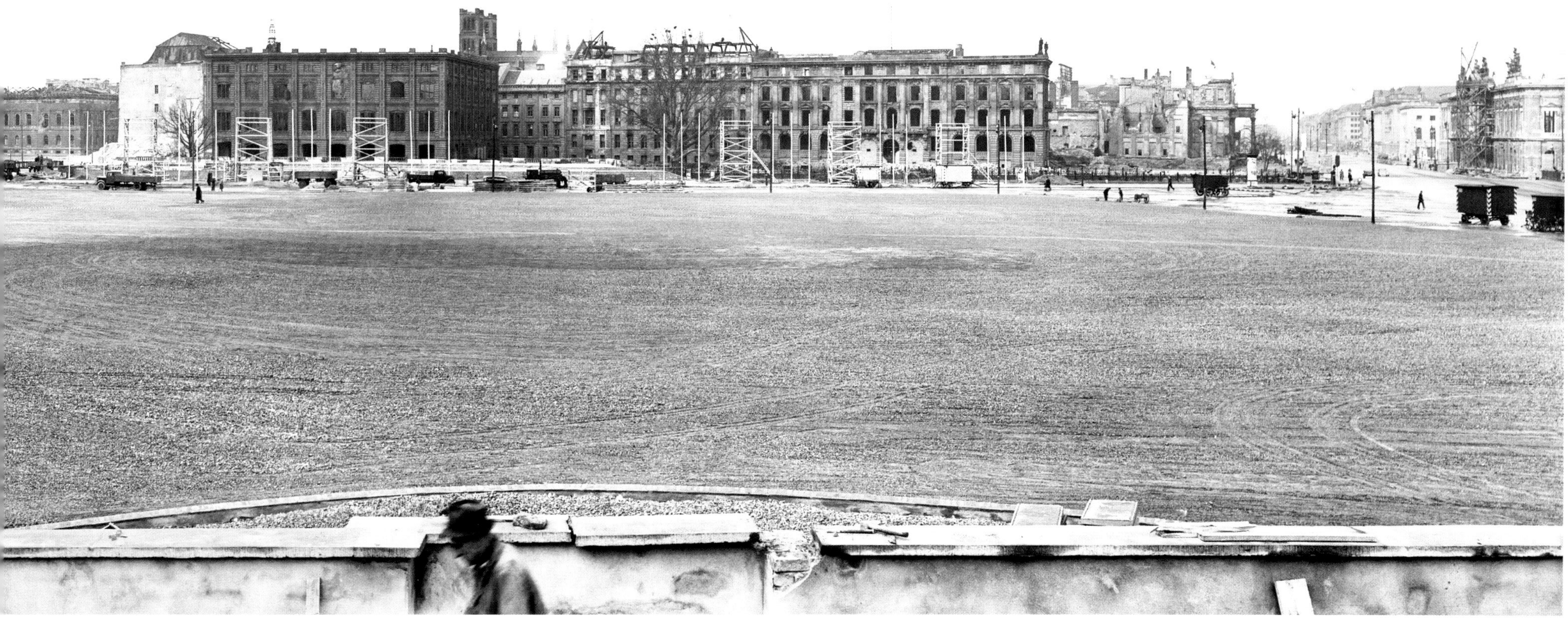

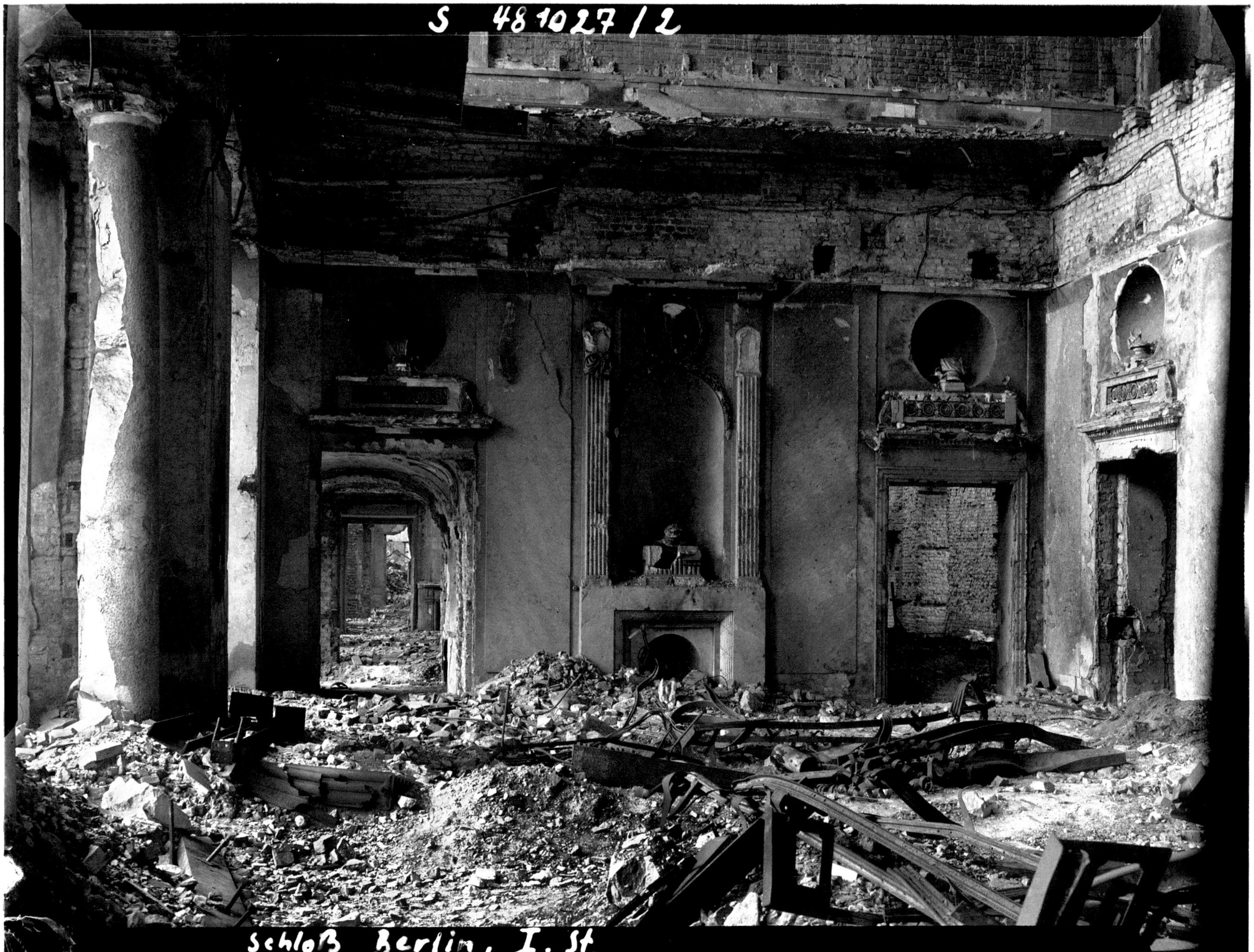

Pfeilersaal in der ersten Etage des Berliner Stadtschlosses, 27. Oktober 1948
Pfeilersaal in the first floor of the Royal Palace, 27 Oktober 1948

Ausgang des Palastes der Republik anlässlich der temporären Nutzung als Volkspalast, August 2005
The Palace of the Republic's exit door during its temporary function as a truly public space, August 2005

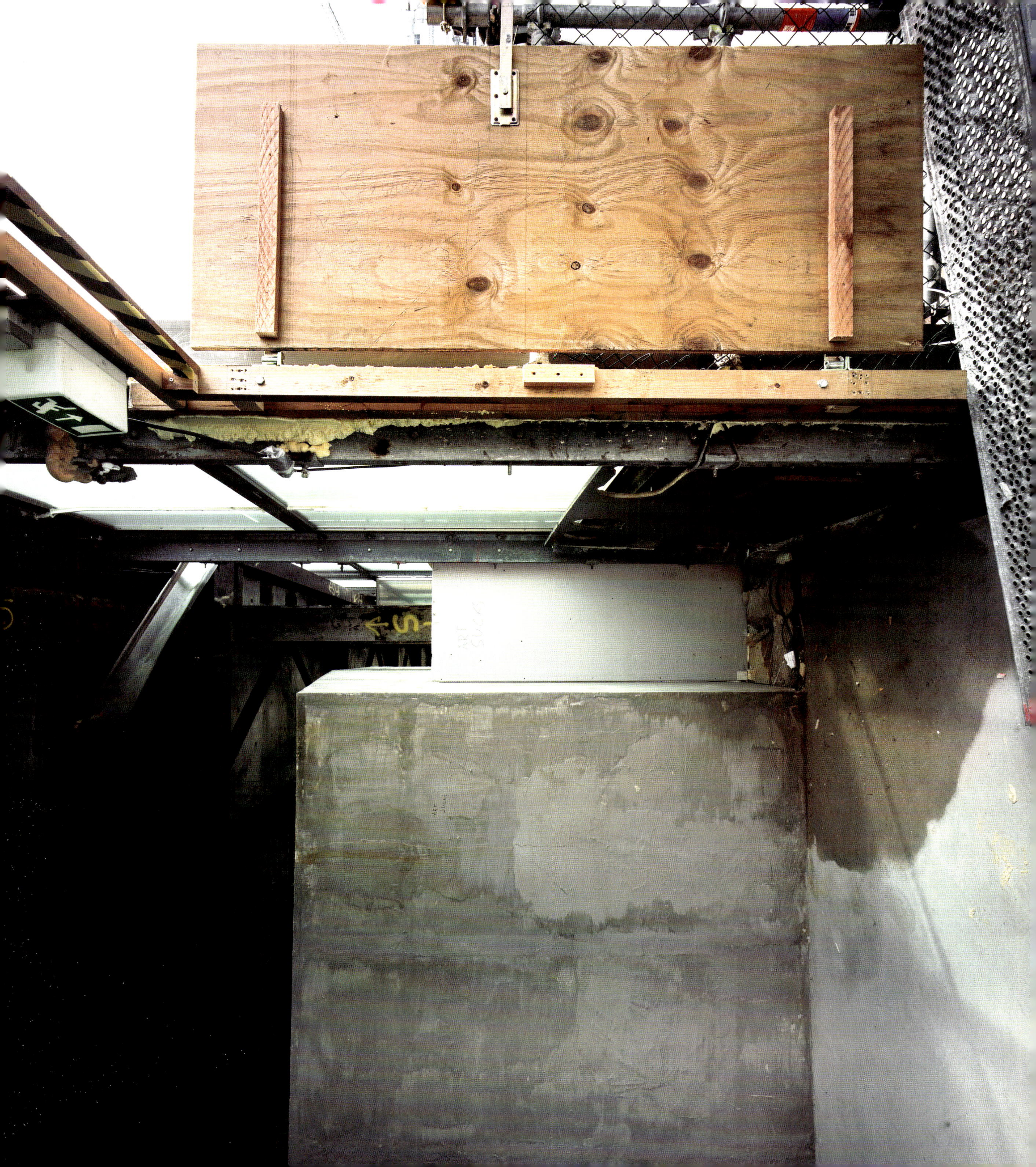

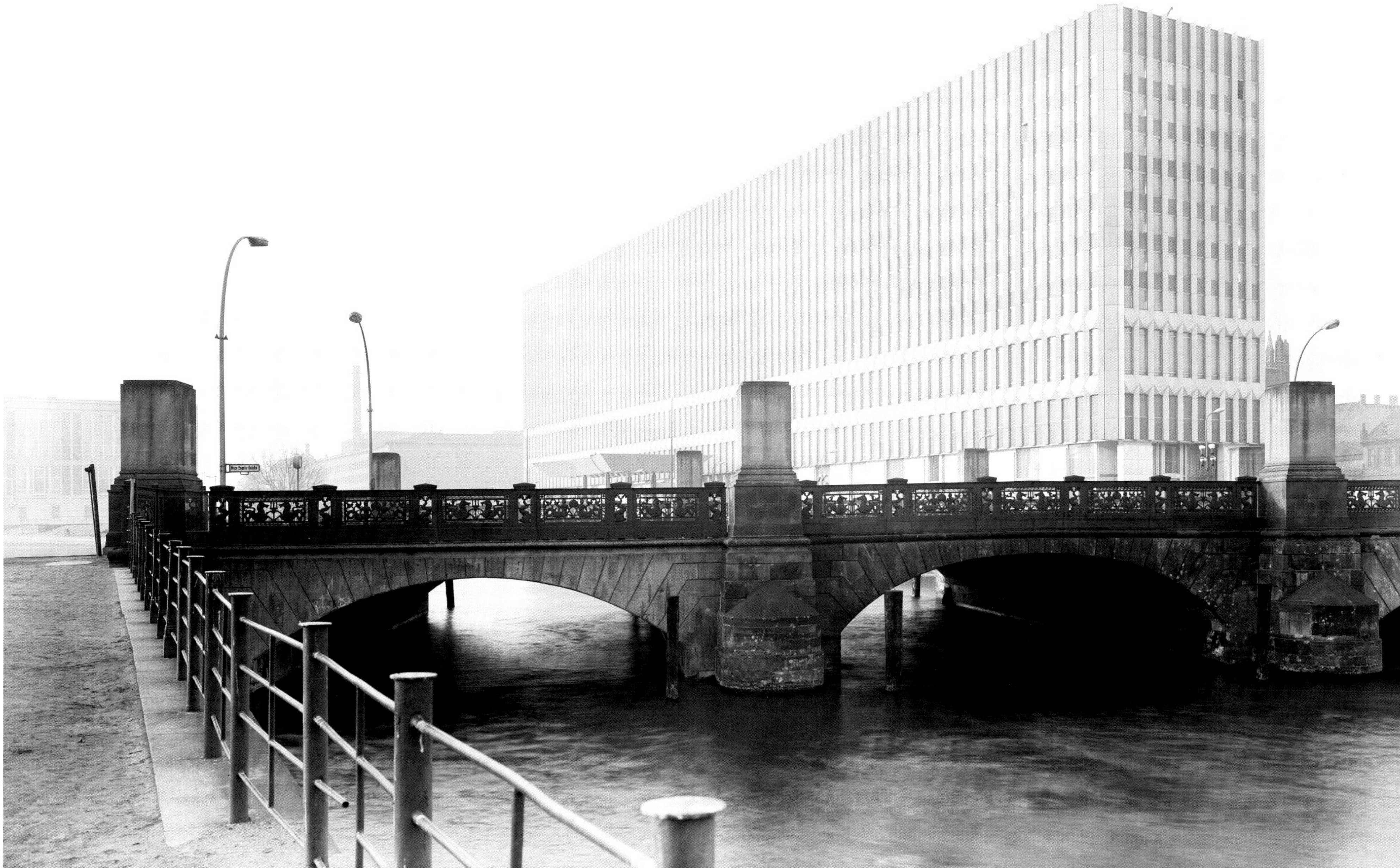

Die Marx-Engels-Brücke vom Alten Museum aus gesehen. Im Hintergrund das neu errichtete Außenministerium der DDR, um 1968
View of Marx-Engels-Brücke from Altes Museum. The newly built East German Foreign Ministry in the background, circa 1968

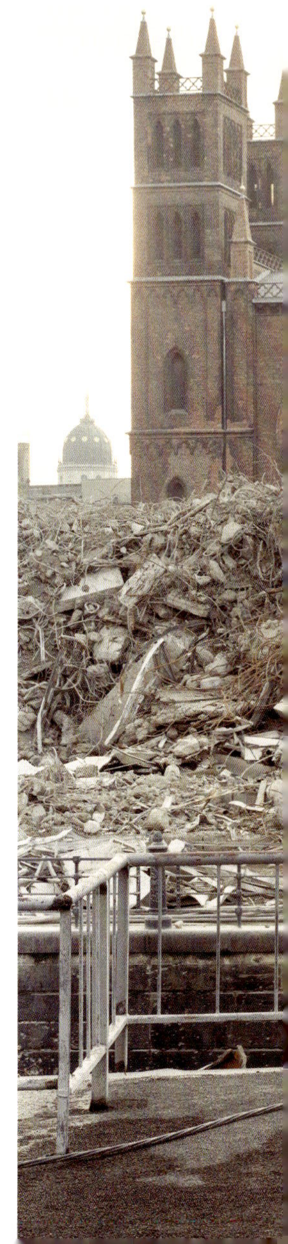

Seiten/*pages* 106/107, 108/109:
Abriss des Außenministeriums der DDR von der Schlossfreiheit aus gesehen, Oktober 1995
Demolition of East German Foreign Ministry seen from Schlossfreiheit, October 1995

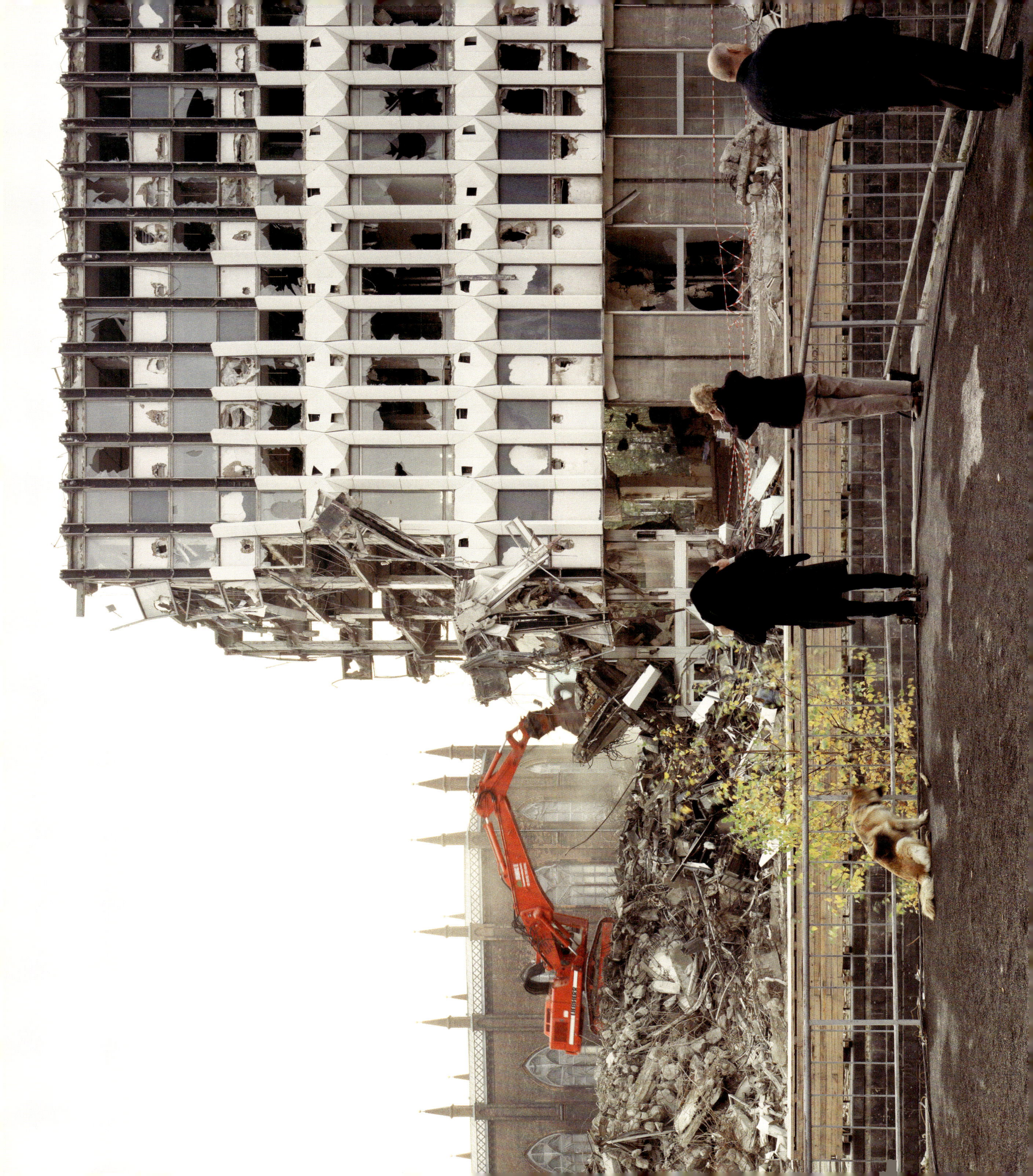

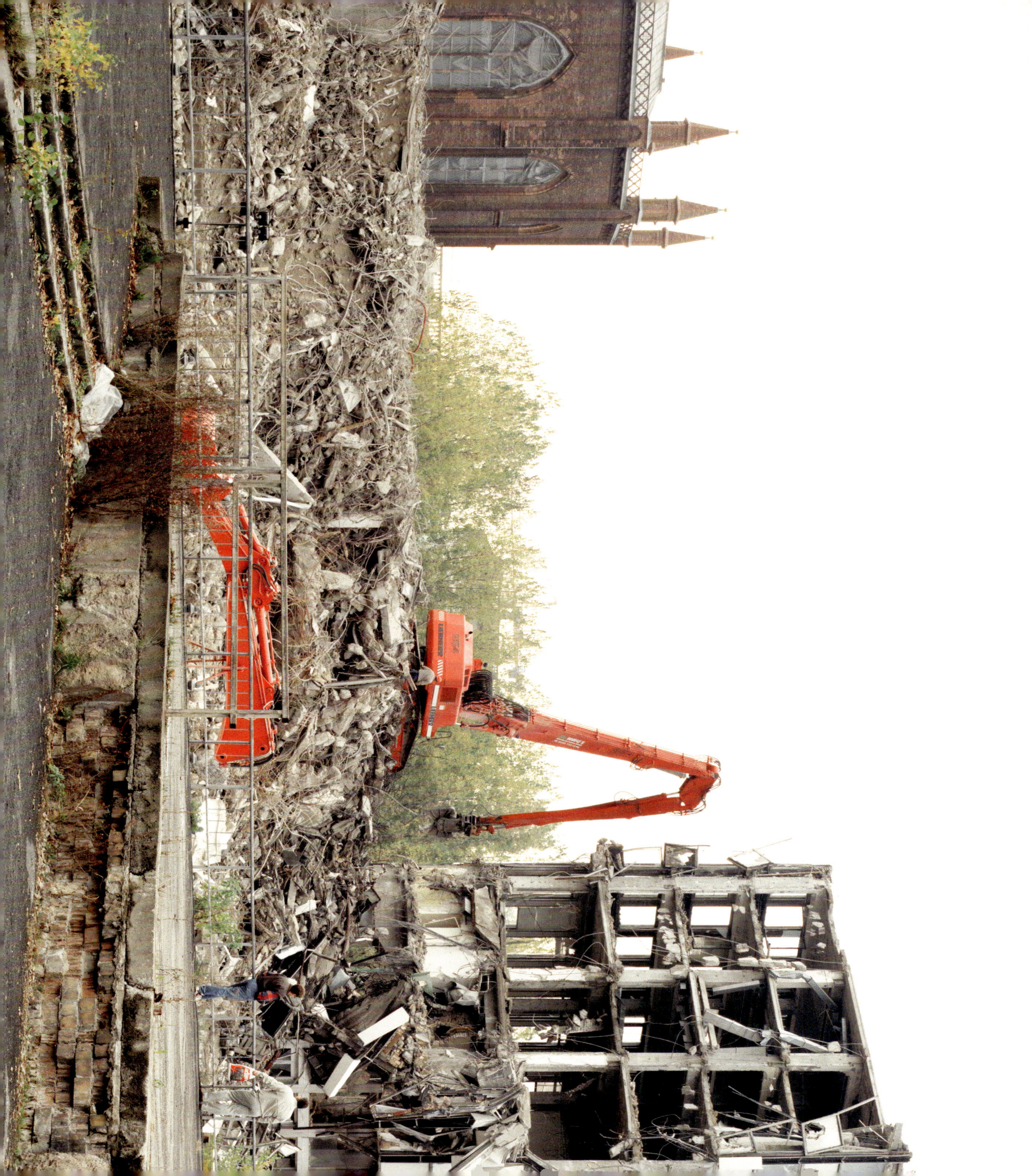

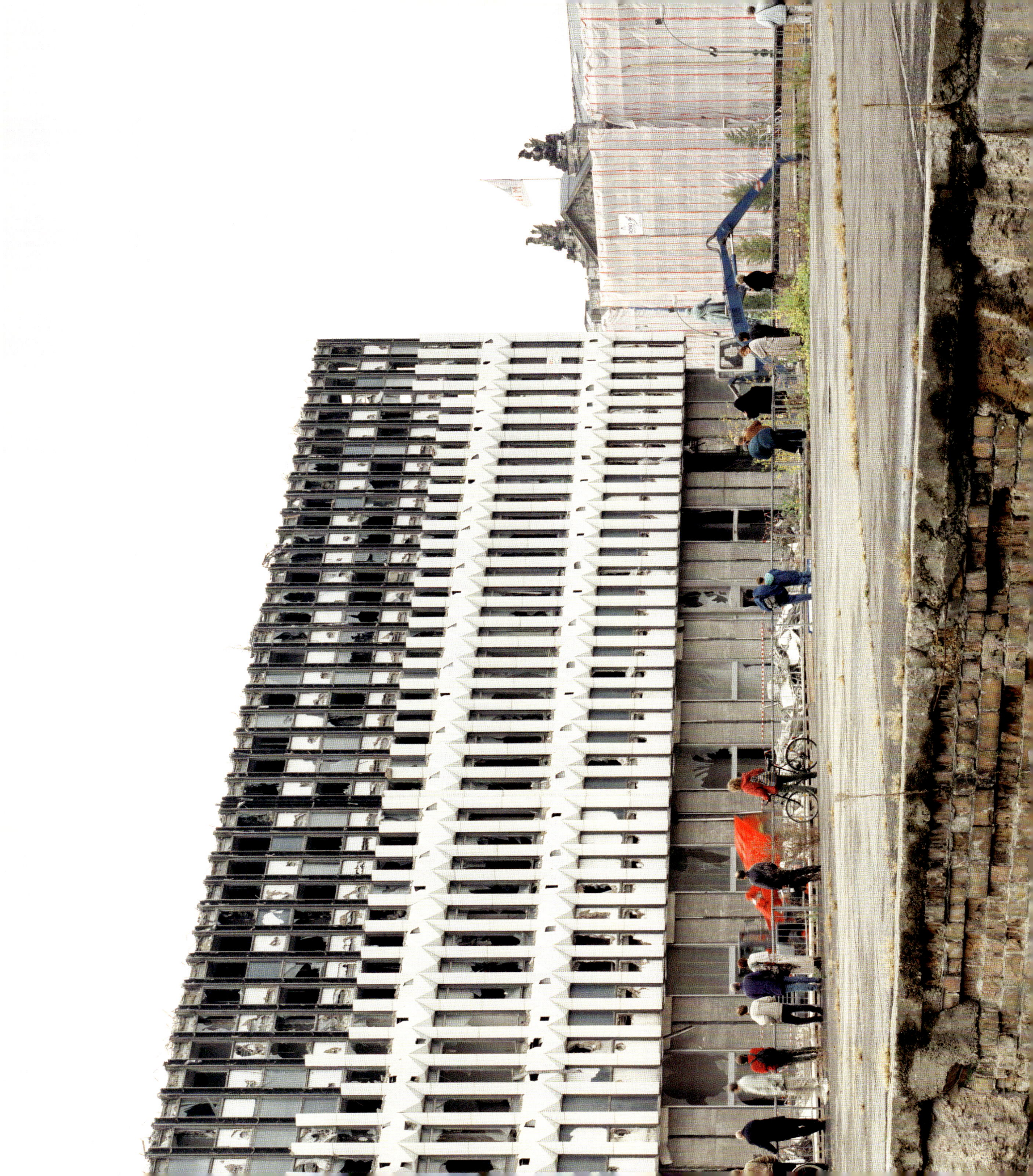

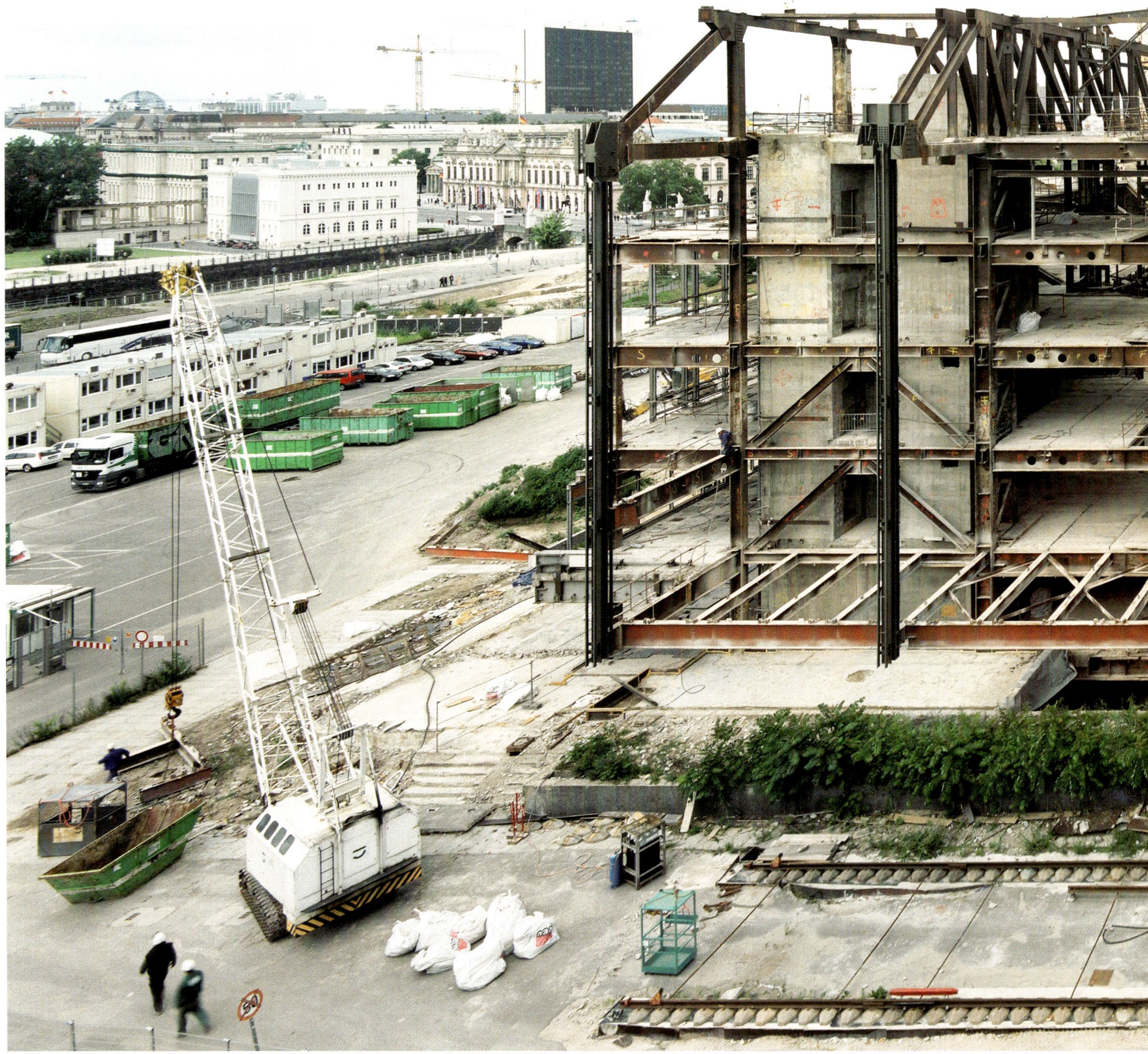

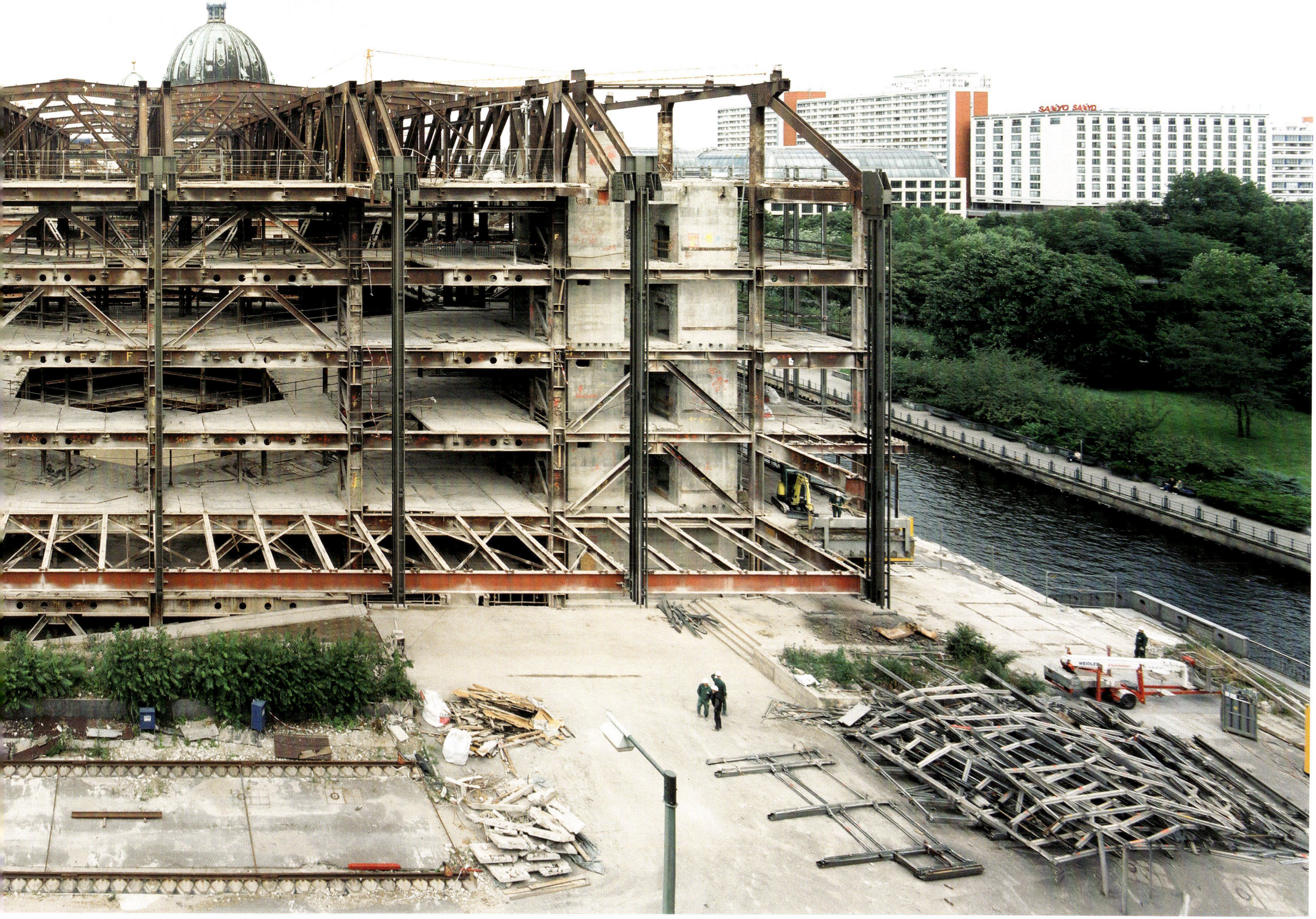

Die Ruine des Palastes der Republik, vom Dach des Marstalls aus gesehen, 26. Juni 2007
The Palace of the Republic ruins from the roof of the Marstall, 26 June 2007

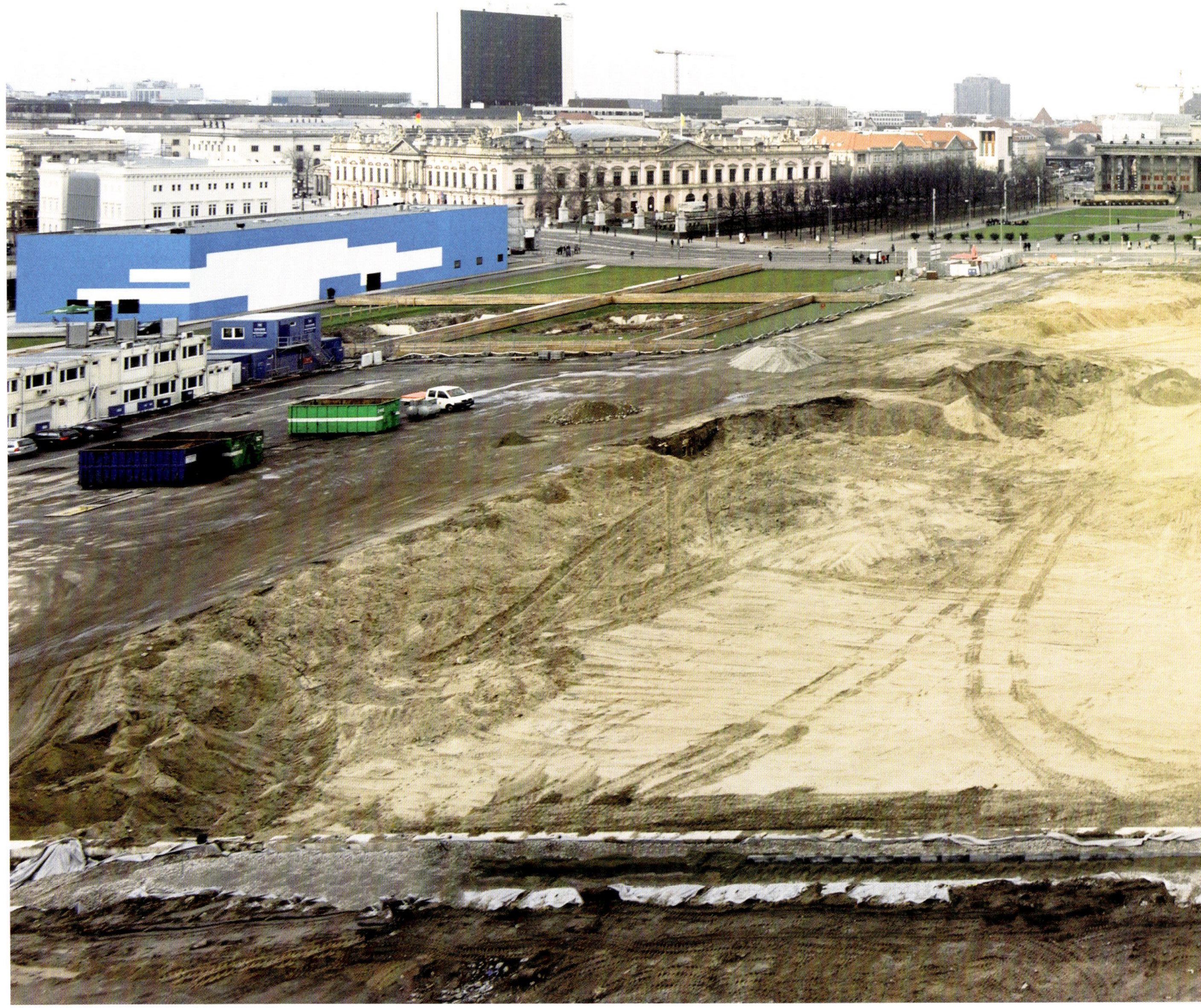

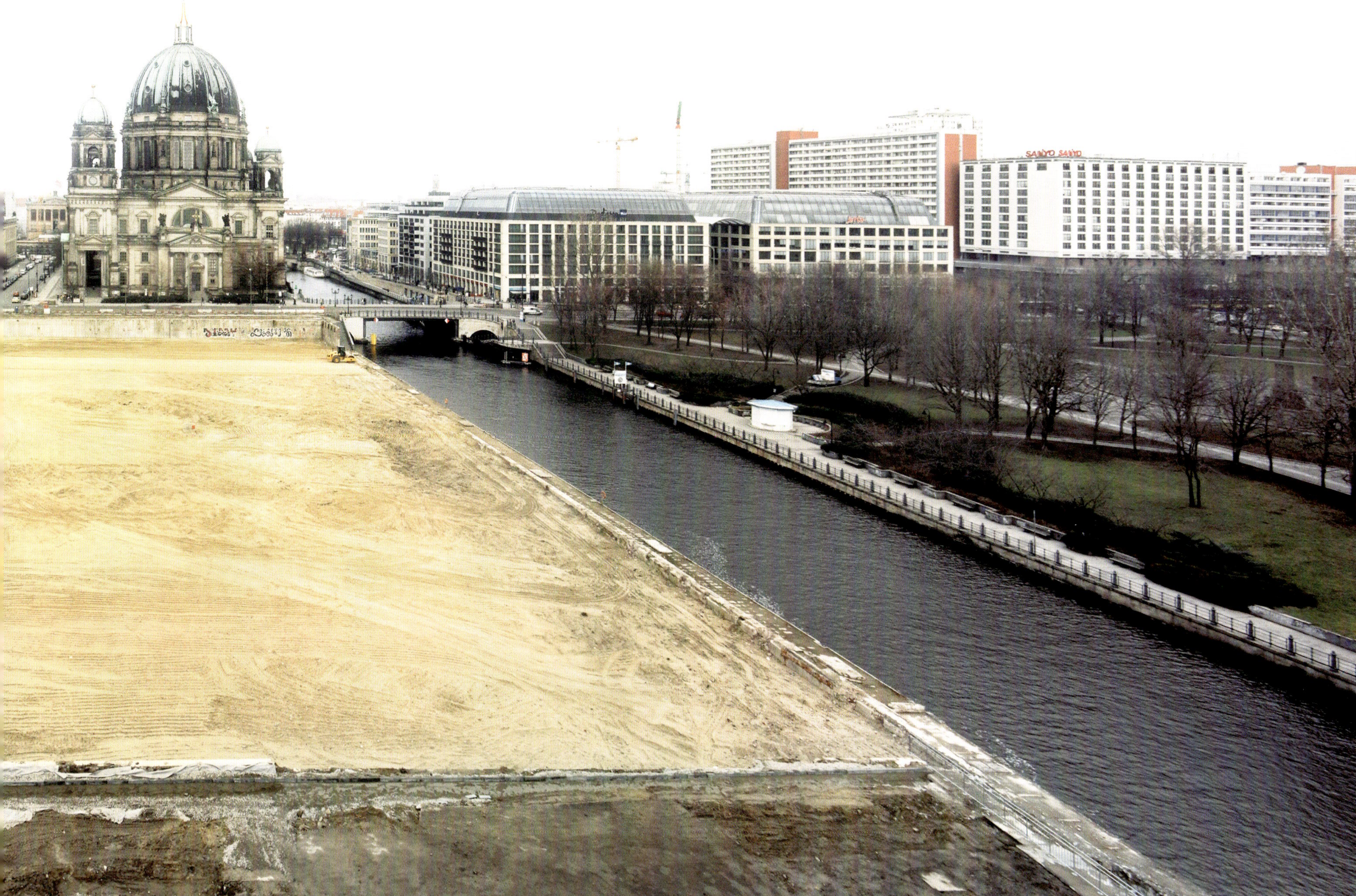

Die mit Sand verfüllten Keller des Palastes der Republik, im Hintergrund der Berliner Dom, links die temporäre Kunsthalle, 10. März 2009
The sand-filled cellar of the Palace of the Republic with Berlin Cathedral in the background and left the exhibition space of the Temporäre Kunsthalle, 10 March 2009

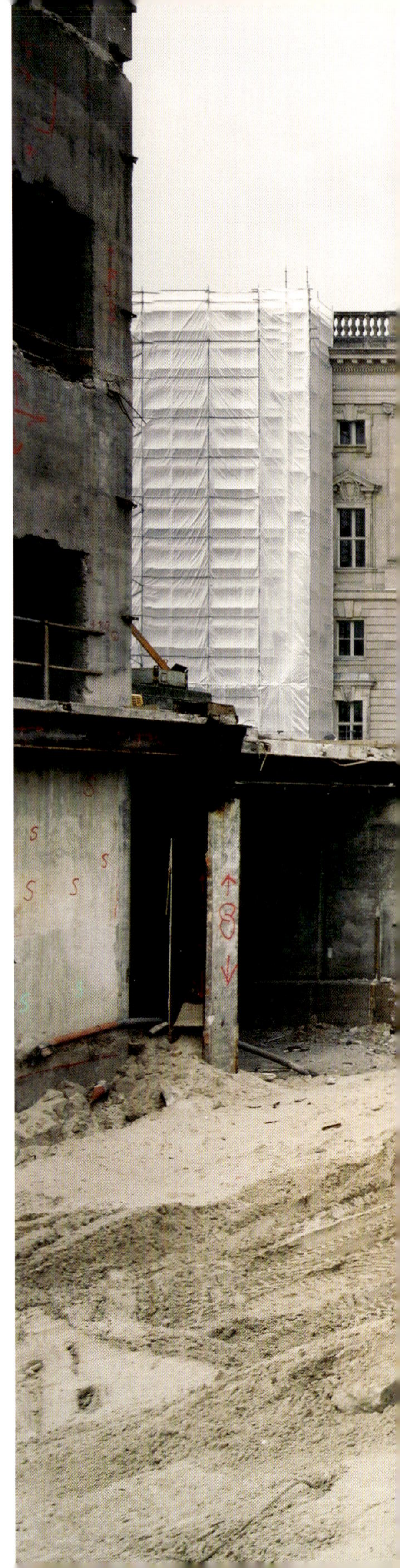

Blick aus dem Keller des Palastes der Republik auf die Einmündung der Breiten Straße, links der Marstall, rechts das Staatsratsgebäude, 14. August 2008

View from the cellar of the Palace of the Republic to the start of Breite Straße, left the Marstall, right the State Council building, 14 August 2008

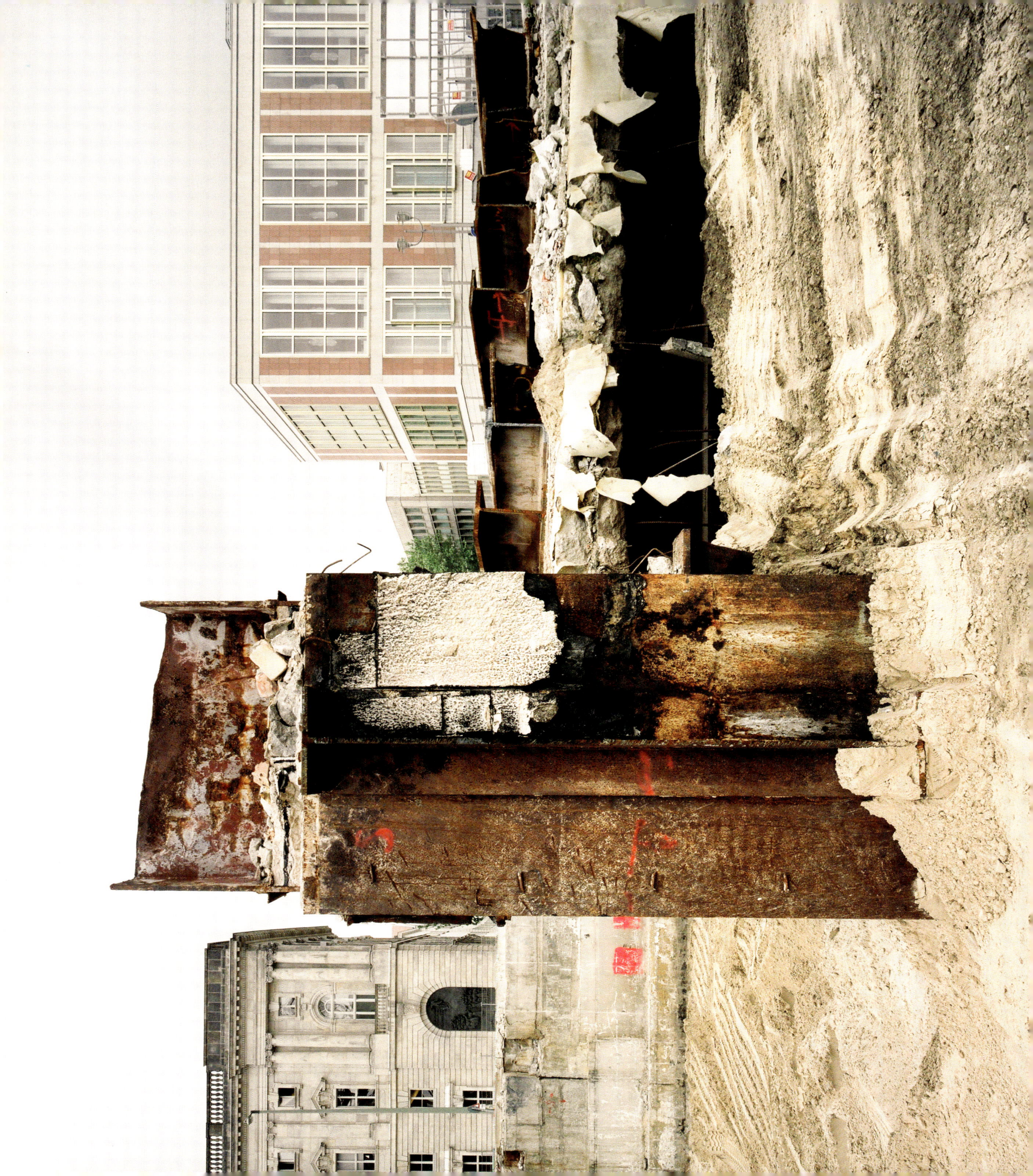

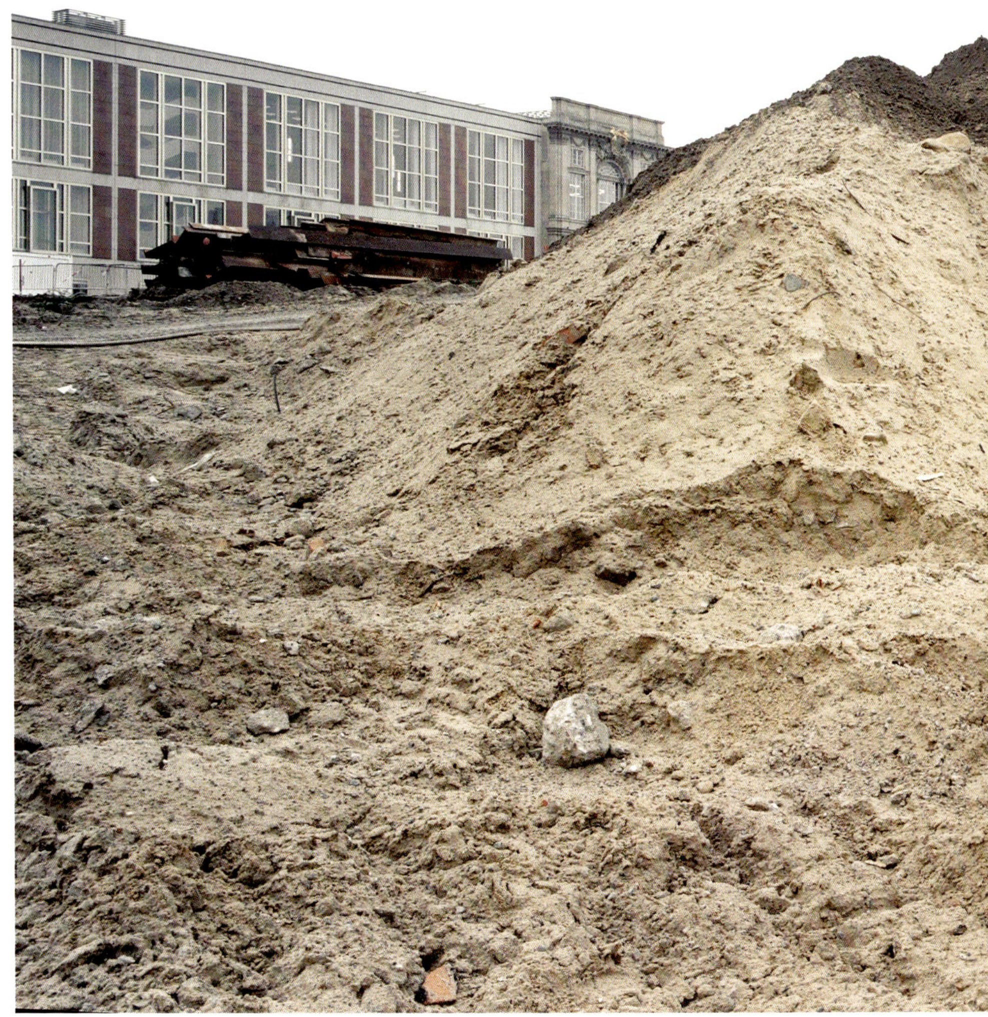

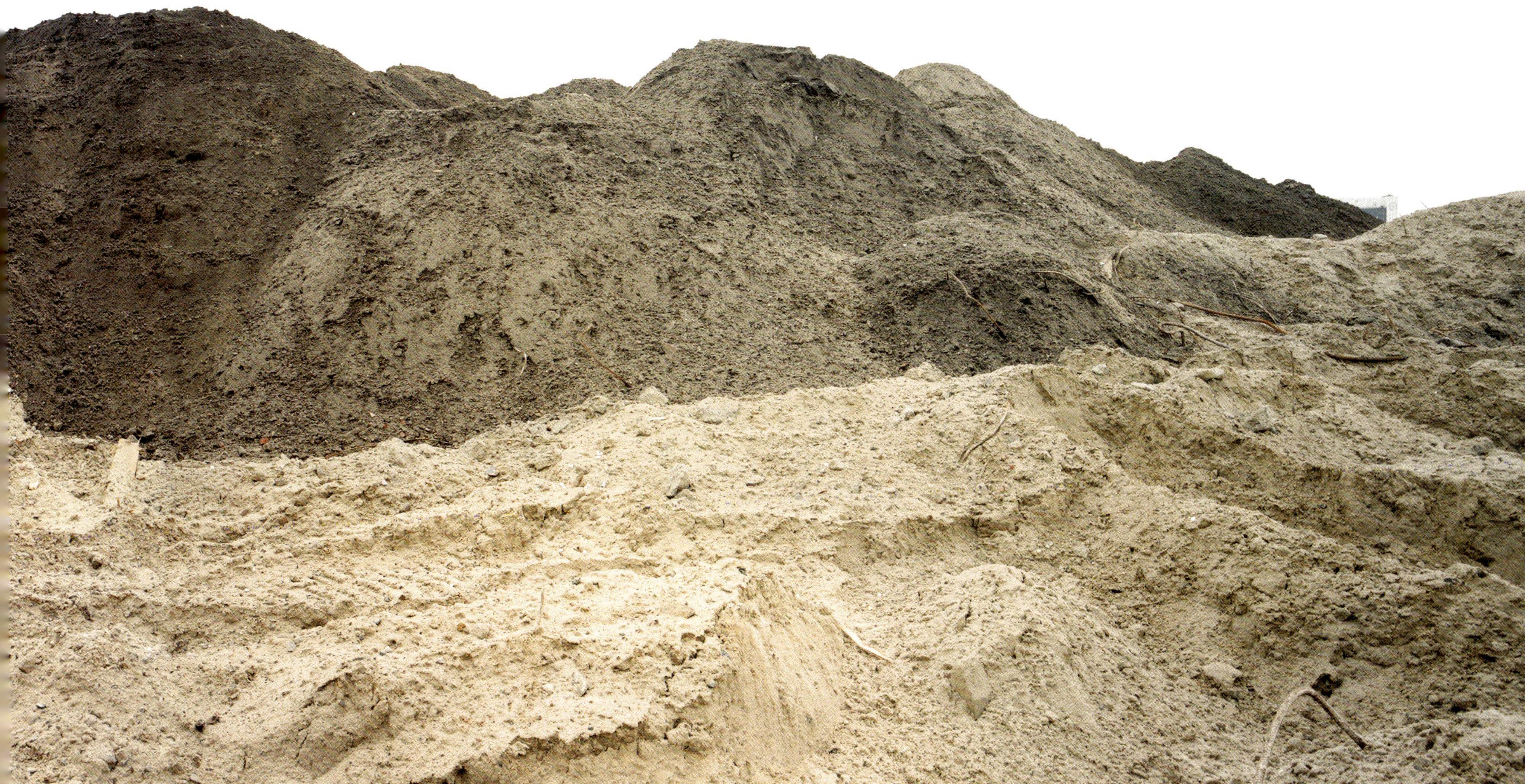

Erdaufschüttung nach Abtragung der Palastruine. Im Hintergrund das Staatsratsgebäude mit Portal IV des abgerissenen Stadtschlosses, 7. Dezember 2008
Addition of topsoil after removal of the ruins of the Palace of the Republic. In the background the State Council building with portal IV of the demolished Royal Palace, 7 December 2008

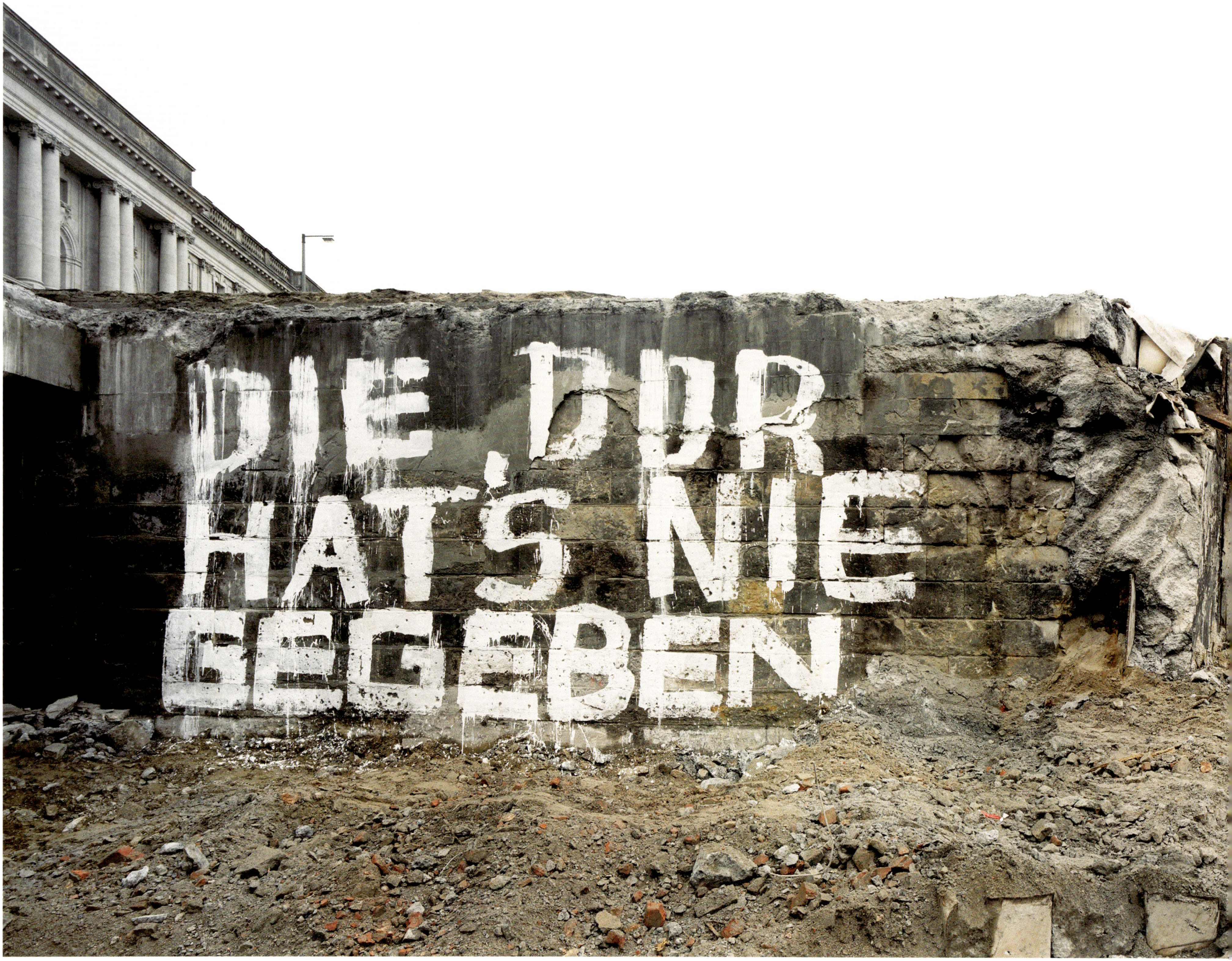

Mauerrest zwischen Rathausbrücke und beräumtem Grundstück des Palastes der Republik, im Hintergrund die Attrappe der Bauakademie und die Temporäre Kunsthalle, links der Marstall, 7. Dezember 2008
Remnants of wall beween Rathausbrücke and former site of the Palace of the Republic, in the background the mocked-up School of Architecture and the Temporäre Kunsthalle, on the left the Marstall, 7 December 2008

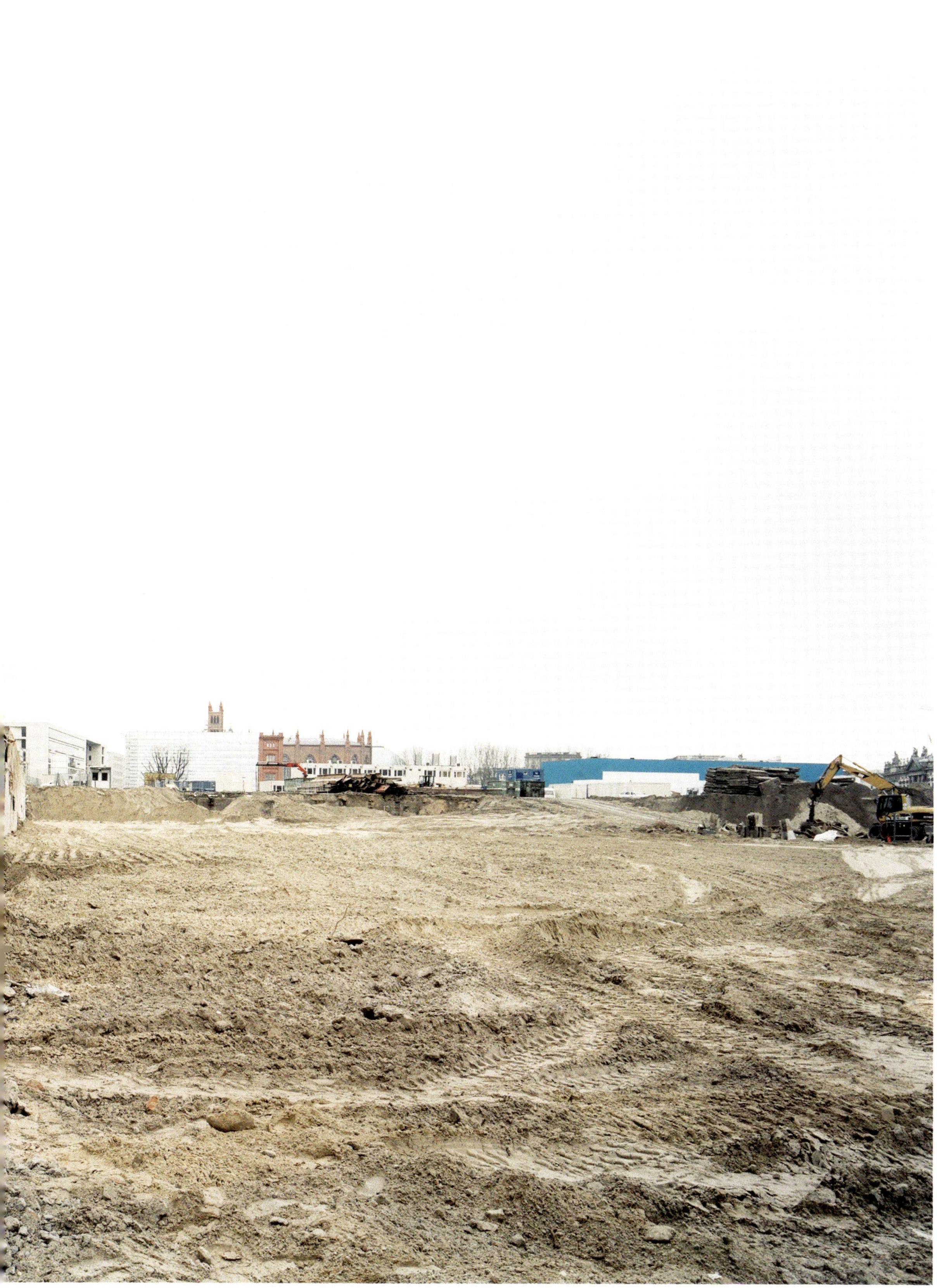

Graffiti: "The GDR (East Germany) Never Existed"

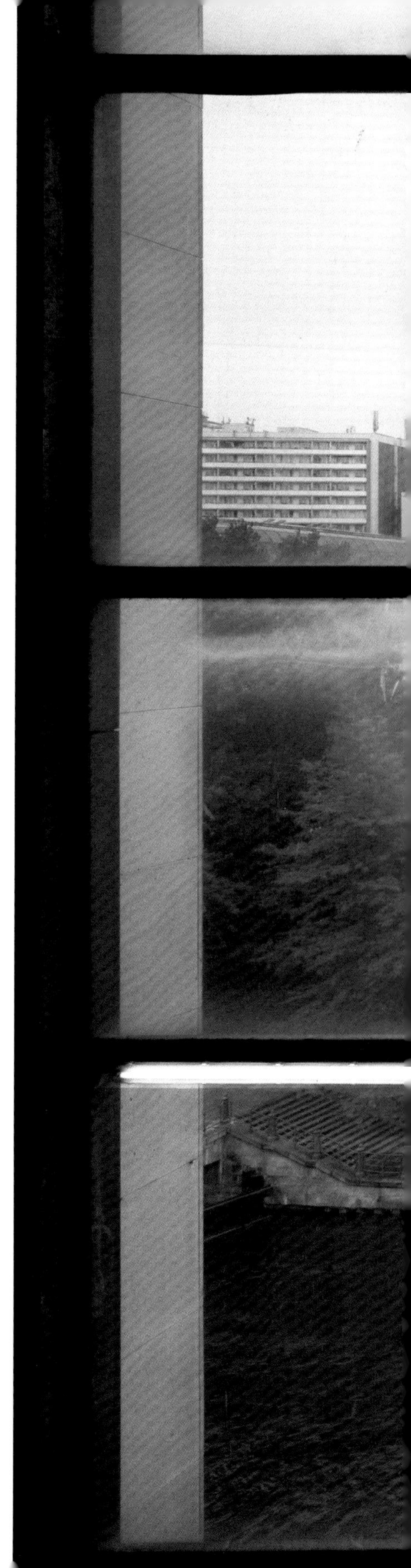

Blick vom entkernten Palast der Republik auf das Marx-Engels-Forum und den Fernsehturm, Juli 2003
View from the gutted Palace of the Republic towards Marx-Engels-Forum and the Television Tower, July 2003

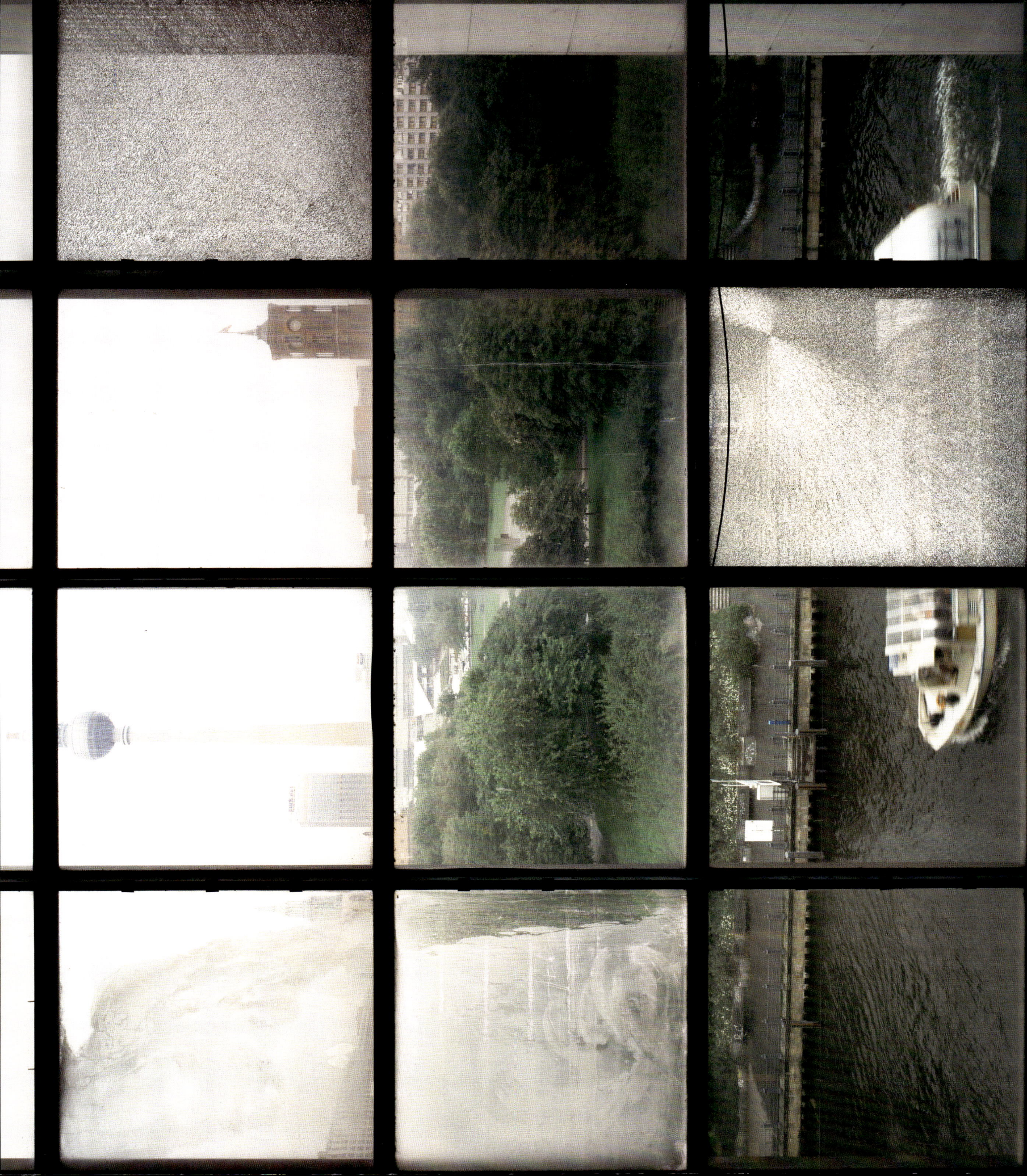

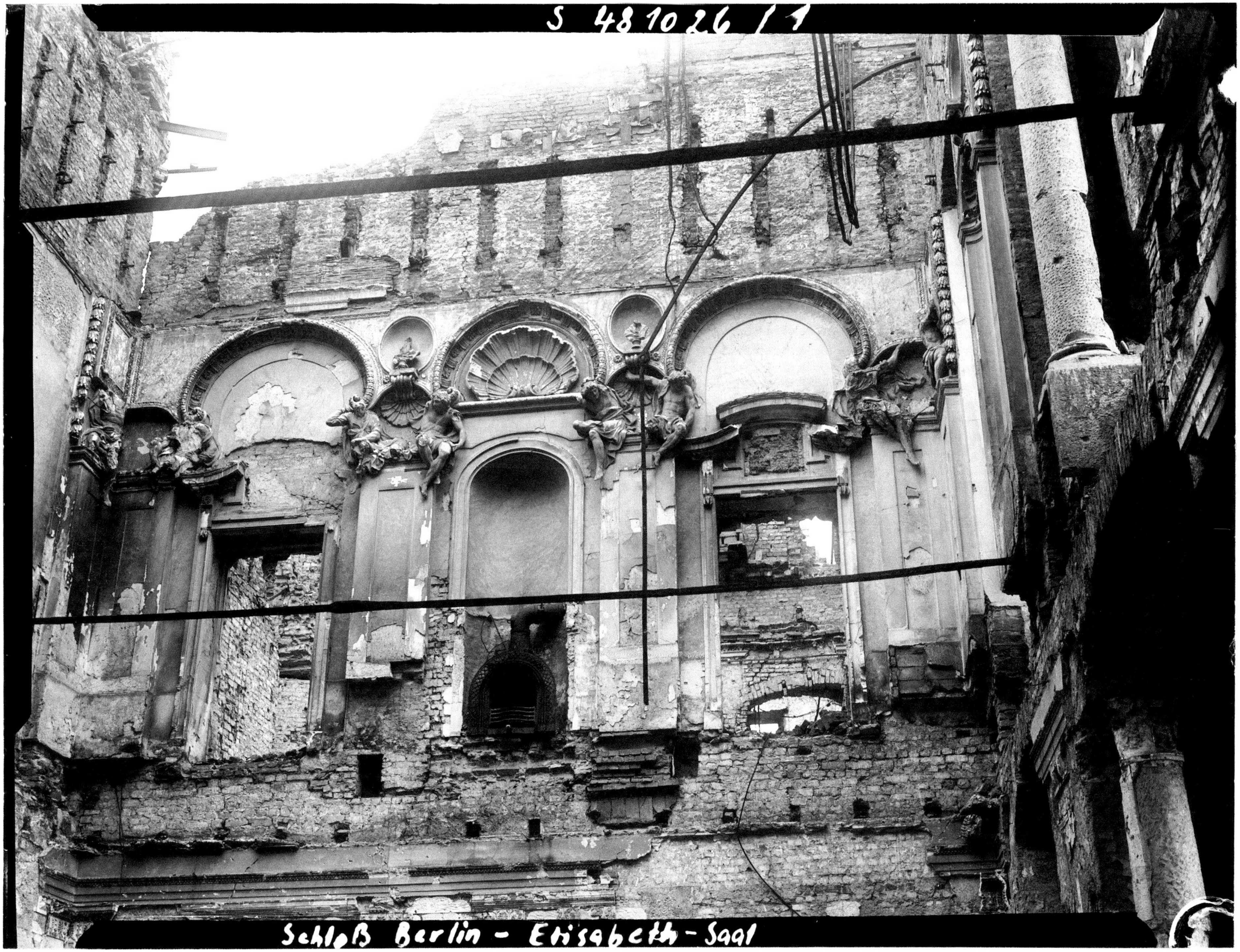

Der ausgebrannte Elisabethsaal im Paradegeschoss über dem Portal I des Berliner Schlosses, von der darunterliegenden Etage aus gesehen. 26. Oktober 1948
The burned-out Elisabeth Hall, one of the ceremonial suites above portal I of the Berlin Palace, seen from lower floor, 26 October 1948

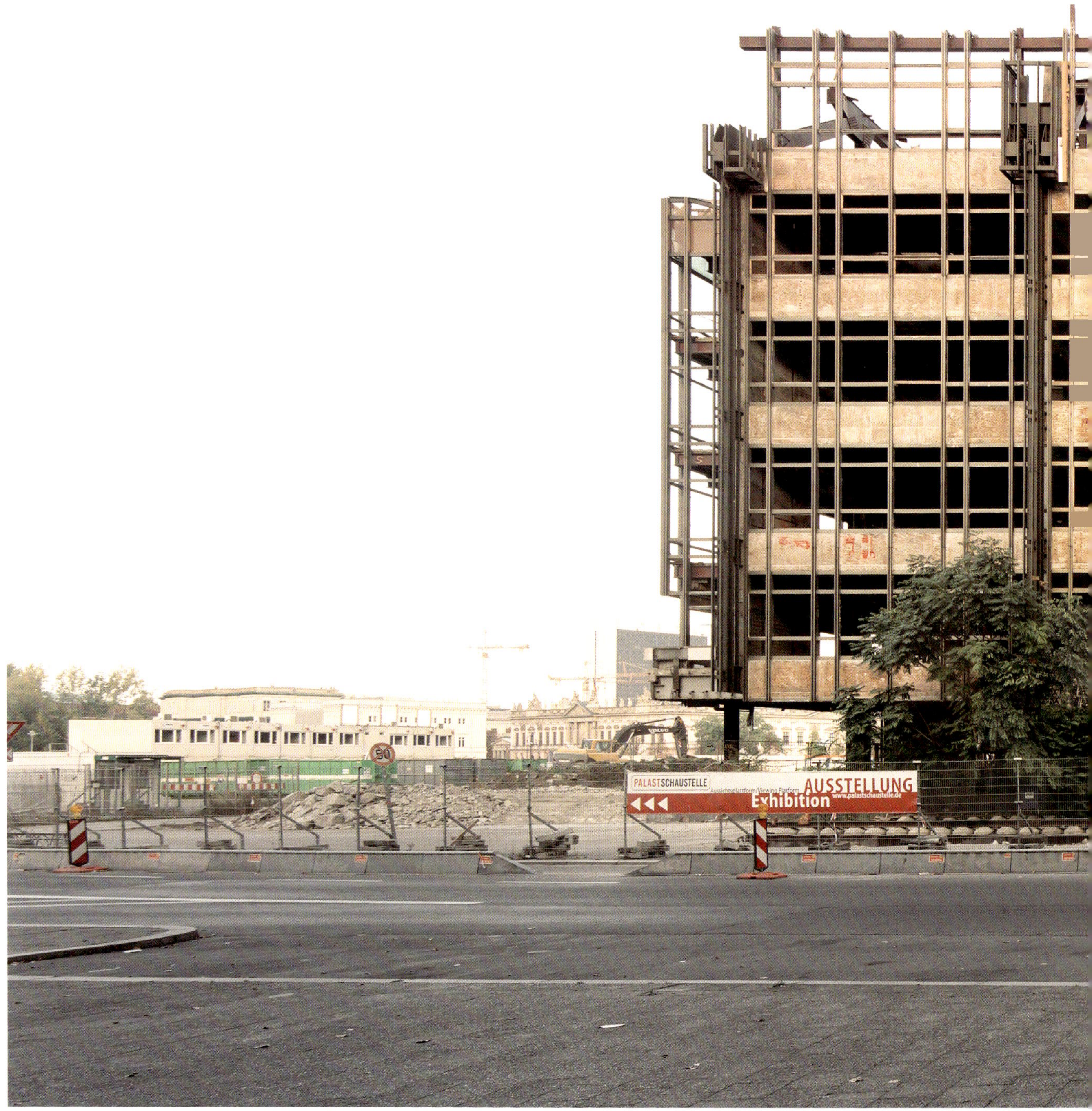
PALASTSCHAUSTELLE
AUSSTELLUNG
Exhibition
www.palastschaustelle.de

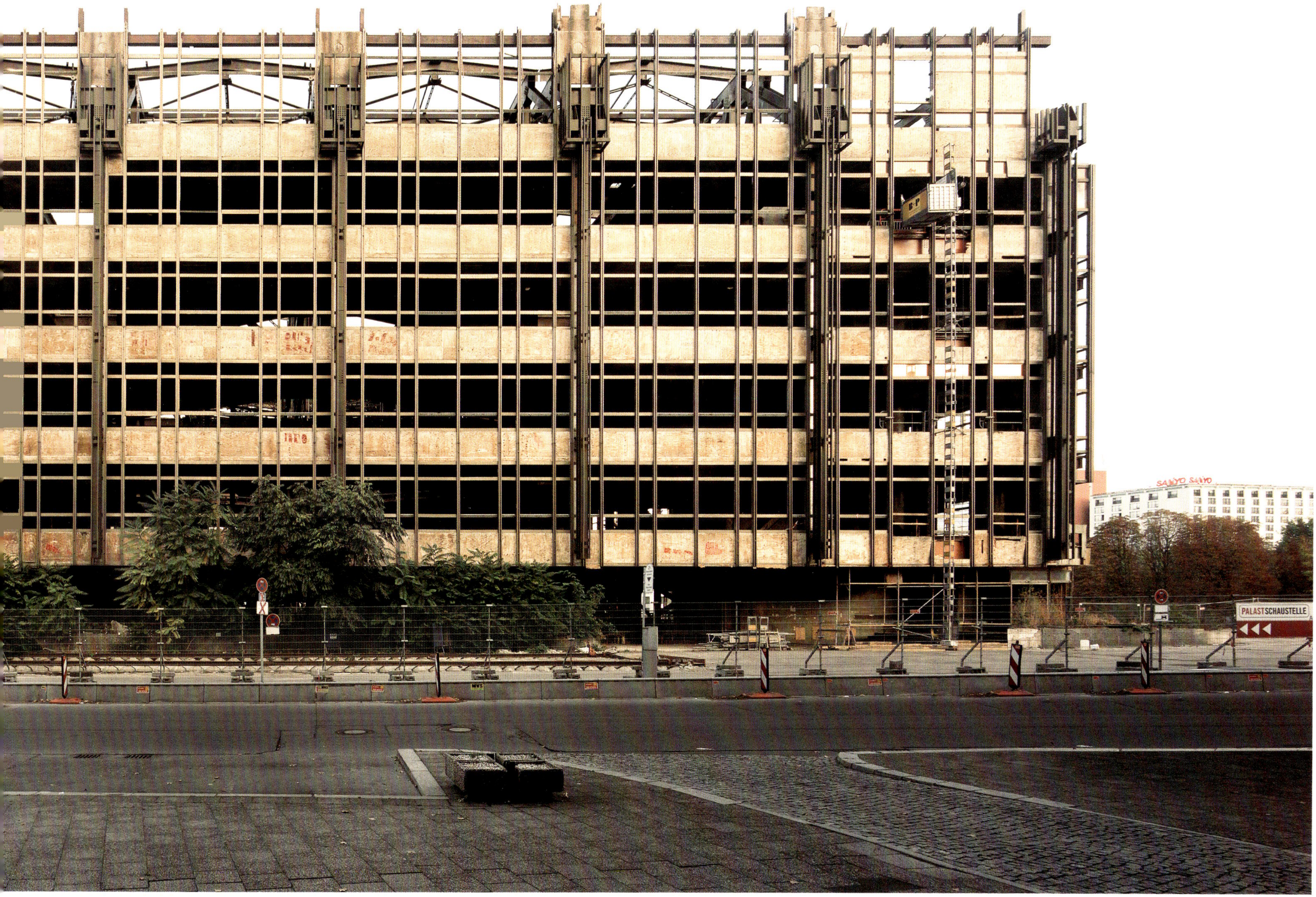

Südseite des Palastes der Republik nach Entfernung der Glasfassade, 22. Oktober 2006
South side of Palace of the Republic after the removal of the glass façade, 22 October 2006

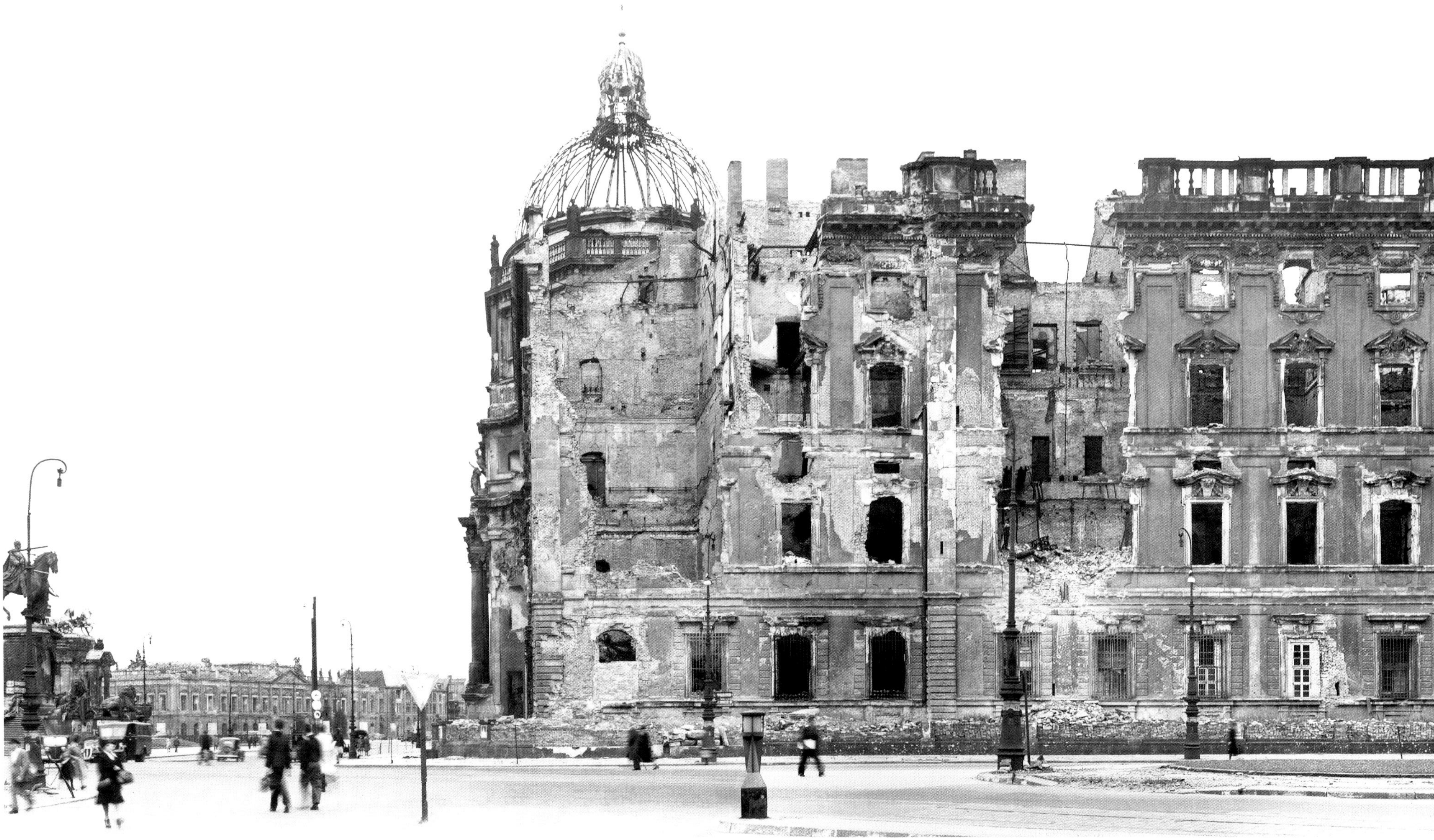

Fassadenabwicklung der Südseite der Stadtschlossruine, 14. Juni 1949

Dismantling the façade of the south side of the ruins of the Royal Palace, 14 June 1949

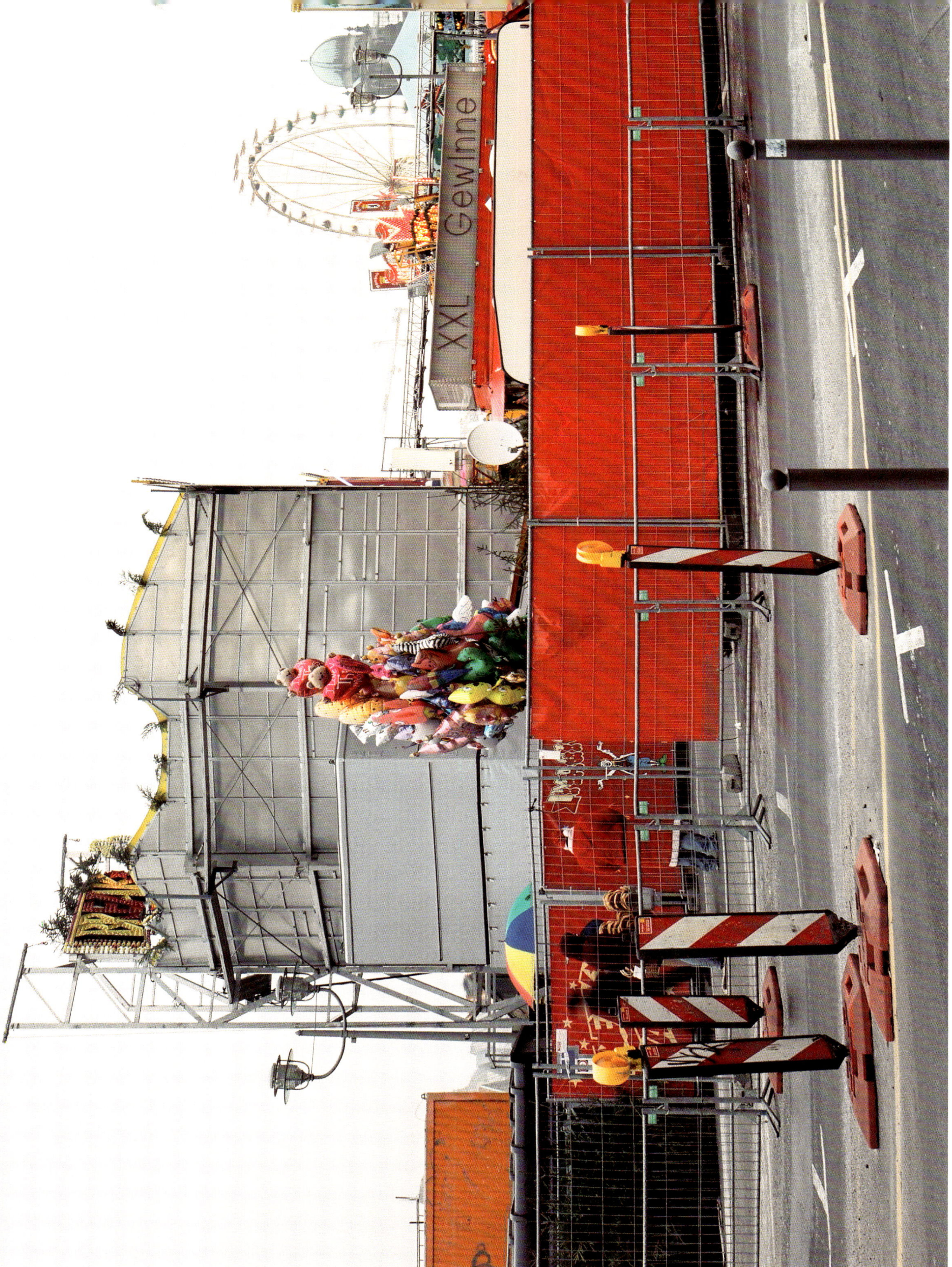
XXL Gewinne

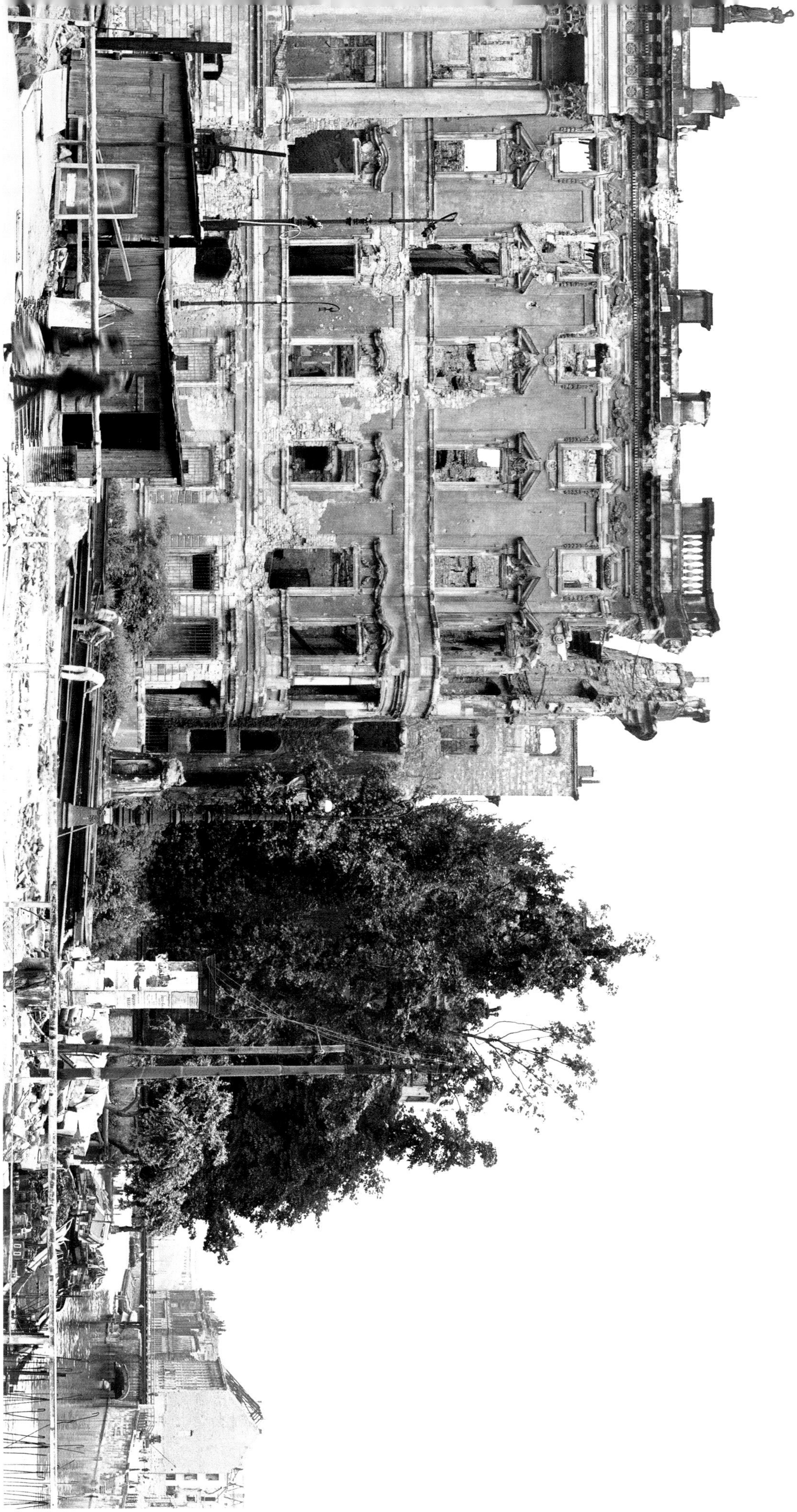

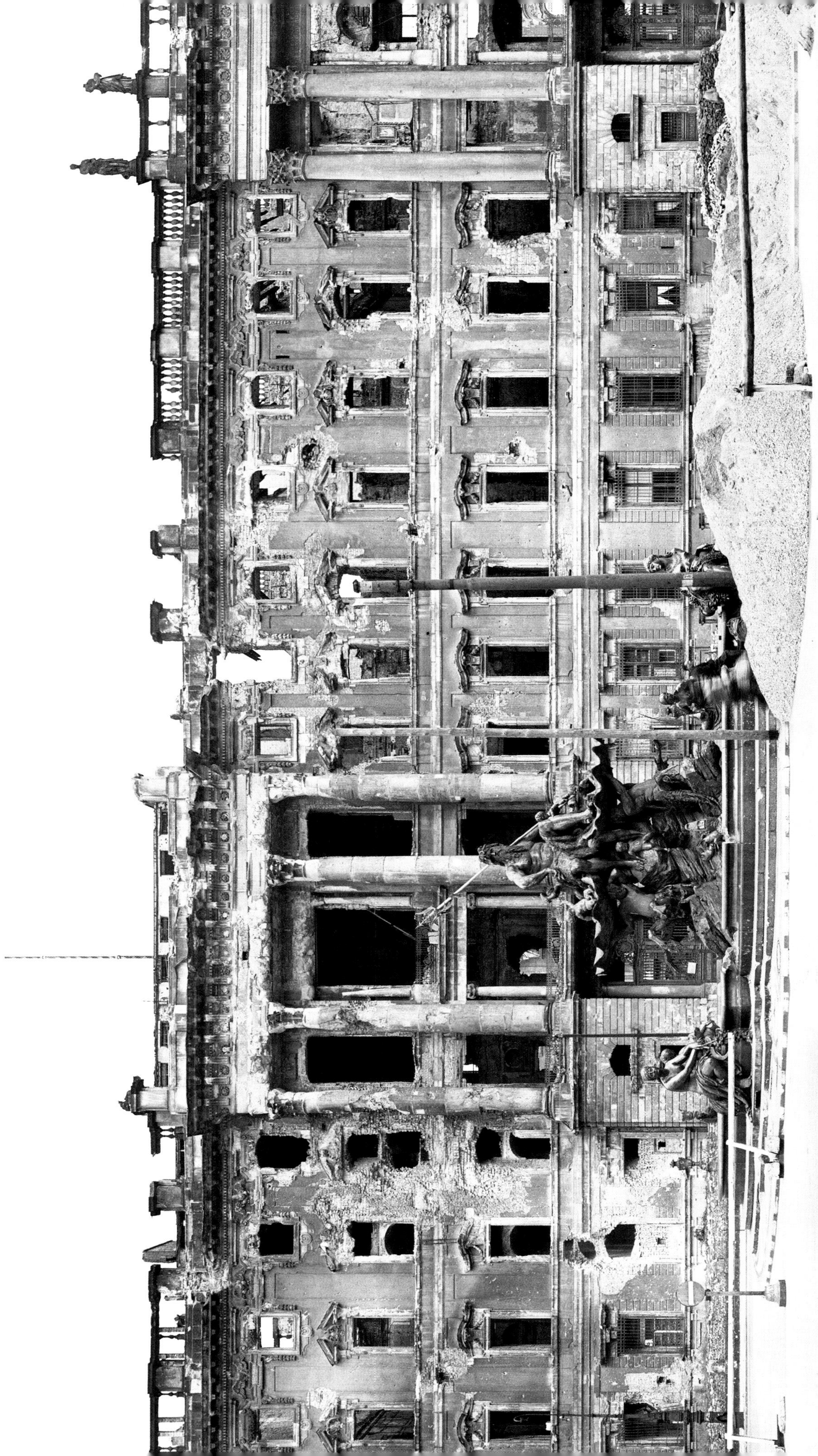

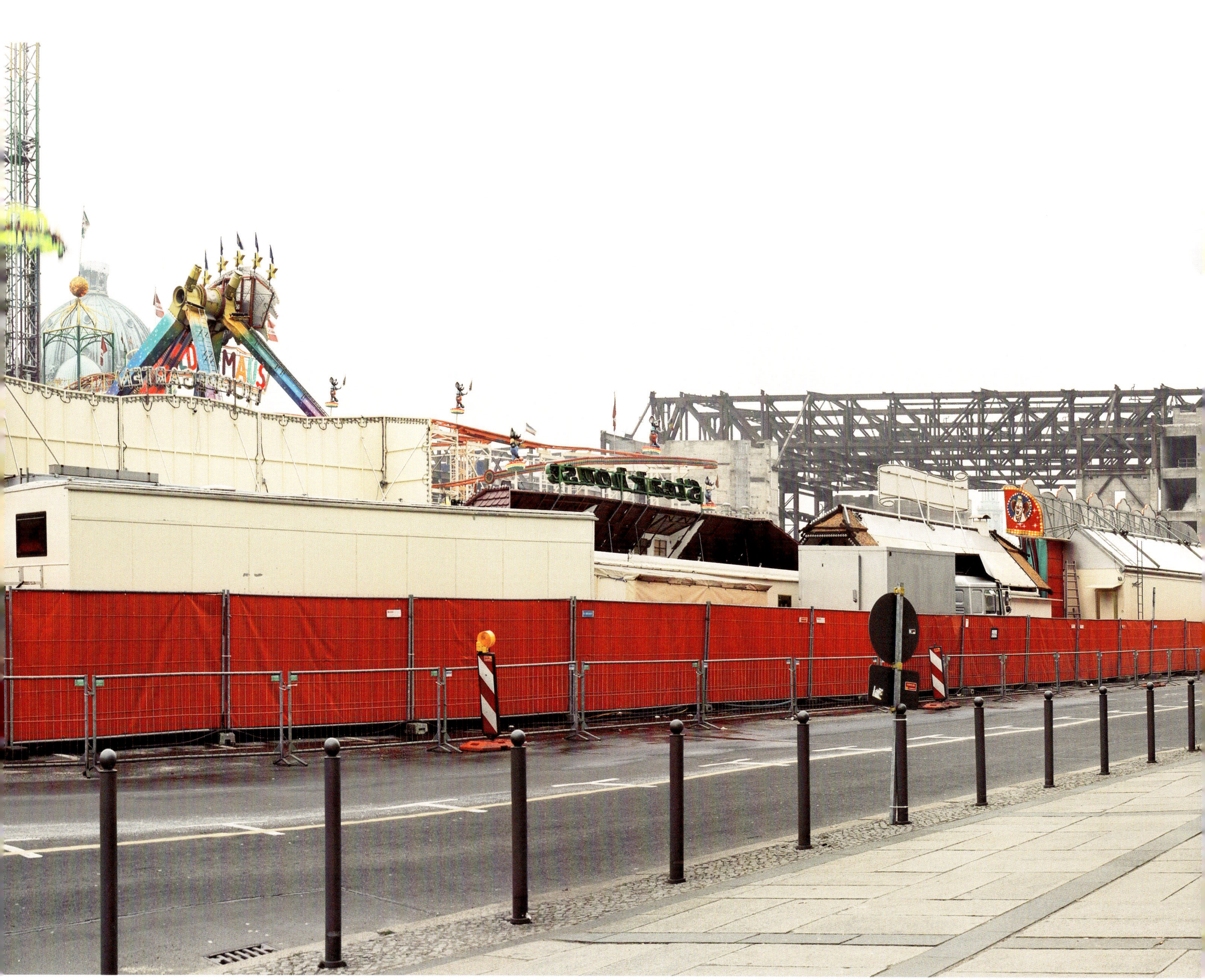

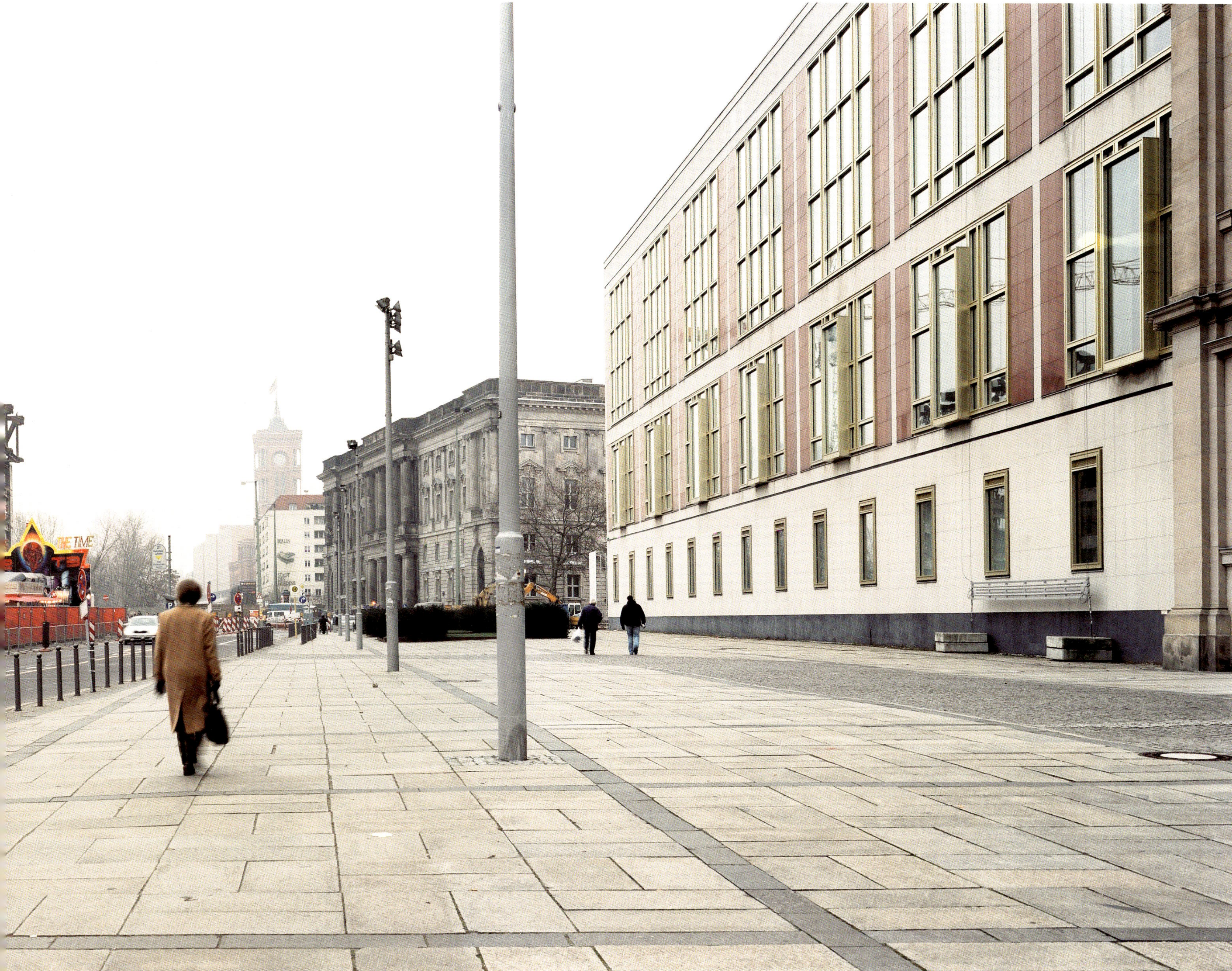

Der letzte Weihnachtsmarkt auf dem Schlossplatz mit dem Palast der Republik als Hintergrundkulisse, rechts das Staatsratsgebäude und dahinter der Marstall, 22. Dezember 2007
The last Christmas market on Schlossplatz against the backdrop of the Palace of the Republic, on the right the State Council building and behind that the Marstall, 22 December 2007

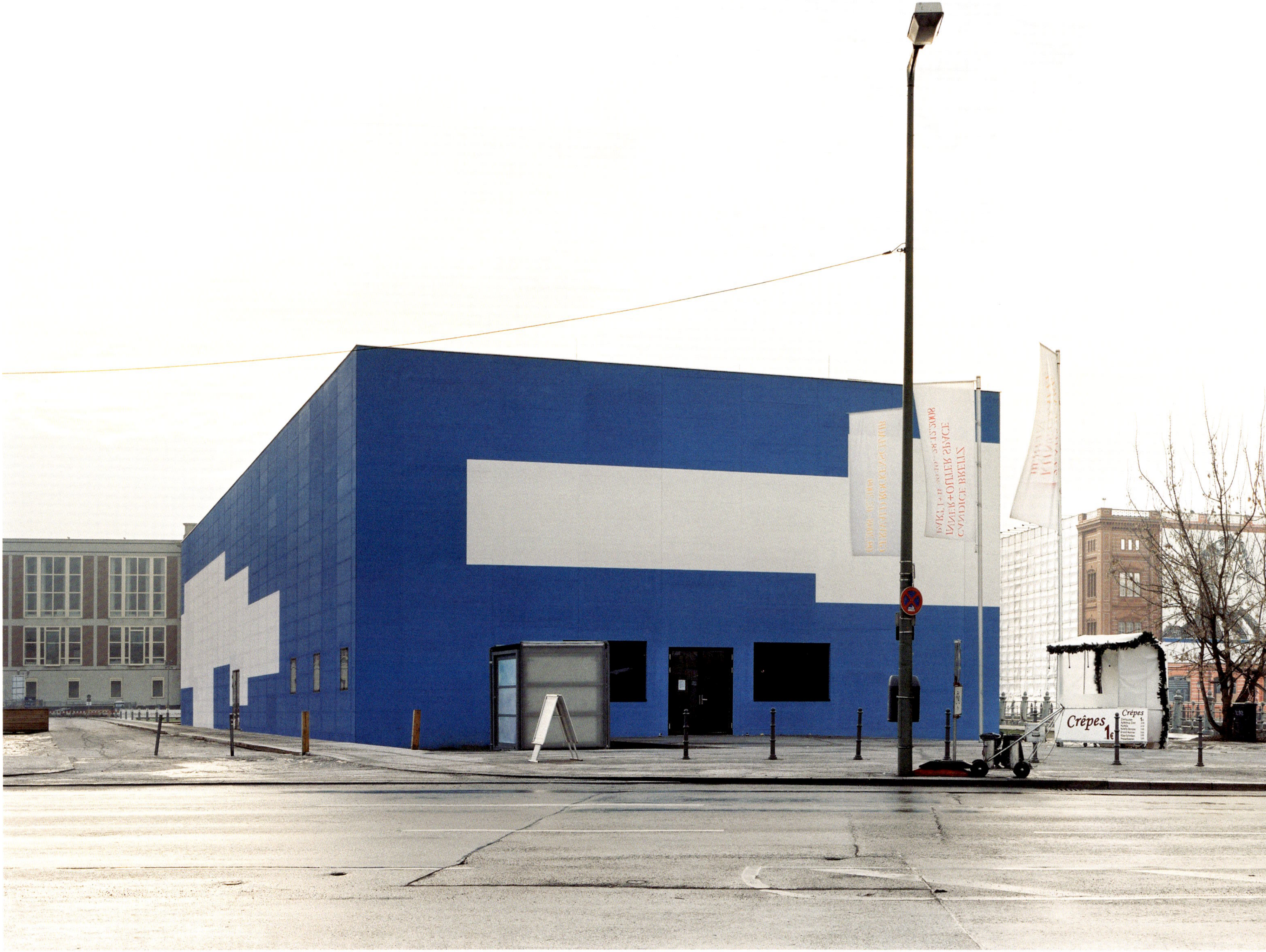

Temporäre Kunsthalle, temporäre Bauakademie und temporäre Schutzeinfassung an der Schlossbrücke, 17. Januar 2009

Temporäre Kunsthalle, temporary School of Architecture and temporary protective cladding of Schlossbrücke, 17 January 2009

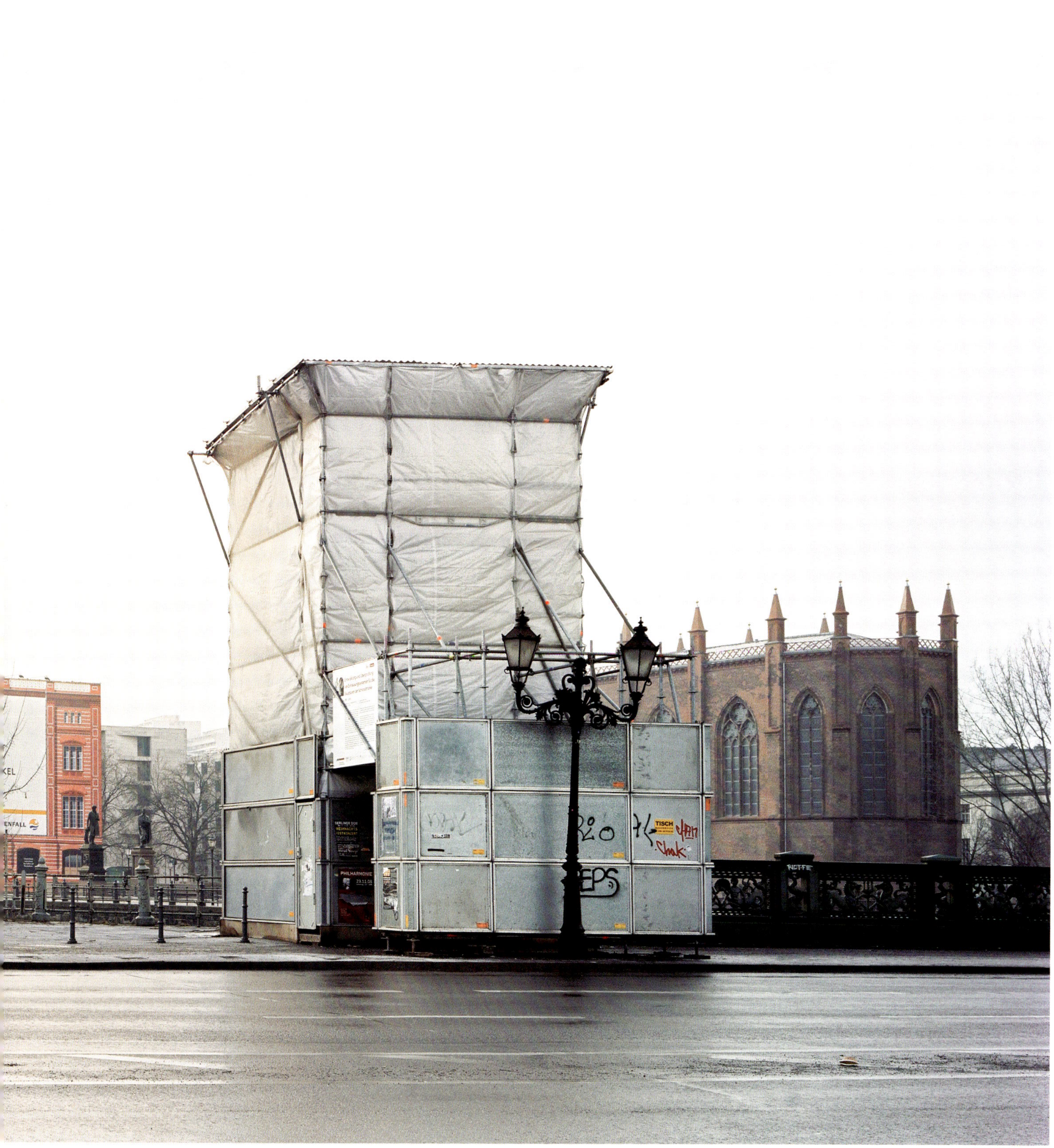
PHILHARMONIE
TISCH
EPS

Der Palast der Republik feiert Richtfest, 19. November 1974
Topping-out ceremony at the Palace of the Republic, 19 November 1974

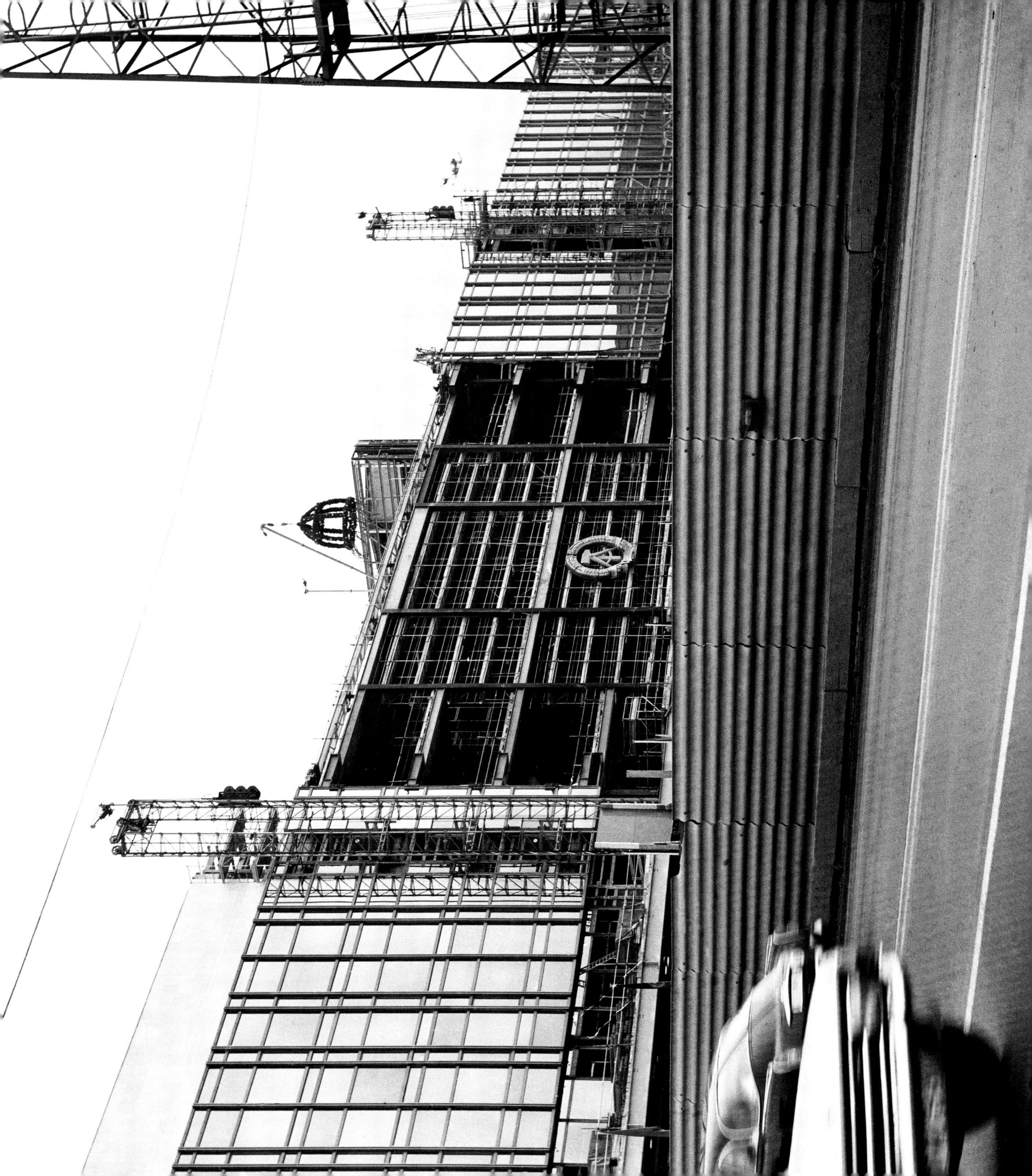

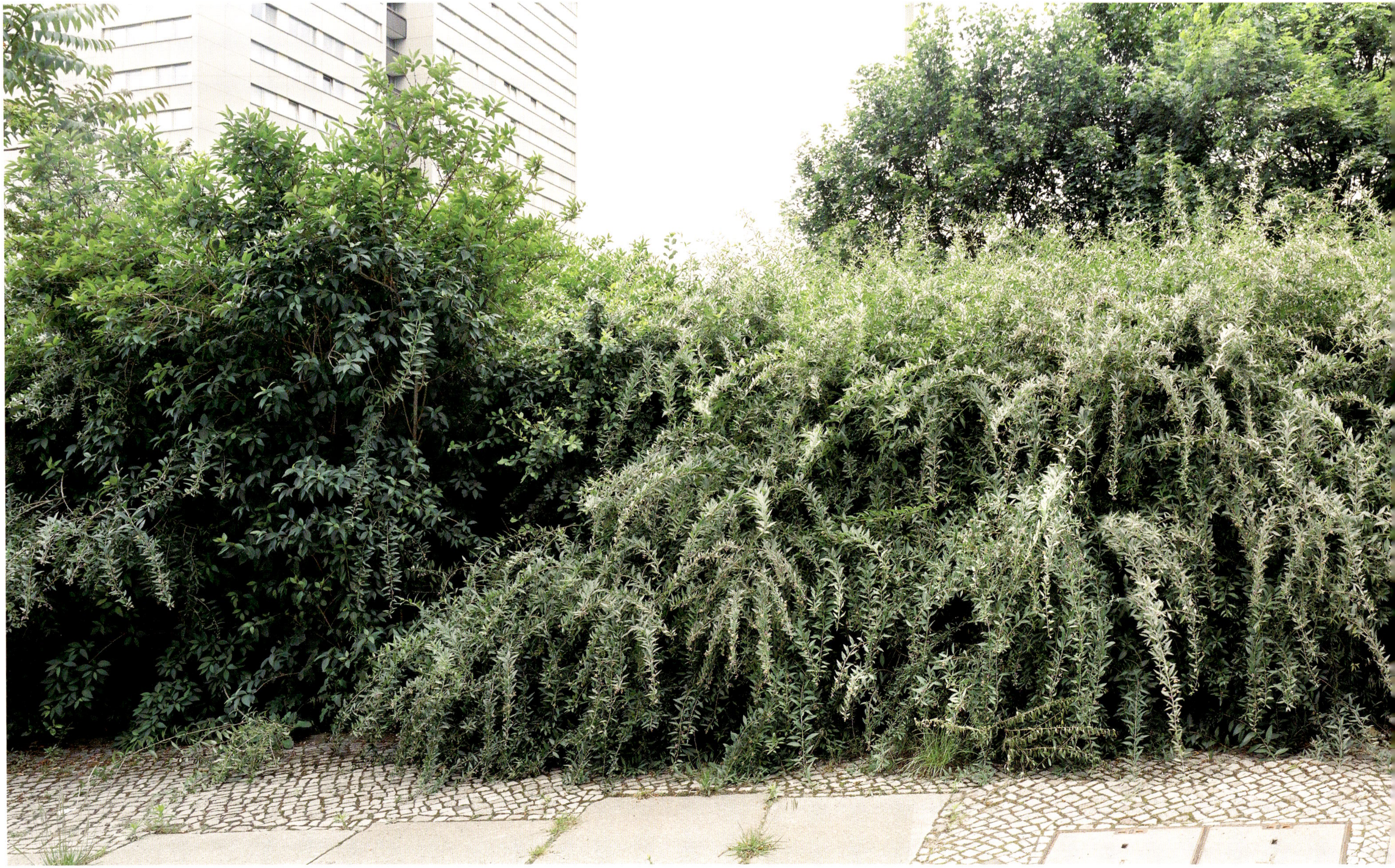

Grünanlage an der Gertraudenstraße zwischen der alten Gertraudenbrücke und dem Spittelmarkt. Links ein Hochhaus der Fischerinsel, 6. Juni 2009

Green space on Gertraudenstraße between old Gertraudenbrücke and Spittelmarkt. Left a high-rise on Fischerinsel, 6 June 2009

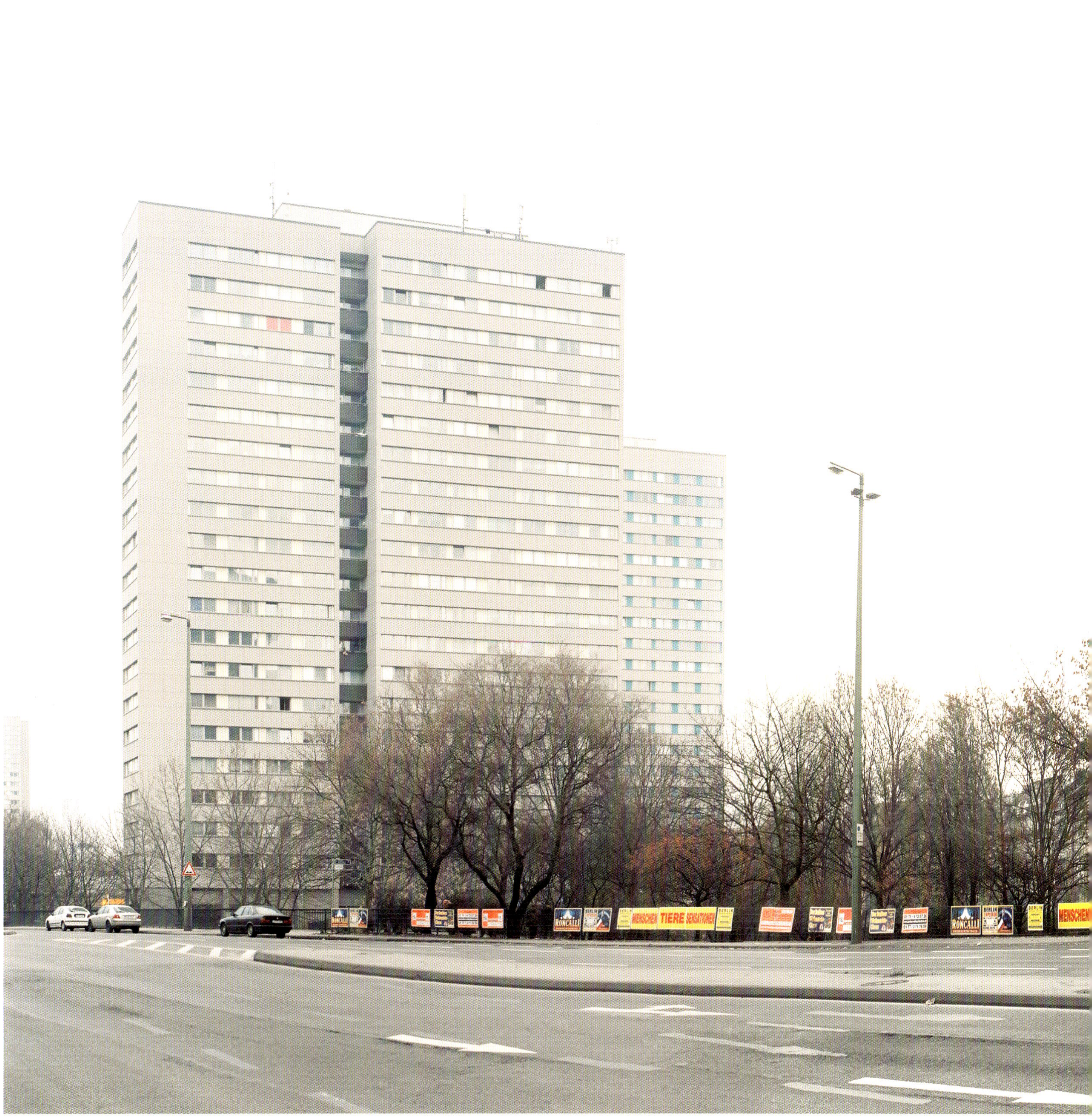
RONCALLI
MENSCHEN TIERE SENSATIONEN
RONCALLI
MENSCHEN

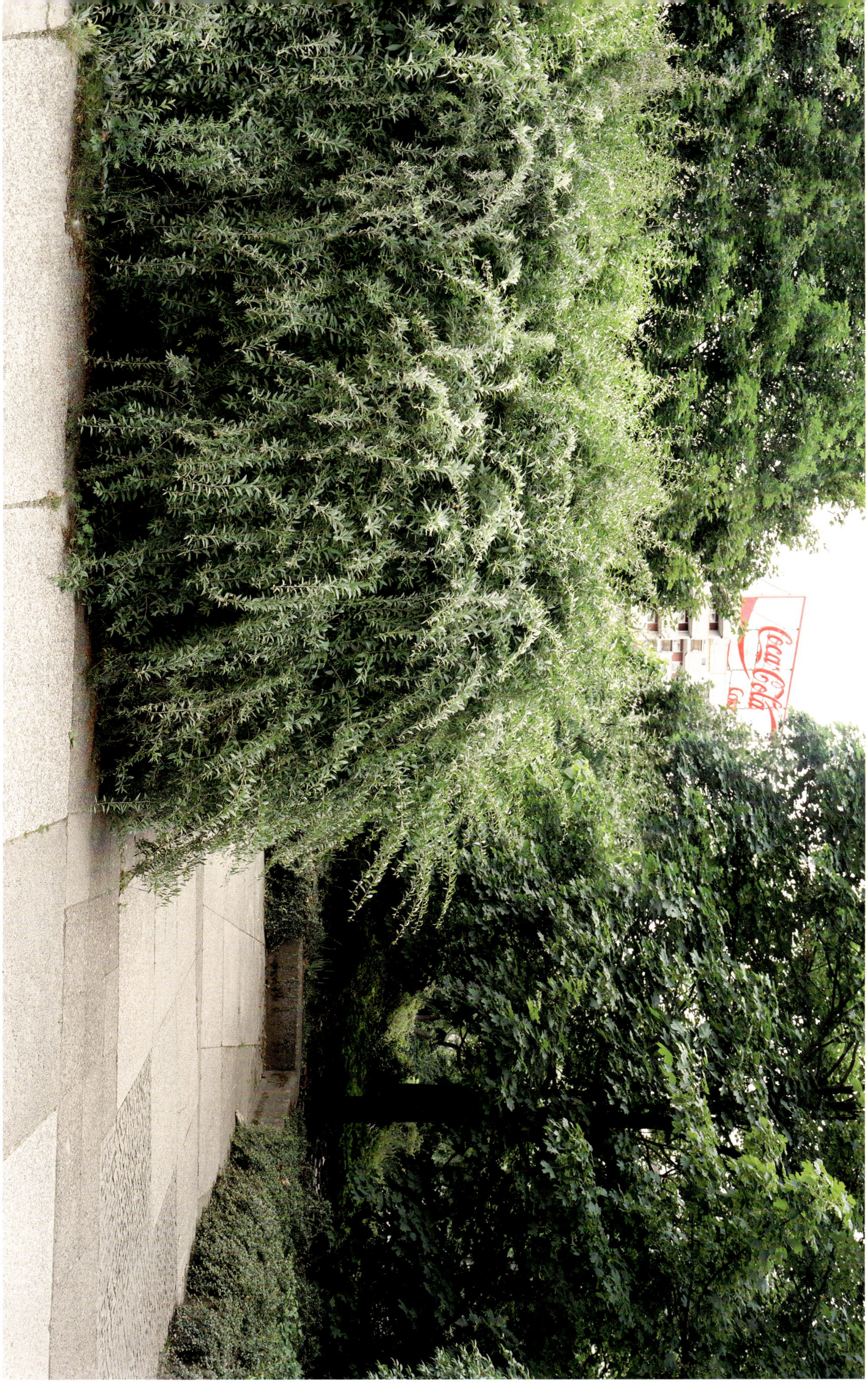
Coca-Cola

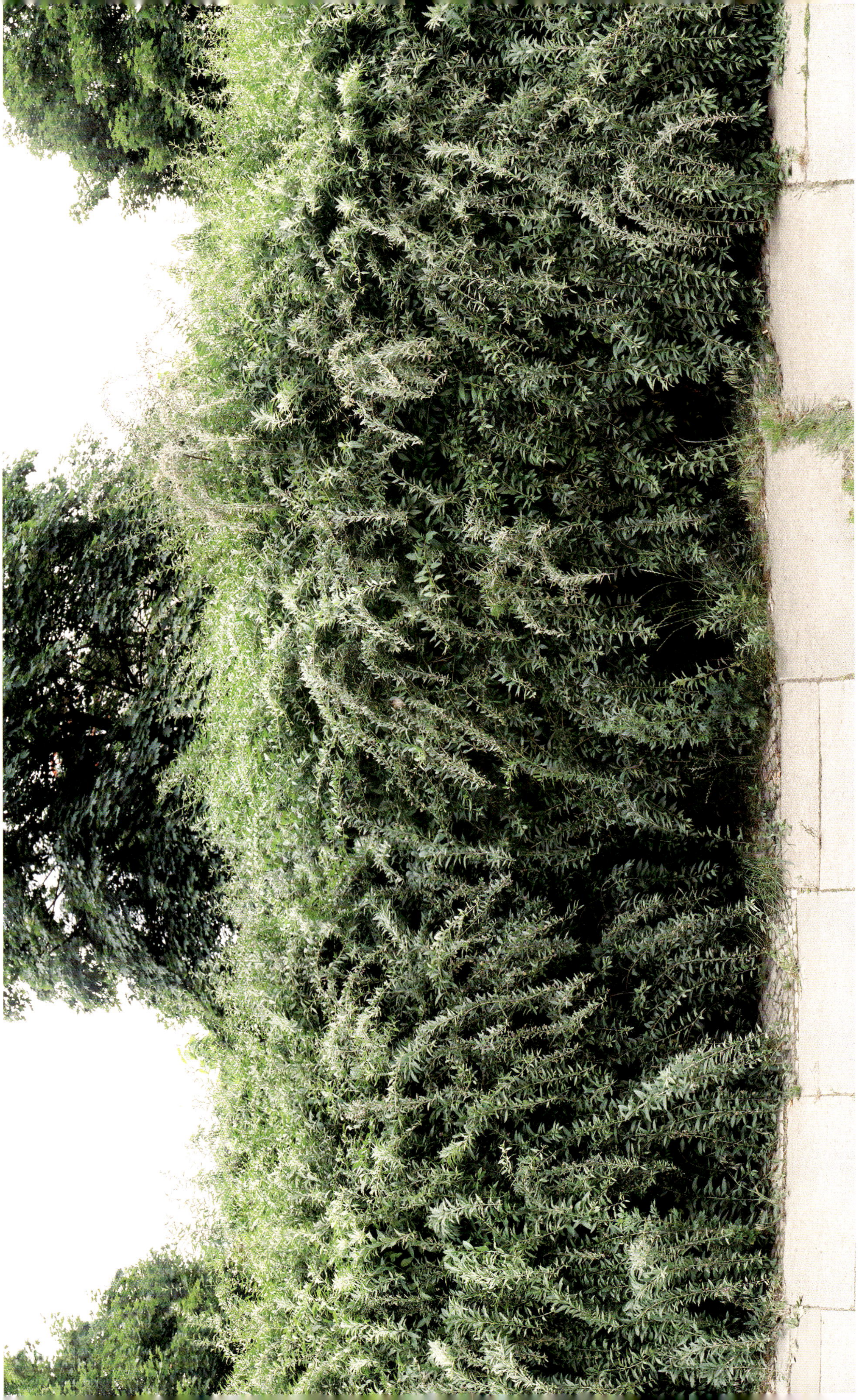

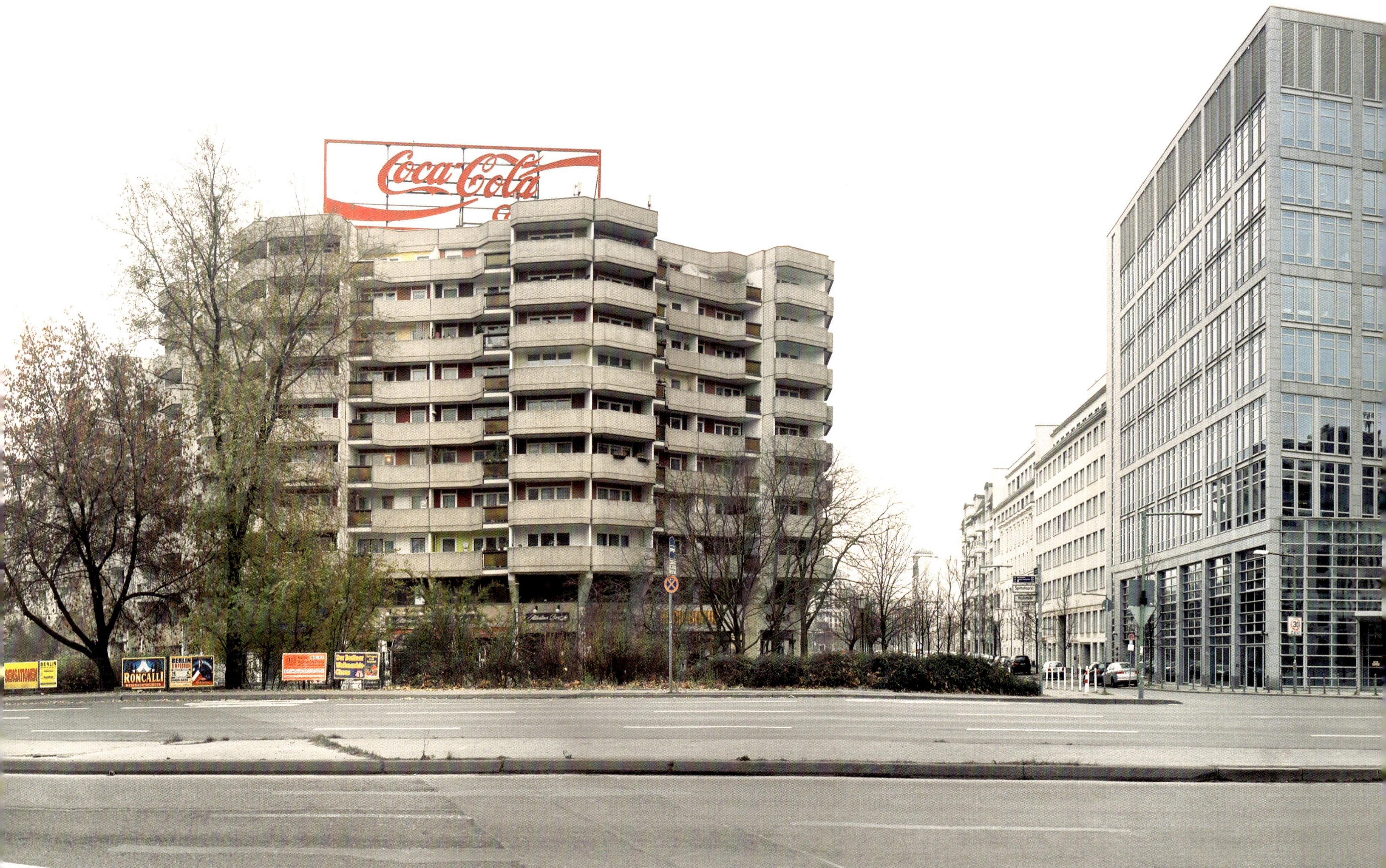
Coca-Cola
RONCALLI
SENSATIONEN
BERLIN

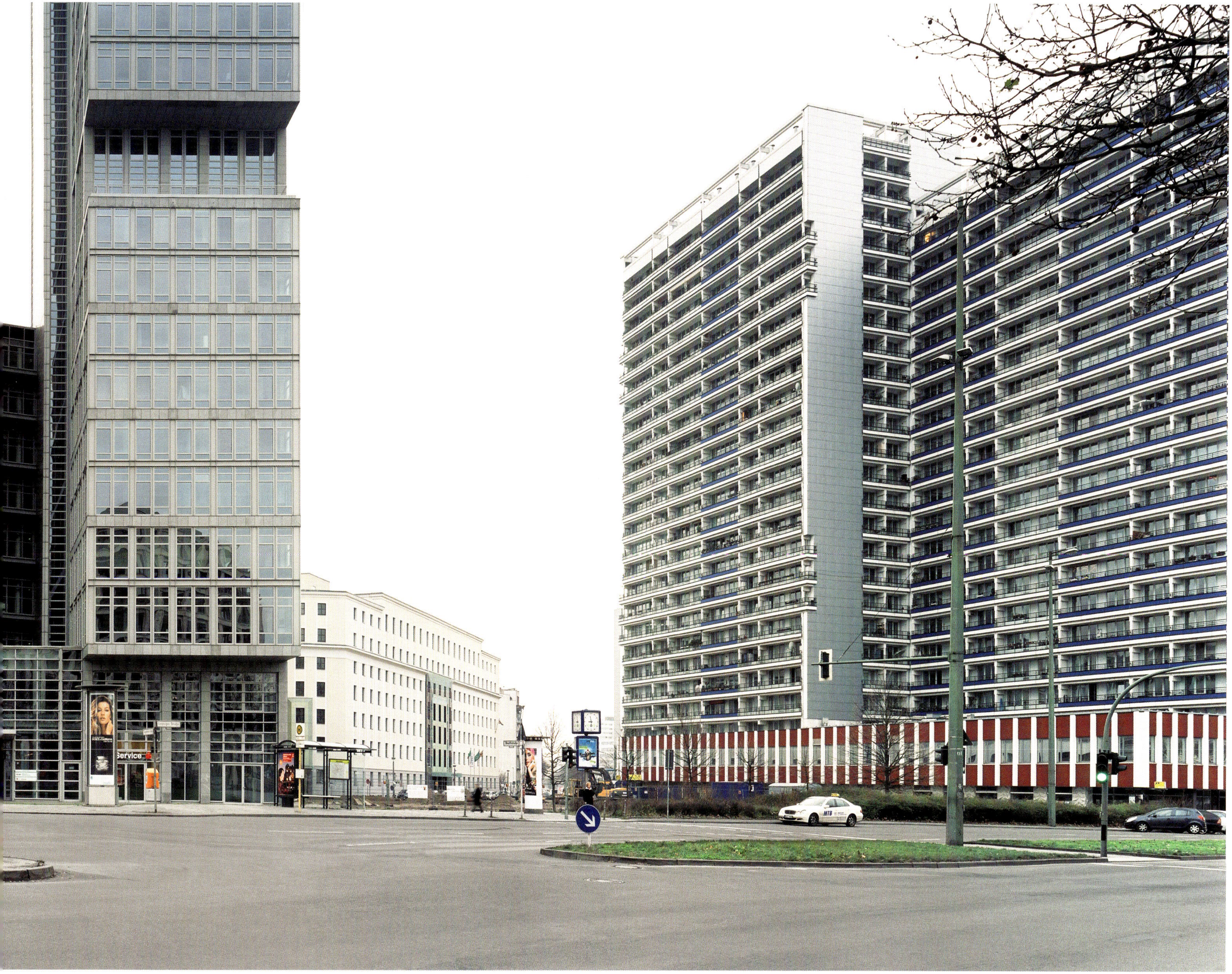

Der Spittelmarkt Richtung Süden, 14. Dezember 2008
Spittelmarkt looking south, 14 December 2008

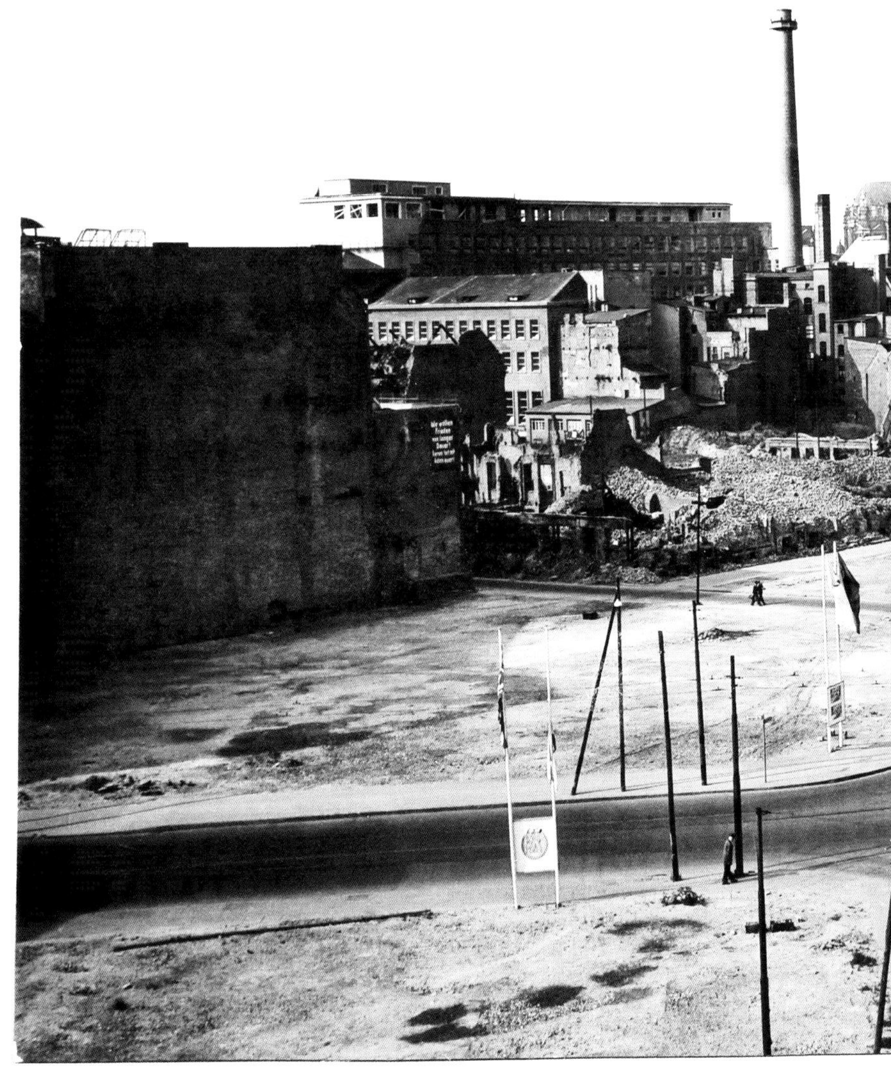

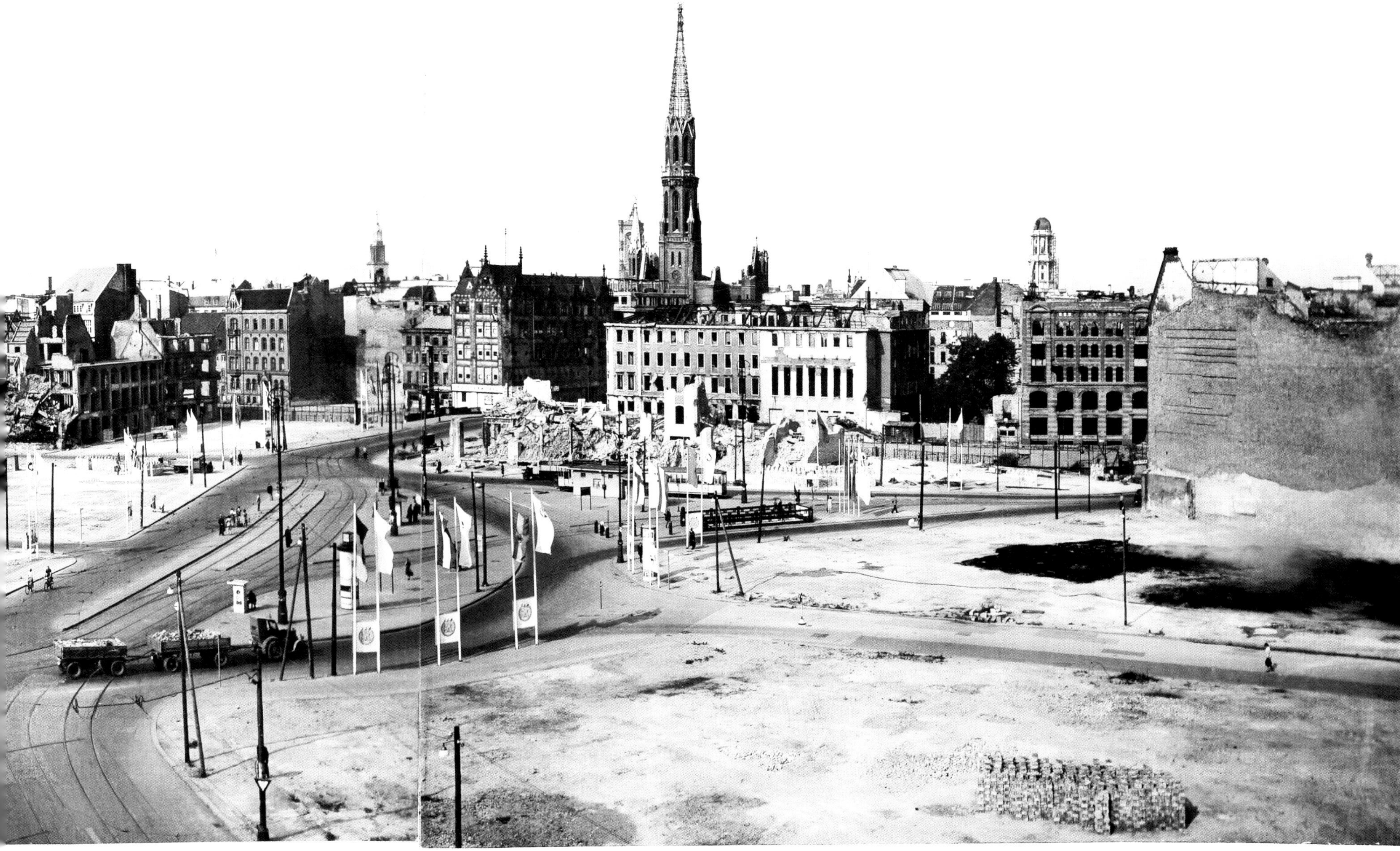

Blick auf den Spittelmarkt in Richtung Osten. Im Hintergrund die Ruine der Petrikirche, 21. Juni 1951
View of Spittelmarkt looking east. In the background the ruins of Petrikirche, 21 June 1951

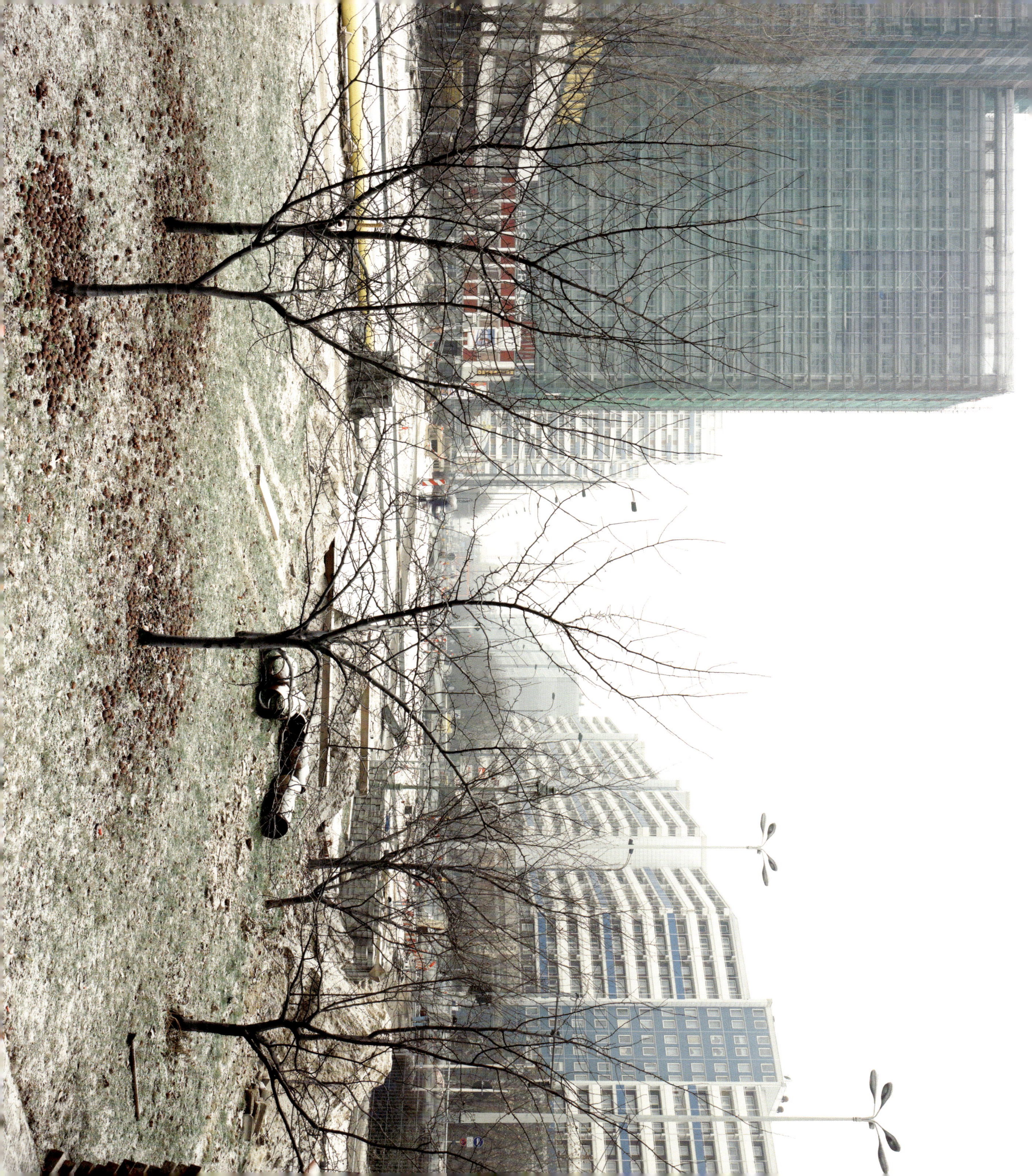

Die Leipziger Straße vom Spittelmarkt gesehen, Januar 1996
View of Leipziger Straße from Spittelmarkt, January 1996

Annett Gröschner

IN ALLE RICHTUNGEN STADTAUSWÄRTS. SPAZIERGÄNGE IN DER ANONYMEN MITTE

RATHAUSBRÜCKE

An der Rathausbrücke betrete ich den Raum. Eben noch hat ein Rikschafahrer zwei Touristinnen das Nikolaiviertel hinter mir in einem Satz erklärt: »This is the oldest quarter of Berlin, which the Communist Party destroyed in the fifties.« Die beiden Frauen, Italienerinnen, haben ehrfürchtig genickt, auch wenn an dem Satz nichts stimmte. Selbst die Behauptung, dass es das älteste Viertel der Stadt sei, ist nicht endgültig bewiesen. Die Geschichte ist komplizierter, aber für die Erklärung komplizierter Zusammenhänge und noch dazu in fremden Sprachen ist bei Stadtführungen keine Zeit. Die Italienerinnen stiegen aus, weil sie das, was sie da sahen, *very nice* fanden. Auch die Website www.nikolaiviertel-berlin.de verspricht, was Touristen anzieht: »Erleben Sie Shopping, Kultur, Museen, Gastronomie und vieles mehr direkt an der Spree. Die Wiege Berlins seit 1237.«

Seit Jahrhunderten geht der Streit darum, welche Siedlung zuerst gegründet wurde, Berlin oder Cölln. Urkundlich erwähnt wurde Cölln zuerst, besser gesagt ein Cöllner Bürger, Symeon, Pfarrer von Colonia, der 1237 als Zeuge genannt wurde. Da gab es die beiden Siedlungen aber längst. Als Stadt wurde Berlin 1251 erstmals erwähnt, Cölln zehn Jahre später.

Das im Krieg stark zerstörte und größtenteils beräumte Nikolaiviertel wurde zwischen 1981 und 1987 anlässlich der 750-Jahr-Feier Berlins als sozialistisches Disneyland wiederaufgebaut. Was nach dem Zweiten Weltkrieg von Cölln übriggeblieben war, ist dagegen in den sechziger Jahren zu großen Teilen abgerissen worden, und auch vom Friedrichswerder, der einstmals dritten Stadt neben Berlin und Cölln, blieb nicht viel übrig.

Dem Verschwundenen gehe ich nach.

Den Askaniern verdankt die Doppelstadt ihren schnellen Aufschwung zu einem wichtigen Spreeübergang auf dem Fernhandelsweg Magdeburg–Posen. An der Stelle der heutigen Rathausbrücke befand sich seit dem 13. Jahrhundert die erste Spreebrücke, Lange Brücke genannt, neben dem Mühlendamm lange Zeit der einzige Übergang über den Fluss. Auf ihr soll nach der Vereinigung der beiden Städte Berlin und Cölln 1307 das gemeinsame Rathaus gestanden haben. 1442 nahm der kurfürstliche Hofrichter hier seinen Sitz. Von der Brücke wurden Kindsmörderinnen in mit Steinen beschwerten Säcken in die Spree geworfen. Die meisten waren arme Mädchen aus dem Brandenburgischen, oft verführt von ihren Dienstherren. Die Gerichtsbarkeit war nicht zimperlich.

Ab 1703 ritt hier der Große Kurfürst mitten durch die Spree, am Sockel vier Sklaven in Ketten, die zu ihm aufschauten. Der Sage nach soll Friedrich Wilhelm I. jede Neujahrsnacht Schlag 12 von der Brücke hinab und durch die Stadt geritten sein, um anzusehen, was aus ihr geworden war übers Jahr, eine der Sagen, die wie von Hofschranzen erfunden klingen, so wie Telespargel für Fernsehturm oder Spreeathen für Berlin. 1943 ist er von seinem Ausritt nicht zurückgekehrt. Das Schiff, das ihn vor den Bombenangriffen in Sicherheit bringen sollte, sank im Tegeler Fließ. 1949 fischte man ihn wieder aus dem Wasser und stellte ihn samt Pferd und Sklaven vor das Schloss Charlottenburg.

Am Marstall führt seit 1953 eine schlichte Dauerbehelfsbrücke über den Fluss, deren Tage gezählt sind. Die Bauzäune sind schon aufgestellt.

Liebhaber des alten Berlin würden am liebsten alles wieder so haben wie um 1900, das Schloss, den reitenden Kurfürsten, den Neuen Markt um die Marienkirche, den Neptunbrunnen auf dem Schlossplatz, und manche Kritiker dieser Ansicht fürchten auch die alten Verhältnisse, als alles seine Ordnung hatte und wer dagegen verstieß, mit empfindlicher Strafe rechnen musste.

In dichter Folge fahren die Spreedampfer in Richtung Schleuse. Zwischen Schloss- und Rathausbrücke sind die Stimmen der Stadtbilderklärer deutlich zu hören: »Rechterhand sehen Sie eine leere Fläche, auf der bis vor kurzem der Palast der Republik stand …« – »Rechts befand sich bis vor wenigen Monaten die Ruine des Palastes der Republik, die wie kein anderes Bauwerk in der Stadt die Gemüter erhitzte …« – »Wenn Sie jetzt nach rechts schauen, sehen Sie nichts, aber bis letzten Herbst war dort …«

Nachdem der letzte Betonpfeiler des Palastes der Republik verschwunden war, hat einer mit weißer Farbe an das Brückenfundament geschrieben: *Die DDR hats nie gegeben.* Eine kühne These, die auf die Architektur bezogen nicht so leicht zu widerlegen ist, denn die meisten repräsentativen Gebäude aus DDR-Zeiten sind wieder verschwunden oder stehen auf der Abrissliste: Der Palast der Republik, das DDR-Außenministerium, die Gaststätte Ahornblatt und auch das Bauministerium in der Breiten Straße. Nur das Staatsratsgebäude hat überlebt und mit ihm das barocke Schlossportal IV in der Fassade, von dessen Balkon aus Karl Liebknecht am 9. November 1918 die freie sozialistische Republik ausrief. Demnächst wird es eine Kopie im neuen Schlossbau geben. So verdoppelt sich Geschichte. Oder wird sie, nach Hegel, bei Wiederholung nur zur Farce?

Über die Fundamente des Palastes verteilt ein Bagger Muttererde. Darüber wird jetzt für eine kurze Weile das Gras wachsen.

Aus dem Marstall ist Musik zu hören: Trompete, Geige, Cello, jedes spielt eine andere Melodie, eine andere Tonart. Eine schöne Ouvertüre für ein Viertel, in dem alles aufeinandertrifft und nichts zusammenpasst.

Seitdem der Palast der Republik wegradiert ist, steht der Berliner Dom in seiner ganzen Wucht in der Gegend herum und macht seinem alten, fast vergessenen Spitznamen alle Ehre: Seelengasometer. Der große Flaneur Franz Hessel ist hier mit einem Bus der Stadtrundfahrt vorbeigekommen und hat angesichts des Berliner Doms einen seiner seltenen Wutanfälle bekommen: »Es ist höchst überflüssig, hineinzugehen, denn auch innen verletzt dieses Riesengefüge aus eitel Quantität, Material und schlecht angewandter Gelehrsamkeit jedes religiöse und menschliche Gefühl. (…) Mit Recht verkündet ein marmorner Engel ›Er ist nicht hier, Er ist auferstanden‹. Wahrhaftig, hier ist Er sicher nicht. (…) Vielleicht kommt noch einmal die Zeit, in der man dieses Gebäude und manches andere so kurzentschlossen abreißt, wie man es jetzt mit hässlich gewordenen störenden Privathäusern tut.« Beinahe wäre mit Unterstützung britischer und amerikanischer Bomber Hessels Wunsch in Erfüllung gegangen. Aber 1975 begann man dann doch mit dem Wiederaufbau, nachdem die Ruine in den fünfziger Jahren einem Volkspalast im Zuckerbäckerstil hatte weichen sollen, der nie gebaut wurde.

Wenn die Brücken, wenn die Bogen / von der Steppe aufgesogen / und die Burg im Sand verrinnt, dichtete Gottfried Benn 1948, und irgendwie passt es zu der leeren Fläche, auf der erst das Schloss und dann der Palast der Republik standen. Zwischendurch war hier schon einmal zwanzig Jahre lang ein leerer Platz, der als Aufmarschgebiet für die Kundgebungen der SED genutzt wurde. Die Massen kamen von Westen und gingen nach der Kundgebung nach Osten ab, durch die Breite Straße, die für diesen Zweck, »aufmarschvorbereitend«, in den sechziger Jahren des 20. Jahrhunderts sogar noch um etliche Meter verbreitert wurde.

BREITE STRASSE

Die Breite Straße ist so breit wie lang. Bis Anfang des 18. Jahrhunderts hieß sie Große Straße und war die Repräsentanzzufahrt zur Residenz, auch wenn damals noch tagtäglich die Kühe durch die Straße zur Weide getrieben worden sein sollen. Archäologisch ist die Existenz der Straße bis Ende des 12. Jahrhunderts zurückzuverfolgen, Jahre vor der ersten urkundlichen Erwähnung der Stadt Cölln.

Bis Ende des 19. Jahrhunderts verschwenkte die Straße vom Schloss gesehen nach links über den Cöllnischen Fischmarkt in Richtung Mühlendamm. Heute führt sie schnurgerade auf die riesige Kreuzung an der Gertraudenstraße zu. Man kann sich kaum vorstellen, dass es in der Breiten Straße mal munterer zuging als auf dem Kudamm. Gegenwärtig gibt es hier weder etwas zu spazieren noch zu flanieren. Links ist der Marstall in seiner Wilhelminischen Behäbigkeit, an den sich das Ribbeckhaus anschließt, der einzige erhaltene Spätrenaissancebau Berlins, 1624 für den kurfürstlichen Kammerrat von Ribbeck aus zwei älteren Gebäuden, denen eine einheitliche Fassade vorgehängt wurde, errichtet. Daran schließt sich das Mitte der sechziger Jahre des 20. Jahrhunderts gebaute Eingangsgebäude der Stadtbibliothek mit den 117 Varianten des Buchstabens A am Portal an. Den Abschluss der linken Straßenseite bildet das Haus der Deutschen Wirtschaft, das den neuen Hauptstadtprotz der Jahrtausendwende pars pro toto veranschaulicht.

Rechterhand ist alles tot. Außer dem Giebel des Staatsratsgebäudes und einem angrenzenden Kanzleiflügel und unterbrochen durch die Neumannsgasse gibt es bis zur Scharrenstraße nur das gesichtslose Gebäude des ehemaligen Bauministeriums. Nichts, weswegen es sich hier auf der Straße verweilen ließe, es sei denn, man wartet auf den Bus, der einen wegbringt.

»Wer von Berlin herüberkam, fühlte sich wie in eine andere Stadt versetzt. Vornehme Herren mit Gold- und Silbertressen am Rock kamen auf schönen Pferden geritten. Damen mit hohen, farbenfreudigen Bänderfrisuren fuhren in prachtvollen Karossen vorüber. Man hörte fast nur Französisch sprechen«, heißt es in Claus Backs 1961 erschienenem Roman »Drei Fräulein an der Jungfernbrücke«, der Ende des 17. Jahrhunderts spielt, als die Hugenotten als Flüchtlinge nach Berlin kamen und das gesellschaftliche Leben sehr schnell durch neue Moden beeinflussten. Die Betuchteren siedelten sich an der Breiten Straße an, heirateten untereinander und waren so durch Familienbande und Geschäftsbeziehungen verbunden, ehe sie in die neuerbaute Dorotheen- oder Friedrichstadt zogen, wo die Wohnungen moderner und repräsentativer waren. Viele Jahrhunderte war die Breite Straße eingespannt zwischen dem durch das Schloss repräsentierten feudal-staatlichen und dem städtischen bürgerlichen Zentrum. An der Breiten Straße bauten die reichsten Kaufleute, viele von ihnen Hoflieferanten, ihre Häuser und ließen sie von den besten Dekorateuren ausstatten. Das war in Berlin nicht anders als in den Breiten Straßen (oder Wegen) von Magdeburg, Potsdam oder Lübeck.

Für Angehörige des Hofes war eine Wohnung in der Breiten Straße lange Zeit ein Muss. Aber unter Friedrich Wilhelm II., dessen Regentschaft nach dem Tode Friedrichs II. 1786 begann, verlor die Breite Straße ihre Bedeutung als Hauptzufahrt zum Schloss. Die Straße Unter den Linden wurde zur Prunk- und Prachtstraße und die Wilhelmstraße zum bevorzugten oder befohlenen Wohnort der Höflinge und des Kanzlers. Cölln blieb im Schatten des Schlosses zurück. Die Breite Straße verbürgerlichte, was damals einem Abstieg gleichkam. Jedoch blieb der Bodenrichtwert der Straße im Gegensatz zu den umliegenden Gassen einer der höchsten in der Stadt. Die Grundstücke auf der rechten Straßenseite wurden immer weiter verdichtet, in die Hinterhäuser zogen Werkstätten und Manufakturen. Das Volk hauste in den Gassen entlang des Spreekanals. Dort waren die Männer Flickschuster, Fischer oder Schiffer, viele Frauen verdingten sich als Wäscherinnen oder Dienstmädchen in den Bürgerhäusern der Breiten Straße.

Zwei Institutionen haben, neben dem bei allen Ständen beliebten Weihnachtsmarkt, über viele Jahrzehnte das Leben in der Breiten Straße bestimmt – die Vossische Zeitung und das Kaufhaus Hertzog. 1818 hatte die Vossische Zeitung, die über zwei Jahrhunderte das Nachrichtenmonopol in Berlin besaß, in der Breiten Straße 8 ihren Sitz genommen. Ende des 19. Jahrhunderts kaufte die Zeitung noch Haus Nr. 9 an der Ecke Neumannsgasse dazu. Von hier aus schwirrten zahlreiche, bis heute namhafte Redakteure wie Theodor Fontane und Ludwig Rellstab und Feuilletonisten und Reporter wie Kurt Tucholsky oder Sling in die Stadt aus und brachten die Geschichten mit, die man wegen ihrer zeitlosen Qualität heute noch lesen kann – über ein Berlin, das es nicht mehr gibt. 1934 musste die Tante Voss, wie sie allgemein hieß, nach Zerschlagung des Ullsteinverlages, der seit 1914 Eigentümer der Zeitung war, ihr Erscheinen einstellen. Die Reichsbank übernahm das Gebäude, die neben Büros der Bank von Japan auch die 1935 gegründete Reichsstelle für Edelmetalle unterbrachte, die bei der Beschlagnahme des jüdischen Besitzes an Gold und Silber nach dem 9. November 1938 kräftig mitmischte.

Die zweite bürgerliche Instanz, vor allem für junge Mädchen, war das Kaufhaus Hertzog, der Berliner Spezialist für Aussteuer, Maßkonfektion und die Lieferung in feinen Schachteln bis vor die Haustür. 1839 eröffnete Rudolph Hertzog in der Breiten Straße ein Manufakturwarengeschäft und baute es in den folgenden Jahrzehnten zu einem Kaufhaus um, indem er nach und nach alle Grundstücke zwischen Breiter Straße, Scharrenstraße und Brüderstraße aufkaufte und seinem Imperium einverleibte, bis ein schneckenhausartiges Gebilde entstanden war, in dem man sich zwischen der Unterkleider- und der Seidenwarenabteilung verlaufen konnte. Vorgemacht hatten es Gerson & Leineweber mit ihrem seit 1847/48 am Werderschen Markt befindlichen ersten Berliner Kaufhaus. Wie so ein Aufstieg vonstatten ging, hat die Schriftstellerin und Journalistin Alice Berend für das fiktive Geschäft »Spreemann & Co« am nahegelegenen Dönhoffplatz beschrieben – der Großvater war noch ein wandernder Händler, der Vater gründete ein bescheidenes Geschäft an einem belebten Platz, das von den Söhnen nach 1870 zu einem Kaufhaus erweitert wurde, in dem es auf drei Etagen alles gab, was der Gründerzeitmensch brauchte.

1848 hatte Hertzogs Geschäft 155 Quadratmeter, im Jahr 1912 waren es schon 15.875 Quadratmeter. 1908/09 ließ Hertzog in der Brüderstraße, Ecke Scharrenstraße einen Neubau im Stil des Neobarock errichten und ein Erweiterungsbau entstand an der Stelle des Cöllnischen Rathauses, das 1899 abgerissen worden war, weil es dem zunehmenden Verkehr im Wege stand. Bald fuhr auch eine Straßenbahn durch die Breite Straße und hielt vor dem Kaufhaus. In den zwanziger Jahren verlor Hertzog seine Spitzenposition an die Warenhäuser am Leipziger Platz und am Alex und auch von der Enteignung seiner jüdischen Kollegen in den dreißiger Jahren profitierte er nicht.

Hertzog gehörte auch das Haus Nr. 19/20 an der Ecke Scharrenstraße, in dessen Erdgeschoss sich die Konditorei Jaenicke befand, in die die Mädchen von ihren Müttern nach dem Kauf der Aussteuer zu Kuchen und Schlagsahne eingeladen wurden. Der Fotograf Fritz Tiedemann hat das Haus nach dem Krieg zweimal fotografiert. Auf der ersten Aufnahme, 1949, fehlt die Mitte der Fassade und man kann in das Innere der ehemals gutbürgerlichen Beletage sehen, die sich wegen ihrer Luftigkeit nur noch zum Trocknen der Wäsche eignet, auf dem zweiten Bild, drei Jahre später, ist die Wand notdürftig repariert. Egal, wie kaputt das Haus war, Jaenicke blieb, auch wenn die Reklameschilder immer bescheidener, die repräsentativen Fenster aus Glasmangel immer kleiner wurden und der Kaffee aus Gerste, Malz und Zichorie bestand. In den 1960er Jahren wurde das Haus für die Straßenverbreiterung abgerissen. Dem Gebäude gegenüber, Nr. 28, erging es nicht besser, auch wenn es noch fünf Jahre länger stand. Die im Erdgeschoss beheimatete Schlossklause erfreute sich allgemeiner Beliebtheit, gab es doch kaum noch Kneipen in der Abrissgegend, auch hatte die Stadtbibliothek bis zum Bau der Großgaststätte Ahornblatt an der Gertraudenstraße keine Kantine. Zwar fehlte seit 1950 der Schlossklause das zugehörige Schloss, aber das ließ sich bei Molle und Korn vergessen. Da es ein Etablissement der höheren Preisstufe war, wurde auch Wein ausgeschenkt, den man in nach Schlössern in anderen Gegenden benannten Separees trinken konnte.

Als 1965 gegen den Rat von Denkmalschützern und Stadtplanern der Abriss des Fischerkiezes begann, fiel auch der Beschluss, die Patrizierhäuser auf der rechten Straßenseite der Breiten Straße abzureißen. Um mehr Platz für Demonstrationen und Paraden auf dem Schlossplatz zu haben, wurde die kleinstädtische Struktur der Straße ausgelöscht. Nur das Ermelerhaus Breite Str. 11 überstand diesen Raubbau, wenngleich an anderer Stelle. Es wurde ein paar hundert Meter ans Märkische Ufer transloziert. In den Keller zog die Raabe-Diele, die eigentlich in der Sperlingsgasse beheimatet war. Zwanzig Jahre später hat man solche Verpotpourrisierungen in weitaus größerem Stil im Nikolaiviertel zur Perfektion gebracht. Die Parzellen des Straßenabschnittes von Neumannsgasse bis Scharrenstraße wurden 1967 vollständig mit dem Komplex des Bauministeriums überbaut. Es ist inzwischen geräumt. Der BND, der das Gebäude eine Weile nutzte, hat es mit einem stabilen Sicherheitszaun umfriedet. Moose und Flechten bedecken die Kiesbetonplatten, die seit mindestens zehn Jahren niemand mehr betreten zu haben scheint. In den Eingangszonen hat sich das Herbstlaub einiger Jahre gesammelt. In einem der Fenster grüßt Walter Ulbricht, der 1. Sekretär der Vernichtung von Cölln.

SCHARRENSTRASSE

Am Ursprung Berlins spazierenzugehen, heißt auf Schichten zu laufen. An der Oberfläche ist die Trägheit eines Sonntagnachmittags und nicht ein Passant auf der Breiten Straße. Das Aufregende der Scharrenstraße liegt unter der Erde, die versunkene Stadt Cölln.

Die Scharrenstraße ist eine der ältesten Straßen der Stadt. Sie hat ihren Verlauf so gut wie nie verändert. Ihren Namen verdankt sie den Scharren, hölzernen Verkaufsständen, meist für Brot, die 1667 von der Breiten Straße an das Cöllnische Rathaus verlegt wurden. Der Schriftsteller Adolf Glaßbrenner, der in einer Seidenwarenhandlung in der Breiten Straße Kaufmann lernte, ehe er um 1830 über Umwege zum Journalismus und zur Schriftstellerei kam, hat den Berliner Händlerinnen ein wenig schmeichlerisches Denkmal gesetzt: »Die Priesterinnen der Ceres muss die Natur in einer Anwandlung böser Laune geschaffen haben; die ganze Tendenz dieser früchtetragenden Wesen ist: Schimpfen … (…) Jede Hökerin unserer Residenz ist eine personificierte Empfindlichkeit; durch den kleinsten Tadel ihrer Waare wird ihr Gemüth aufgeregt, werden ihre sonst so starken Nerven erschüttert; ihr feuriges Blut steigt nach dem Kopfe und endlich machen sie ihrem Herzen durch das sich ins Unendliche verlierende Aufbieten Luft.« Die Spezies hat sich bis ins 21. Jahrhundert gehalten, nur kann man den Grad der Freundlichkeit der heutigen Verkäuferinnen in der Scharrenstraße nicht überprüfen, denn es gibt kein einziges Geschäft mehr, seit die in einem Gebäuderest des Kaufhauses Hertzog untergebrachte Filiale der Jugendmode an der Ecke Brüderstraße kurz nach der Wende dichtmachte. Neben den blinden, mit ausgeblichenem Stoff verhangenen Schaufenstern sind noch die verblassten Inschriften zu entziffern: *Sonnidee. Kaufhaus Kontex. Jugendmode.* Dort gab es Kleidung, die kein Ostberliner Jugendlicher tragen wollte.

Seit einigen Monaten sind die Scharrenstraße und der anliegende Petriplatz in den Händen der Archäologen. Wie ein großes Leichentuch liegt eine vor Frost schützende weiße Decke über dem Grabungsfeld. Sie gibt dem Ort etwas Erhabenes. Darunter sind Feldsteinmauern, Ziegel, Steinfußböden, eine gut erhaltene Brunnenanlage und Betonwände neueren Datums – ein Schichtkuchen, der einen Längsschnitt durch die Geschichte der Stadt macht.

Die Archäologen haben hier Grundmauern des Cöllnischen Rathauses, der Ratswaage und des Kaufhauses Hertzog gefunden. Der wichtigste Fund war eine Eichenbohle. Claudia Melisch, die Grabungsleiterin, hat das Holz dendrochronologisch untersuchen lassen: »Es wurde festgestellt, dass der letzte Ring von 1192 ist. Es fehlt aber etwas von dem Holz. Weil man nicht weiß, wieviel fehlt, werden auf den Ring von 1192 pauschal 20 Jahre hinzugerechnet. Er kann also bis maximal 1222 gefällt worden sein und ist damit immer noch eines der ältesten Sachzeugnisse der Stadtgeschichte.«

Die Archäologen haben auch den Graben freigelegt, der entlang der Scharrenstraße lief und in den alles in Richtung Spreekanal floss, was man in den Häusern vor der Einführung der Kanalisation an Flüssigkeit nicht mehr gebrauchen konnte. Das meiste wird nicht gut gerochen haben.

Was da am Rand der Grabungsfläche so schön rot und blau glitzert, ist fast ohne Wert. Es sind bei einem Bombenangriff geschmolzene Glasperlen aus der Kurzwarenabteilung des Kaufhauses Hertzog, das damals bis auf die Grundmauern abbrannte.

PETRIPLATZ

Der Petriplatz war bis vor kurzem der trostloseste Ort Berlins, den ›Platz‹ zu nennen einem nur als Kompositum in der Verbindung mit ›Park‹ eingefallen wäre. Keine Ahnung, ob es überhaupt ein Straßenschild gab. Die meisten heutigen Mitte-Bewohner wissen auch nicht, dass hier bis 1964 eine Kirche stand. Dabei ist es, neben der Nikolaikirche auf der östlichen Spreeseite, der älteste Kirchenstandort Berlins. 1769 schrieb Friedrich Nicolai: »Der Platz an der Petrikirche liegt zwischen der Scharrenstraße und der Gertraudenstraße. Auf dem linken Teile desselben, an den Fleischscharren, werden Gartengewächse verkauft. Der rechte Teil, welcher sonst vor dem Brande 1730 kleiner war, hieß nebst dem Teil der jetzigen Scharrenstraße, nach der jetzigen Neuen Kirchgasse zu, der Hundemarkt. Auf diesem Platze steht: die Petrikirche. Sie ist beständig die Pfarrkirche in Cölln gewesen und also vermutlich bald nach der Anbauung der Stadt, wenigstens gegen das Ende des 12ten Jahrhunderts.« Die Kirche war Petrus gewidmet, dem Schutzheiligen der Fischer, Schiffer und Brückenbauer, Berufe, die bis ins 19. Jahrhundert überdurchschnittlich oft in Cölln anzutreffen waren. Man kann, je nach Glauben, viel hineininterpretieren in die Tatsache, dass keiner der an dieser Stelle zu verschiedenen Zeiten existierenden Kirchenbauten, mindestens fünf, lange stand. Irgendetwas kam immer dazwischen: Blitz, Feuer, Pfusch und Krieg, unter Mithilfe von sechs der sieben Todsünden.

Die letzte, im Krieg stark beschädigte Kirche wurde von 1960 bis 1964 und gegen den Beschluss des Evangelischen Konsistoriums abgerissen und die gusseiserne Spitze im Eisenhüttenkombinat Ost eingeschmolzen, weil Walter Ulbricht keine anderen Türme neben seinem geplanten Fernsehturm dulden wollte. Der Petrikirchturm mit seinem schlanken, 111 Meter hohen Turm war eine besondere Landmarke, die noch heute beim Betrachten alter Berlin-Fotos sofort ins Auge fällt.

Aber schon frühere absolutistische Herrscher, wie der preußische König Friedrich Wilhelm I., wollten in Berlin Bauwerke schaffen, die ihre Regentschaft auf Erden überdauern sollten. Damals fehlte der Petrikirche seit fast 100 Jahren eine repräsentative Spitze. 1727 wurde mit dem Bau eines 108 Meter hohen Turmes begonnen. Drei Jahre später hatte man es fast geschafft, als sich am 29. Mai 1730 über Berlin und Cölln ein schweres Gewitter zusammenbraute. Dreimal schlug der Blitz in den höchsten Punkt ein, der sich auf dem Gelände befand, und von der Herrlichkeit nebst den umstehenden Häusern blieb nur ein Haufen Asche übrig. Der Blitzableiter wurde erst 22 Jahre später erfunden, da hatte der Soldatenkönig längst sein Leben durch die Wassersucht beendet. Im November 1730 befahl der König dem Baudirektor, dass der »Petriturm so hoch und womöglich noch höher als der

Turm des Straßburger Münsters gebaut werden soll, und ich will die daraus sich vergrößernden Kosten auch bezahlen.« Mit 142 Metern war der Turm in Straßburg das damals höchste Gebäude der Welt. Der von Baumeister Johann Friedrich Grael verantwortete Turmbau der Petrikirche stürzte aber 1734 wegen Baumängeln ein, der König hatte auf schnelle Fertigstellung gedrängt.

1809 zerstörte ein neuerlicher Brand die turmlose Kirche bis auf die Grundmauern. Erst 1846, nach jahrelangen Diskussionen um die Notwendigkeit einer Kirche an diesem offenbar problematischen Ort, errichtete Johann Heinrich Strack den neogotischen Bau mit dem markanten Turm, der knapp 100 Jahre unbeschadet überstand.

Bei ihren Grabungen nach den verschiedenen Kirchenfundamenten stießen die Archäologen auf die fast vergessene Lateinschule, die 1730 beim Brand der Kirche zerstört worden war. Den Keller der Ruine nutzte man danach als Kalkgrube für den Wiederaufbau der umliegenden Häuser. Als sie nicht mehr gebraucht wurde, warfen die Cöllner ihren Müll hinein. Fast 300 Jahre später wurde er von den Archäologen geborgen: Kämme, Geschirr, Fayancen, Lederschuhe und Gürtelschnallen, Glasflaschen, Tonpfeifen und Ofenkacheln. »Ich kann nicht herausfinden, was die Menschen, die damals gelebt haben, dachten«, sagt Claudia Melisch, »aber ich bekomme eine Vorstellung, mit welchen Dingen sie lebten.« Die Cöllner rauchten Pfeife, trugen Lederschuhe, schenkten ihren Kindern Spielzeug und hielten ihre Hosen mit Gürteln fest. Wenn sie starben, legte man ihnen Münzen in den Mund, als Abwehrmittel gegen Wiedergänger.

Nachdem die Archäologen die Betonschicht und die erste Schicht Erde um den Petrikirchplatz abgetragen hatten, waren sie auf unzählige Knochen gestoßen, manchmal einen halben Meter nichts als Knochen, die sich mit Erdreich vermengt zu einem stabilen Gerüst verdichtet hatten. Am Rand der Grube konnte man vollständige Skelette betrachten, Erwachsene und Kinder mit rachitisch verbogenen Wirbelsäulen, die Schädel einander zugewandt, als wären sie in ein Jahrhunderte währendes Gespräch vertieft. Bis 1717 hatte es neben der Petrikirche einen Friedhof gegeben, danach waren die Toten, weil es in der sich immer mehr verdichtenden Stadt keinen Platz mehr für sie gab und die hygienischen Bedingungen zu wünschen übrigließen, in der Luisenstadt begraben worden. Erstaunlich für Laien ist, dass der mittelalterliche Berliner größer war als der barocke. Die Anthropologen, die die Gebeine untersuchen, finden Kleinwüchsigkeit und schlecht verheilte Knochenbrüche, Rachitis und Knochentuberkulose. Die vielen jungen Erwachsenen unter den Toten deuten auf Infektionskrankheiten wie die Cholera.

Die Gebeine von 4500 Personen wurden ausgegraben und untersucht. Im Keller der Kapelle des St.-Petri-Friedhofes an der Landsberger Allee stehen nun die grauen Kisten mit den gesäuberten Knochen und warten darauf, nach der Umgestaltung des Platzes nach Cölln zurückzukehren, wo sie ihr Grab in den gesicherten Fundamenten der Petrikirche finden werden. Die Denkmalpfleger und Archäologen wünschen sich, dass auf den Grundmauern der Lateinschule ein Ort entsteht, wo die Ergebnisse der Grabungen öffentlich gemacht werden.

ALTSTADTERNEUERUNG = ABRISS?

Im Archiv des Landesdenkmalamtes gibt es ein Foto aus den siebziger Jahren, das sich bei genauerem Hinsehen als Fotomontage entpuppt. Es ist der Blick von der Kreuzung Gertraudenstraße, Ecke Breite Straße über den geräumten Petriplatz auf die Leipziger Straße. Einer, der Gott spielen wollte, hat über die letzten alten Häuser der Kleinen Gertraudenstraße einfach noch ein paar Hochhäuser geklebt. Die Schatten der alten Häuser aber sind auf dem Foto noch deutlich an der Fassade des Plattenbaus an der Scharrenstraße zu sehen. Diese Pläne wurden verworfen, anlässlich der 750-Jahr-Feier 1987 drehte man sogar die Zeit zurück. Die verrußte Gründerzeitfassade des Hauses Scharrenstraße, Ecke Friedrichsgracht wurde in Barock gekleidet und das benachbarte neogotische Haus zwischen Friedrichsgracht und Kleiner Gertraudenstraße unter Denkmalschutz gestellt. Historie in der Architektur war wieder modern geworden, im Westen nannte man es kritische Rekonstruktion, im Osten irgendwas mit »Pflege progressiver Traditionen«.

Mitte der sechziger Jahre sah das in Alt-Cölln noch anders aus. Was damals euphemistisch »Altstadterneuerung« genannt wurde, war ein Abriss der teilweise barocken Stadt. Die Häuser im Karree Friedrichsgracht, Scharrenstraße, Brüderstraße und Sperlingsgasse verschwanden bis auf vier und die Grundstücke wurden mit einem Block mit 659 Appartementwohnungen überbaut, dessen Fassadengestaltung keinen Bezug zur historischen Bebauung hat. Einer der Architekten, Heinz Graffunder, wurde sechs Jahre später Chefarchitekt des nur wenige hundert Meter entfernten Palastes der Republik und auch die Rathauspassagen am Alexanderplatz entstanden unter seiner Leitung.

Während die Wohnungen zur Friedrichsgracht und zur Brüderstraße saniert und in Eigentumswohnungen umgewandelt wurden, ist der vorwiegend von Singles bewohnte Flügel an der Scharrenstraße in die Jahre gekommen. Im Beton sind Risse, das Braun, das einzelne Fassadenteile von den weißen Platten abhebt, ist verwaschen. An vielen Fenstern sind noch die Fahnenhalter für die obligatorische Beflaggung am 1. Mai vorhanden. Das eine oder andere fremde Fähnchen ist dort gehisst. Es scheint, als seien die meisten Mieter nur auf der Durchreise. »Auch wenn es beim flüchtigen Hinsehen nicht so aussieht, das ist hier ein Kiez«, sagt Claudia Mehlisch. In der Kleinen Gertraudenstraße informieren die Archäologen auf Tafeln am Bauzaun über die Geschichte und den Fortgang der Ausgrabungen. Nebenan hält sich tapfer das Café am Petriplatz, das mit Plastedecken gedeckte Gartentische auf den Gehweg gestellt hat. Die handgemalte Speisekarte bietet brandenburgische Küche. Zehn Meter weiter staut sich der Verkehr stadtauswärts. Und das heißt an dieser Stelle der Stadt: in alle Richtungen.

BRÜDERSTRASSE

Die Brüderstraße ist die Mitte der Stadt und gleichzeitig ihr abgelegenster Ort, eingespannt in die Aufgeregtheiten der Metropole, zwischen Schlossplatz und Friedrichswerder.

Wenn es nicht ein paar Hunde gäbe, die mal raus müssen, wäre hier die meiste Zeit über niemand zu sehen. Überhaupt behält die Brüderstraße ihre reiche Geschichte fast für sich, wären da nicht die Gedenktafeln an zwei Häusern der Straße. Und hätte es nicht in zu Beginn des Jahres 2009 die Aufgeregtheiten im überregionalen Feuilleton um den Umzug des Suhrkamp Verlages in das Haus Nr. 13, besser bekannt als Nicolaihaus, gegeben, es hätte weiter seine edle Anmut und stille Größe für sich behalten. Auch wenn es, wie das benachbarte Galgenhaus, in jedem Touristenführer steht, bleibt selten jemand davor stehen. Das Stadtmuseum, das hier eine Dependance betrieb, hat den Standort aufgegeben, nur ein paar Plakate in den Fenstern und ein Schild an der Tür erinnern noch an die Nutzung.

Seinen Namen hat das Haus von Friedrich Nicolai, der es 1787 kaufte und es von dem auch als Musiker berühmten Baumeister Carl Friedrich Zelter umbauen ließ. 24 Jahre, bis zu seinem Tod 1811, wohnte Friedrich Nicolai hier mit seiner Familie und betrieb im Erdgeschoss eine Buchhandlung. Berlin galt damals nicht gerade als schöngeistiges Pflaster, die Musenhöfe befanden sich woanders.

Nicolai war der Marcel Reich-Ranicki des 18. Jahrhunderts. Als Kritiker der Aufklärung lag er im Dauerclinch mit den jungen Wilden Goethe und Schiller, die ihm einige ihrer ätzendsten Xenien widmeten. Nicolai war ehrgeizig, er hatte sich vorgenommen, mit seiner Allgemeinen deutschen Bibliothek alle in Deutschland erscheinenden Bücher zu rezensieren. Heute ist er vor allem wegen seiner Parodie des Goetheschen Werther bekannt und nicht für seine vorzügliche »Beschreibung der königlichen Residenzstädte Berlin und Potsdam, aller daselbst befindlicher Merkwürdigkeiten in der umliegenden Gegend« (1769).

Der Herausgeber und Journalist Julius Rodenberg hat bei seinen Spaziergängen durch Berlin, die er 1886 zu seinem Buch »Bilder aus dem Berliner Leben« verdichtete, auch Cölln aufgesucht: »Die Brüderstraße, heute noch mit ihrem engen Zugang, ihrer unregelmäßigen Form und dem Turme der Petrikirche im Hintergrund eine der traulichsten im alten Berlin, war damals eine der vornehmsten unserer Stadt überhaupt. Die ganze Gegend bis an den Mühlendamm zeigte diesen Charakter. Mehr noch als gegenwärtig war zu Nicolais Zeiten die Brüderstraße die Straße des Luxus, der Moden und der Fremden.« Dahin, dahin.

Nicolai gab in seinem Haus opulente Gesellschaften, bei denen alles, was in Kultur und Kunst des damaligen Berlin Rang und Namen hatte, zu Gast war. Die Nicolaische Buchhandlung nebst Sortiment und Verlag blieb noch bis 1892 in den Räumen im Erdgeschoss des Hauses.

Wie durch ein Wunder entging das Nicolaihaus, wie auch das benachbarte Galgenhaus, sowohl den Bombenangriffen als auch der Abrisswut der sechziger Jahre. Wenn man die Durchfahrt des Appartementhauses passiert, kann man noch heute den barocken Innenhof des Nicolaihauses bewundern. Im Querflügel wurde 1977 die klassizistische, von Schinkel errichtete Treppe aus dem Weydingerhaus Unterwasserstraße 5 eingebaut, das Anfang der dreißiger Jahre dem Komplex der neuen Reichsbank zum Opfer gefallen war.

Inzwischen hat nur noch der Freistaat Sachsen auf der einen Seite und der BND auf der anderen das Sagen, der aber auch schon dabei ist, die in Boulevardleuchten versteckten Kameras wieder abzubauen, mit denen er eine stets leere Ecke zu überwachen pflegte – sieht man mal von den Staatsratskatzen ab, die jeden Tag von einer alten Frau gefüttert wurden, die aussah, als würde sie ihr weniges Geld ausschließlich für Katzenfutter ausgeben. Man hätte sie von der Kamera aus leicht für eine ältere Terroristin halten können, so tief hatte sie ihre Kapuze ins Gesicht gezogen.

Das Tor des Bundesnachrichtendienstes geht mit Getöse und Gekreische auf und kreißt einen Radfahrer aus. Im Asphalt der Straße sind tiefe Risse, denen er mit seinem Rennrad ausweichen muss, um nicht zu stürzen.

Bis zum Bau des Staatsratsgebäudes am Schlossplatz ging die Brüderstraße bis zum Schlossplatz. Jetzt endet sie stumpf vor einem Zaun. Rechts geht es in die Neumannsgasse, links in die Sperlingsgasse.

SPERLINGSGASSE

Nur selten gelingt es einem Schriftsteller, mit seinen erdachten Welten so eine Anerkennung zu bekommen, dass die Fiktion die Realität überlagert oder, wie im Falle der Sperlingsgasse, der fiktive Name den realen ersetzt. Die Sperlingsgasse war ursprünglich eine Straße aus Papier, eine Chronik in Romanform, die der junge Wilhelm Raabe, 1854 für einige Monate zur Untermiete bei einem Schuster in der Spreegasse 11 untergekommen, neben dem Besuch der Vorlesungen an der Universität Unter den Linden, verfasste. Im Roman gibt es einen alten Erzähler, der – anders als seine Mitmenschen – den engen Gassen noch etwas abgewinnen kann: »Ich liebe in großen Städten diese älteren Stadtteile mit ihren engen, krummen, dunklen Gassen, in welche der Sonnenschein nur verstohlen hineinzublicken wagt; ich liebe sie mit ihren Giebelhäusern und wundersamen Dachtraufen, mit ihren alten Kartaunen und Feldschlangen, welche man als Prellsteine an die Ecken gesetzt hat.« Der reale Ort war leicht wiederzuerkennen. 1931, zu seinem 100. Geburtstag, bekam die Spreegasse Raabes Phantasienamen und der Name Spreegasse verschwand von den Pharus-Plänen. Das änderte nichts an der Tatsache, dass sie ein schmaler dunkler Durchgang zum Kanal blieb, mit wie verwachsen aussehenden dreigeschossigen Häusern und funzligen Gaslaternen. Das Licht reichte kaum für ein Foto, die Feuchtigkeit in den Wänden stieg bis in die oberen Etagen. Berühmt geworden ist »Die Chronik der Sperlingsgasse« erst in der Kaiserzeit, als der große Umbau der Stadt begann. Damals war die Bezeichnung Gasse nicht mehr zeitgemäß und für einige Jahrzehnte wurden Neumannsgasse und Spreegasse zu Neumannsstraße und Spreestraße. Dunkel und eng blieben sie trotzdem.

Erst die Bombardierungen des Zweiten Weltkrieges ließen ein wenig Helligkeit hinein. 1952 fotografierte Fritz Tiedemann das arg ramponierte Haus Nr. 10, in dem sich bis zum Abriss die berühmte Raabe-Diele befand. »Historische Gaststätte« stand auf den Schildern neben dem Eingang, die das Haus zusammenzuhalten schienen. Innen regierte die Inhaberin Else Konarske, genannt Goldelse. Im Archiv der Denkmalpflege gibt es ein Foto, auf dem alle drauf sind, Else, der kleinwüchsige Kellner, die Trinker, der Bezirksschornsteinfeger und Frauen, die aussehen, als hätte man sie vom Einkauf in einem der Kartoffelkeller aufs Foto gezerrt. Oder alle zusammen aus dem Raabeschen Roman: »Hier in diesen winkligen Gassen wohnt das Volk des Leichtsinns dicht neben dem der Arbeit und des Ernsts, und der zusammengedrängtere Verkehr reibt die Menschen in tolleren, ergötzlicheren Szenen aneinander, als in den vornehmeren, aber auch öderen Straßen.« Einen Hinterhof voller Anarchisten und Trinker konnten die DDR-Regierenden nicht dulden, zumal die Gebäude von Staatsrat und Zentralkomitee der SED jeweils in Sichtweite standen. Was noch stand im Viertel, wurde abgerissen und die Raabe-Diele zog in den Keller des ans Märkische Ufer verschobenen Ermelerhauses, wo sie zur Touristenschwemme mit erhöhter Preisstufe verkam.

Heute ist es auch ohne Sonnenschein hell in der Straße, kein Wunder, denn es gibt nur noch ein Haus, den Nordflügel des Apartmenthauses. Vor dem Krieg hatte die Sperlingsgasse 18 Nummern, heute gibt es nur noch die 1. Auf der Nordseite ist der hohe Zaun, der die Straße vom Garten des ehemaligen Staatsratsgebäudes, das heute einer Privathochschule gehört, trennt.

Wo bis in die fünfziger Jahre die Brüderstraße zum Schlossplatz weiterging und parallel dazu der Mühlengraben verlief, stehen heute zu DDR-Zeiten gepflanzte Tannen in Reih und Glied. Eine schert aus der Reihe aus. Ihre Spitze neigt sich, als hätte sie ein Gram gebeugt. Der Mühlengraben wurde beim Bau des Staatsratsgebäudes zugeschüttet. Heute deuten nur noch aus Beton nachgebaute Holzbohlen am Uferweg darauf hin, dass hier der Spreekanal eine Abzweigung hatte. Holunderbüsche ragen über den Zaun. Der Geruch der Blüten überdeckt den nach Wasser. Aus ihnen lässt sich mit Ingwer und Zitrone ein vorzüglicher Tee kochen.

FRIEDRICHSGRACHT

Friedrichsgracht klingt nach Amsterdam, nach Kanälen vor schmalen Häusern, nach Holzbooten und Geruch nach Schlick und Brackwasser. Im 17. Jahrhundert hatten die holländischen Baumeister, die im Gefolge der aus dem Geschlecht der Oranier stammenden Königin Luise Henriette, der Gemahlin des Großen Kurfürsten, in die Mark gekommen waren, die Kunst der Wasserregulierung mitgebracht, der Berlin unter anderem den Friedrichswerder verdankt. Im letzten Jahr haben die Archäologen an der Ecke zur Sperlingsgasse ein Stück der mittelalterlichen Stadtmauer ausgegraben, die die vereinigten Städte Berlin und Cölln umfasste und die 1658 zugunsten der Memhardtschen Festung abgebrochen wurde. Die Friedrichsgracht liegt im Dornröschenschlaf. Es ist so still, dass man trotz der geschlossenen Fenster die Geräusche der Fernsehapparate im Apartmenthaus hören kann, Pferdegetrappel, Schüsse aus Vorderladern und Mausern, Kalaschnikows und süßliche Musik, die eine unsichtbare Liebesszene ankündigt. Einer der Balkons ist zugewachsen. Vögel fliegen ein und aus, in den Schnäbeln Zweige, mit denen sie irgendwo da drin ihre Nester bauen. Einige Etagen tiefer hängt ein Rettungsring an der Balkonwand, von einem Schiff namens Totem ZHP, dessen Heimathafen Szczecin ist. Sollte ein Passant in den Kanal stürzen, kann der Mieter den Rettungsring hinterherwerfen.

Vor dem Stadtumbau der 1960er Jahre führte die Friedrichsgracht noch über die Gertraudenstraße hinweg bis in den Fischerkiez und von dort am Spreekanal entlang bis zum Flusslauf der Spree. Der Schriftsteller Erdmann Graeser hat in seinem Roman »Spreelore« dem Viertel als Spreewinkel ein Denkmal gesetzt. »Die kleinen Häuser mit ihren schrägen Ziegeldächern und ungewöhnlich tiefen Kellern waren wie alte, zähe Invaliden, die dem Tod schmunzelnd ein Schnäppchen schlagen.« Lore Lorenzen wohnt mit ihrer Mutter, einer Wäscherin, in einem dieser Häuser, ein freches Berliner Ding, das auf einer Zille geboren wurde und zu oft den Dativ benutzt, aber trotzdem nicht auf den Kopf gefallen ist.

Der Schiffsverkehr ging bis ins 20. Jahrhundert, weil der Mühlendamm ein Hindernis war, über den Spreekanal. Das Wasser war schmutzig und es war besser, nicht hineinzufallen. Friedrich Rückert schrieb 1845 über die Spree: *Sie kommt beim Oberbaum herein, / rein wie ein Schwan, um wie ein Schwein / beim Unterbaum herauszukommen.* Ende des 19. Jahrhunderts war die Gegend dicht besiedelt. 1871 lebten über 16.000 Menschen in Cölln, 1910 schon weniger als die Hälfte, die meisten waren in die Gründerzeitviertel umgezogen, die mehr Komfort und bessere hygienische Bedingungen versprachen.

Spreelore fühlt sich als Kind zu Höherem berufen, was für sie heißt: Sie würde gerne in der Breiten Straße ein bourgeoises Leben führen. Aber da es sich um einen Entwicklungsroman handelt, besinnt sie sich am Ende doch ihrer Wurzeln und heiratet Gustav von der Zille mit den dicken roten Strümpfen, die »so Wasser zogen«. Ein gesellschaftlicher Aufstieg ist für Lore nicht vorgesehen und immer wenn sie einen Versuch unternimmt, ist sie kurz davor, unglücklich oder ein leichtes Mädchen zu werden, das in der Venusbar am Hausvogteiplatz anschaffen geht.

JUNGFERNBRÜCKE

Einmal steht Spreelore auf dem Geländer der Jungfernbrücke und will sich in den Spreekanal stürzen, überlegt es sich dann aber noch einmal.

Von den Sehenswürdigkeiten Ostberlins war die Jungfernbrücke eine der ältesten. Immer kicherten ganze Schulklassen, wenn sie im Heimatkundeunterricht den Namen hörten. Im 1978 in Leipzig erschienenen Meyers Handlexikon in zwei Bänden hieß es unter dem Stichwort Berlin: »Hptst. der DDR u. damit polit., kulturelles u. wirtschaftl. Zentrum der DDR, 1961 Schutz der Staatsgrenze der DDR zu Westberlin. Abb.: Oben links Jungfernbrücke, oben rechts Staatsratsgebäude, im Hintergrund Rathaus«, dazu noch drei Fotos vom Alexanderplatz mit Fernsehturm, Interhotel Unter den Linden und Staatsoper, fertig war die Hauptstadt der DDR.

Der Grund für den Namen der Brücke lässt sich historisch nicht vollständig verifizieren, also muss, wie immer in diesen Fällen, der Berliner Sagenschatz herhalten, und der kennt mehrere Varianten. Am häufigsten zitiert wird die von den drei hugenottischen Schwestern Blanchet, die ihre Mutter bei der Flucht verloren und 1685 als Vollwaisen in Berlin ankamen, wo sie an der Brücke eine hölzerne Boutique aufmachten, die dann sehr schnell zu Butike eingedeutscht wurde, und selbstgesticktes und geklöppeltes Weißzeug anboten. Außerdem galten sie als die größten Klatschbasen von Berlin und Cölln. Die Refugiés, für die der Kurfürst sein Land geöffnet hatte, brachten neben den liebreizenden

Schwestern Blanchet noch Weißbrot, die Mansarde, Etamin, gutes Benehmen und Galanteriewaren mit.

Auf der anderen Seite der Jungfernbrücke steht wie ein Bollwerk der Altbau des Auswärtigen Amtes auf dem Friedrichswerder.

FRIEDRICHSWERDER

Als ich Anfang der achtziger Jahre nach Ostberlin kam, war der Friedrichswerder eine Gegend, in die man nicht ging. Eigentlich schien die ehemalige Insel, die sich geographisch vom Spreekanal bis zur Ober- und Unterwallstraße zog, aus nichts weiter als dem furchteinflößenden Gebäude des Zentralkomitees der SED, der Friedrichswerderschen Kirche und einem unscheinbaren Gebäudekomplex gegenüber dem Hausvogteiplatz, in dem sich die Redaktion der Wochenzeitung SONNTAG befand, zu bestehen. Dazwischen war eine von schnellwachsenden Pappeln gesäumte Rasenfläche, die an russische Weiten erinnerte und die man, um den Weg zu belebteren Gegenden abzukürzen, nicht betreten konnte, ohne sich beobachtet zu fühlen von den tausend Augen der Partei. Das Menschlichste waren die Angler am Spreekanal, die aussahen wie von Berlin-Information für Devisentouristen abgestellt. Es hieß aber, dass das gar keine Angler, sondern Stasileute seien, denn der Fisch aus der Spree und den umliegenden Gewässern war wegen der Wasserqualität ungenießbar. Ich hatte damals eine Bekannte, die einen Jungen liebte, der als Angehöriger des Wachregimentes das Zentralkomitee der SED bewachte. Er saß in einem winzigen Häuschen, das aussah, wie aus den Resten eines Linienbusses zusammengeschweißt, und beobachtete aus verspiegelten Fenstern, ob sich von irgendwoher der Feind näherte, für den es nirgendwo im Umkreis von hundert Metern eine Deckung gab. Die Kommilitonin ging mehrmals in der Woche über die Straße Unter den Linden zu der großen Wiese am ZK und versuchte, ihrem Geliebten einen Kuss zu rauben. Nur einmal begleitete ich sie bis zum Werderschen Markt, danach mied ich die Gegend. Sie hatte kein menschliches Maß. Es ließ sich dort beim besten Willen nicht flanieren.

Dass es 1989 mit der Macht der SED zu Ende ging, war auch daran zu erkennen, dass Demonstranten quer über den Rasen liefen, um vor dem Eingang des Gebäudes in Sprechchören die Absetzung des Politbüros zu fordern. Zehn Jahre später kamen neue Funktionäre, diesmal der Stadtpolitik und propagierten den »Stadtbürger mit Handy und Laptop«, was zu dieser Zeit noch für Exklusivität stand. Er sollte in doppeltem Sinne Eigentümer der neuen, verdichteten Berliner Mitte werden, indem er in der Stadt und nicht am Stadtrand ein Einfamilienhaus baute und so Teil eines neuen Bürgertums in der ehemals sozialistischen Mitte würde. Den Anfang machte man auf dem Friedrichswerder mit den Townhouses nach englischem Vorbild. *Mitten im Leben. Mitten in Berlin.*

Der Senat hat den Bauherren den Baugrund zu subventionierten Preisen verkauft. Ähnliches, wenn auch viel rigider, gab es schon unter dem bauwütigen Soldatenkönig. Damals wurden Kaufleute und Hofbeamte mit dem Spruch: »Der Kerl ist reich, soll bauen« zu kostspieligen Hausbauten auf wüsten Stellen gezwungen. Sie bekamen das Land unentgeltlich und erhielten Zuschüsse und Baustoffe, mussten aber nach einheitlichem Maß bauen. Die Dachfirste sollten eine gerade Linie bilden, befahl Friedrich Wilhelm I., »als wenn sie unter der Schere gehalten wurden«. Heute heißt das Berliner Traufhöhe, ist aber das Gleiche. Bei den Townhouses waren Breite wie Höhe vorgegeben, die Fassade durfte nach dem jeweiligen Geschmack, der manchmal an Butzemannhäuser erinnert, gestaltet werden. Oder wie Harald Schmidt ätzte: »50 Zentimeter schmal und elf Meter hoch, von der Freundin entworfen, steht es für das Leben mittendrin in der Szene, Restaurants und Ausstellungen in Gehwegweite.«

Der Friedrichswerder war bis Mitte des 17. Jahrhunderts ein aus mehreren Sandinseln bestehendes sumpfiges und von Tümpeln und Teichen durchzogenes Gelände. Heute wissen das nur noch die Mücken. Im Sommer sitzen sie zu Tausenden an den Außenmauern der neuen Häuser und warten auf die Rückkehr der Hausbesitzer von ihrer Arbeit als Banker, Sachbuchautorin, Architekt oder Ministerialdirigentin, um sich dann auf sie zu stürzen und ihr Blut auszusaugen.

Seit 1442 in kurfürstlichem Besitz, standen hier ab dem 16. Jahrhundert zum Schloss gehörige Nebenanlagen, wie der königliche Reitstall und der Jägerhof, von dem noch der Straßenname Jägerstraße zeugt, der Holzgarten, Mühlen und das Kurfürstliche Ballhaus.

1658 wurde mit dem Bau der Festungsanlage nach holländischem Vorbild begonnen. Die Leitung hatte der Festungsbaumeister Memhardt, von dem heute nicht mehr das Bauwerk, sondern ein Grundriss der Stadt, noch ohne den Friedrichswerder, von 1652 überliefert ist. Mit der Einbeziehung in die Festung wurden die Inseln melioriert und das überschüssige Wasser in die Umfassungsgräben geleitet.

Festungsanlagen waren im 17. Jahrhundert so schick wie heute Shopping Malls, jede Stadt wollte die schönste und größte und doch sahen sie irgendwie alle gleich aus. Die Berlinische Festung hat ihre Umrisse bis heute auf dem Stadtplan hinterlassen. Der Hausvogteiplatz am Rand des Friedrichswerder ragt wie ein Zacken in die Friedrichstadt. Zu Festungszeiten war er eine von einem Wassergraben umgebene Bastion. Als das Bollwerk nach 1734 geschleift wurde, hat man ihn zugeschüttet. Seitdem ist der Friedrichswerder keine Insel mehr. Auch die 1662 vom Kurfürsten privilegierte Stadt Friedrichswerder war da schon Geschichte. 1710 wurde sie mit Berlin, Cölln, Dorotheenstadt und Friedrichstadt zur Königlichen Haupt- und Residenzstadt Berlin vereinigt.

Die Friedrichswerdersche Kirche schlägt zur vollen Stunde und gleich darauf fällt auf Alt-Berliner Seite die Nikolaikirche ein. Zwei Polizisten frieren vor dem Neubau des Auswärtigen Amtes, zu dessen Bewachung sie abgestellt sind. Im gläsernen Innenhof preist ein Schild das »Abenteuer Antarktis«. Will man in das Innere des Ministeriums, zum Beispiel, um im Diplomatischen Klub von oben auf den Werder zu schauen, wird man am Eingang auf die Sicherheitsmaßnahmen hingewiesen: »Die Angabe Ihrer personenbezogenen Daten geschieht auf freiwilliger Basis. Bei einer Verweigerung der Datenerfassung kann allerdings der Zutritt zum Auswärtigen Amt untersagt werden. Das Auswärtige Amt bittet Sie um Verständnis.«

Es ist ein seltsam leerer Anblick, der, auch weil auf der Kurstraße nicht geparkt werden darf, mehr an die Kulisse der Fernsehserie Lindenstraße als an die Mitte der Bundeshauptstadt erinnert, durch die sich mal ein Radfahrer, mal ein Skater bewegt. Selbst braunes Packpapier, das der Wind über den neuen Caroline-von-Humboldt-Weg weht, wirkt wie von einer findigen Requisiteurin choreographiert.

Von fern ist der Verkehr der Leipziger Straße zu hören. Die neuen Bürohäuser am Spittelmarkt wirken wie eine Schallschutzwand und zu mehr werden sie im Moment auch nicht genutzt. Die Coca-Cola-Reklame auf dem Dach des Plattenbaus am Spittelmarkt spiegelt sich in den Fenstern des Außenministeriums. Durch die Lichtschleier der Straßenbeleuchtung sind ein paar Sterne zu sehen.

Die französischen Fenster der Townhouses bieten in der Dunkelheit ein Schauspiel wie auf einer Guckkastenbühne. Man kann Männer in Anzügen auf Balkonen beobachten, die im Wind versuchen, eine Zigarette anzuzünden. Eine Frau steht drei Meter über der Straße am Herd ihrer Designerküche, während der zugehörige Mann mit einem Rotweinglas am Kühlschrank lehnt und auf die Frau einredet, die in den Edelstahltopf starrt und unablässig rührt. Frau, Mann und Küche sehen aus, als wären sie der Hochglanzbeilage entstiegen, die alle paar Monate der Frankfurter Allgemeinen Zeitung beiliegt und Küchen im oberen Preissegment anbietet. Die Frau ist so dünn, dass man befürchten muss, dass sie entweder nichts von dem, was sie da kocht, essen oder es hinterher unverdaut in der Bellevue-Waschkeramik von Villeroy & Boch entsorgen wird.

Die von der Kurstraße abgehende Alte Leipziger Straße ist so eng bebaut, dass sie wie eine Flüstertüte funktioniert. Wenn zwei sich unterhalten, hört es die ganze Umgebung, und als die Alarmanlage eines der Wohnhäuser der Straße unvermittelt anfängt zu heulen, verstärkt sich das Geräusch in der schmalen Straße so stark, dass man meint, im Auswärtigen Amt wäre die Taste für Terroralarm ausgelöst worden. Aber im Handumdrehen rauscht das Auto eines Sicherheitsdienstes heran und macht dem Spuk ein Ende.

Ein paar Schritte weiter versucht ein Eiscafé so etwas wie städtische Normalität herzustellen. Für die Kinder ist eine Spielecke eingerichtet, in der es an den Wänden die Townhouses noch einmal als bunte Laubsägearbeit gibt. Durch die Fenster zum Hof kann man einen Blick auf die Rückseite der Häuserreihe werfen. Von hier hinten sehen sie aus wie x-beliebige Reihenhäuser, nur mit weniger Gartenfläche.

Seit es das Townhouseviertel gibt, ist die Unterwallstraße eine unsichtbare Grenze, tiefer als der Wassergraben der Memhardtschen Festungsanlage, der die Straße einst vom Feindesland abgrenzte. Auf der einen Seite sind die Bewohner der Plattenbauten an der Leipziger Straße, Alteingesessene oder Leute, die sich keine Stadthäuser leisten können oder wollen, und auf der anderen Seite das neue Bürgertum. Berührungen gibt es nur an der kleinen Grünanlage, wo die von der Plattenbauseite ihre

Hunde ausführen und die wenigen Kinder des Viertels den überambitionierten Spielplatz nutzen.

DIE REICHSBANK

Das Townhouse-Gelände war zu Beginn des 20. Jahrhunderts schon lange nicht mehr mit Bürgerhäusern bebaut. An der nordwestlichen Seite, an der heutigen Jägerstraße, stand der im 16. Jahrhundert errichtete kurfürstliche Jägerhof, der für die in der Regentschaft Friedrichs II. 1765 gegründete Giro-, Kommerz- und Leihbank erweitert wurde. Innerhalb von 250 Jahren breiteten sich erst die Preußische Bank und schließlich die Reichsbank über das ganze Areal zwischen Jäger- und Kleiner Jäger-, Oberwall-, Unterwall-, Alter Leipziger und Kurstraße aus. 1892–99 erhielt sie auf dem Gelände der ehemaligen Hausvogtei einen beträchtlichen Erweiterungsbau, ehe auch der Platz nicht mehr reichte und man auf der anderen Seite der Kurstraße Mitte der dreißiger Jahre die neue Reichsbank baute, in der heute das Auswärtige Amt residiert. Ihr mussten zahlreiche Bürgerbauten der vergangenen drei Jahrhunderte weichen, unter ihnen das Weydinger-Palais und Raules Hof, eine Sehenswürdigkeit für Touristen der zwanziger Jahre. Der umfangreiche Baukomplex wurde von 1934 bis 1938 in mit Sandstein verkleidetem Stahlskelettbau errichtet. Seine Baumasse sollte den Kunden suggerieren, dass die Einlagen hier sicher waren. Und tatsächlich wurde das Haus, anders als die am 26. Februar 1945 bei einem Tagesangriff auf das Zentrum schwer beschädigte alte Reichsbank, nicht zerstört. Seit 1959 verschanzte sich hier für 30 Jahre das Zentralkomitee der DDR, ehe die Tresore im Keller noch einmal ihrem eigentlichen Zweck dienten. Dort wurde die D-Mark zwischengelagert, die man am Morgen des 1. Juli 1990 anlässlich der Währungsunion unter die DDR-Bürger verteilte.

Die Ruine der alten Reichsbank trug man nach dem Krieg ab. Ihre Keller, in denen im Zweiten Weltkrieg das Gold gelagert wurde, was den Juden Europas vor ihrer Vernichtung gestohlen worden war und das später eingeschmolzen und mit falschen Nummern versehen den Schweizern zur Aufbewahrung übergeben wurde, schüttete man zu. Eine Tiefenenttrümmerung gab es erst, als die Townhouses gebaut wurden. Einer der Architekten hat Fassadenteile der alten Reichsbank geborgen und in seine Fassade eingebaut. Nur ein kleiner Teil der alten Reichsbank an der Unterwallstraße, Ecke Kleine Leipziger Straße blieb unzerstört. In ihm kam nach dem Krieg die Wochenzeitung SONNTAG unter. Seit Ende der neunziger Jahre besitzt die Marokkanische Botschaft das Gebäude.

Die Limousine des Außenministers verlässt die Tiefgarage der Trutzburg an der Kurstraße. Das Restaurant gegenüber heißt Foreign Affairs. Es ist leer.

FRIEDRICHSWERDERSCHE KIRCHE

Karl Friedrich Schinkel, der im wahrsten Sinne des Wortes Säulenheilige der Berliner Architektur, hat seine Spuren in Cölln und auf dem Friedrichswerder hinterlassen. Die Friedrichswerdersche Kirche, mehr als 40 Jahre eine Ruine, wurde 1987 als Schinkelmuseum wiedereröffnet. Die Schinkelsche Bauakademie nebenan ist ein uneingelöstes Versprechen aus Baugerüst und Plane. Im Schiff der Kirche stehen missgünstige Engel in Stein gehauen und preußische Prinzessinnen aus Gips, die mit den Betrachtern flirten. Die Marmorstatue Karl Friedrich Schinkels schaut streng durch das Eingangsportal hindurch auf die Neubebauung am Werderschen Markt. In der Sandsteinfassade eines der leeren Häuser sind Unebenheiten und Einschlüsse. Wahrscheinlich werden Rikschafahrer in zwanzig Jahren, wenn das 20. Jahrhundert in der Berliner Mitte erfolgreich entsorgt ist, Touristen das als Original-Einschusslöcher der Roten Armee von 1945 verkaufen.

Die erste neogotische Backsteinkirche war in der Anfangszeit umstritten, Kritiker nannten es »Schinkels gothisches Schmerzenskind«. Das flache Dach allerdings wurde bald ein beliebter Aussichtspunkt. Der Maler Eduard Gaertner hat den Nachgeborenen den Blick auf die Stadt in einem 1834 gemalten 360-Grad-Panorama überliefert. Die repräsentativen Gebäude sind bis auf das Schloss und den Vorgängerbau des Berliner Doms alle noch erhalten bzw. nach dem Krieg wiederaufgebaut. Um die Friedrichswerdersche Kirche standen bis in die fünfziger Jahre niedrige Privathäuser, die anfangs vor allem Schlossbediensteten vorbehalten waren. Ab und an verlief sich auch mal ein Prominenter in die Gegend. 1841 zog Alexander von Humboldt auf den Friedrichswerder, unmittelbar hinter die Kirche, wo er in der Werderschen Rosenstraße 3 vier Zimmer bewohnte. Allerdings blieb er nur ein Jahr, da ihm diese Stadtgegend »zu geräuschvoll« war.

Gleich neben der Werderschen Rosenstraße, in der Niederlagstraße 4, hatte sich zwanzig Jahre zuvor ein anderer großer Geist niedergelassen, der Fuß zu fassen hoffte in der akademischen Welt Berlins, Arthur Schopenhauer. Damals stand noch der alte Packhof an der Stelle der Schinkelschen Bauakademie und dort, wo heute der Schinkelplatz ist, war ein Hafenbecken. Schopenhauer wohnte seit März 1820 in dem schmalen dreistöckigen Haus bei der Witwe Becker. Aber Berlin brachte ihm kein Glück. Seine Schrift »Die Welt als Wille und Vorstellung« verkaufte sich nicht, seine Vorlesung »Über die vier verschiedenen Arten der Ursachen« an der Berliner Universität im Sommersemester 1820 hatte nur wenige Zuhörer, weil sie zeitgleich mit der von Hegel stattfand, und im Haus der Witwe Becker legte er sich mit der Zugehfrau der Witwe an und warf sie mit Gewalt hinaus. Daraufhin zeigte die resolute Person Schopenhauer bei der zuständigen Hausvogtei des Friedrichswerder an. Den Zivilprozess verlor Schopenhauer in der zweiten Instanz. Da hatte er sich längst nach Italien abgesetzt.

Macht man von der Kirche kommend in der Oberwallstraße einen Abstecher durch die Toreinfahrt zwischen Kronprinzen- und Opernpalais, gerät man auf den Hinterhof des Boulevards Unter den Linden. Die Mülltonnen stinken und aus den Klappfenstern der Küche des Operncafés entweichen Küchendünste in Schwaden. Ein Annonceur bellt die bestellten Gerichte mit Feldwebelstimme in die Geräusche des klappernden Geschirrs: »1 Opernteller! 1 Kaninchenkeule, 2 Salat groß!« Aus dem Keller unter der Küche wirft ein Mann in blauer Latzhose Mülltüten auf die Straße. Die Reste von Kaninchenkeule, Schnitzel und Salat.

In der Falkoniergasse, die parallel zur Oberwallstraße verlief, hatte Friedrich der Große im 18. Jahrhundert Falkner angesiedelt, die für den königlichen Hof Falken für die Beizjagd abrichteten. Sie dienten dazu, Fasane zu erlegen. Die Häuser der Gasse waren klein, als wollten sie sich unter Schlägen ducken. Auch sie überlebten die Abrissorgie der sechziger Jahre nicht.

Viele Jahrzehnte gab es hier nichts als ein Verteilerhäuschen, das sich ästhetisch an der Friedrichswerderschen Kirche orientierte. Seit kurzem ist es verschwunden. Der Abriss ist ein Vorbote für ein schon mehrfach verschobenes und im Moment für 2011 geplantes Projekt, eine architektonische Mischung aus Mussolinischer Neorenaissance und Stalinschem Zuckerbäckerstil bei Berlinischer Traufhöhe mit einer fünf Meter breiten Gasse, damit es dann auch richtig gemütlich wird, vor allem, wenn im November der Himmel kurz unter der Traufhöhe hängt. Wunschkäufer des Investors sind Künstler, Schauspieler und Unternehmer, wenn sie denn die Preise von 5000 Euro pro Quadratmeter bezahlen können.

Hier schließt sich der Kreis. Der Spaziergang endet hinter dem Kanal auf dem Schlossplatz.

SCHLOSSPLATZ

Wenn man von der Schlossbrücke kommend den Raum betritt, ist da eine Weite, die es schon einmal gab, nach der Räumung des Schlossareals 1951 und bis zum Bau des Palastes der Republik Mitte der siebziger Jahre. Fritz Tiedemann hat diese riesige leere Stadtbühne damals fotografiert, nachdem er Sprengung und Abriss der Ruine dokumentiert hatte. Was auf dem Schwarzweißfoto wie eine riesige Kiesdecke aussieht, muss von einem hellen Rot gewesen sein, denn es waren die zermahlenen Ziegel der zerstörten Häuser der Stadt.

Es ist ähnlich stark wie ein anderes Foto Tiedemanns, zwei Jahre zuvor an der gleichen Stelle gemacht, nur dass damals die Ruine des Schlosses noch existierte. Von schräg oben geht der Blick auf den Schlüterhof. Es ist ein Anblick wie auf einem Schinkelschen Ruinengemälde, in der Luft Benns Geraune: *Wenn die Mauern niederbrechen, / werden noch die Trümmer sprechen / von dem großen Abendland.* Fällt der Blick auf den Boden, bleibt von dem hohen Ton nichts mehr übrig. In den Steinfußboden hat jemand ein Loch gestemmt und ein Beet darin angelegt, auf dem in ordentlichen Reihen Tabak, Kartoffeln und grüne Bohnen wachsen.

Heute sprießen zwischen den Ritzen der Steine der Schlossfreiheit, die von echten Einschüssen übersät sind, Traute Trespe, weißer Gänsefuß, Spitzwegerich, Flohknöterich, Rauer Löwenzahn, Gemeiner Rainkohl, Zaunwicke und Schachtelhalm. Auch der Sechsenmaler, ein Street-Artist, hat seine Spur hinterlassen.

Die Leere ist temporär. Größenwahn, Mittelmaß und Eitelkeit sind dabei, sie wieder zu füllen. Der Palast ist abgerissen, der Wettbewerb um ein neues Schloss beendet. »Weg mit dem 20. Jahrhundert«, steht unsichtbar über jeder Baugrube, die hier aufgemacht wird. »Das ist Berliner Tradition seit der wilhelminischen Ära: Die Hinterlassenschaft der vorhergehenden Generation verschwinden zu lassen, um ein neues Geschichtsbild zu erzeugen«, sagte der Architekt Philipp Oswalt, der sich lange für den Erhalt des Palasts eingesetzt hat.

1844, als der König Friedrich Wilhelm IV. beschlossen hatte, einen neuen höheren und schöneren Dom im Lustgarten zu errichten, hat Bettina von Arnim, übermittelt von Alexander von Humboldt, einen Brief an den König verfasst: »Geliebter König«, hieß es da, »bauen seiner Majestät den Dom nicht im Lustgarten, bauen Sie ihn in zerstreuten Hütten auf, dort in Schlesien!« Der Dom wurde zu Lebzeiten Friedrich Wilhelms IV. nicht mehr gebaut, die Barrikaden der 48er Revolution kamen dazwischen und der König musste auf dem Schlossbalkon an der Breiten Straße den Hut vor den Toten ziehen.

Das größte Denkmal der Demokratie bestünde im Weglassen: Statt des Schlosses, diesem »feudalen Dinosaurier, der wieder Mitte der sich aufplusternden Weltstadt spielen will«, wie es der kürzlich verstorbene Stadthistoriker Jonas Geist formulierte, könnte diese leere Stelle bleiben – als ein Ort der Besinnung. Man kann nachts den Sternenhimmel sehen und sich in Demut üben, als kleines lebendiges Wesen in einem Humboldtschen Kosmos ohne ein Gebäude, das nur ein billiger Zirkustrick in der Kubatur einer preußischen Kaserne ist. Eine millionenschwere steingewordene Rechthaberei.

Das Temporäre ist an dieser Stelle der Stadt immer das Beste gewesen, weil es die verkrusteten Strukturen aufbrach: die Barrikaden von 1848 und 1918, der ganz aus Freiwilligen bestehende Demonstrationszug des 4. November 1989, als die Breite Straße einmal nicht breit genug war, das Wort ZWEIFEL 2005 auf dem Dach der Palastruine, das nachts weithin leuchtete und schließlich die Temporäre Kunsthalle, dieser übergroße Schuhkarton, in dem sich ein verpixelter Berliner Sommerhimmel spiegelt. Und über der leeren Fläche die Gewissheit: Die Schlossattrappe, die demnächst hier gebaut wird, wird auch nicht das letzte Gebäude an dieser Stelle gewesen sein.

Hej, wer lacht da?

Literatur:

- Architektenkammer Berlin (Hg.), Harald Bodenschatz mit Hans-Joachim Engstfeld und Carsten Seifert: *Berlin auf der Suche nach dem verlorenen Zentrum*, Hamburg 1995
- Ludmilla Assing (Hg.): *Briefe von Stägemann, Metternich, Heine und Bettina von Arnim*, Leipzig 1865
- Claus Back: *Drei Fräulein an der Jungfernbrücke*, Berlin 1961
- Ralf Banken: *Der Edelmetallsektor und die Verwertung konfiszierten jüdischen Vermögens*. http://www.digitalis.uni-koeln.de/JWG/jwg_147_144-152.pdf
- Alice Berend: *Spreemann & Co*, Roman, Frankfurt a. M. 1976
- *Berliner Sagen*. Nacherzählt und kommentiert von Inge Kiessig, Berlin 1990
- *Berlin Mitte*. Das Lexikon, Berlin 2001
- Laurenz Demps, Jonas Geist, Heidi Rausch-Ambach: *Vom Mühlendamm zum Schlossplatz: Die Breite Straße in Berlin-Mitte*, Berlin 2001
- Gerhard Fischer: *Die Hugenotten in Berlin*, Berlin 1988
- Adolf Glaßbrenner: *Das heitere Brennglas*, Berlin 1948
- Erdmann Graeser: *Spreelore*. Roman, Berlin 1955
- Franz Hessel: *Ein Flaneur in Berlin*, Berlin 1984
- Josef Paul Kleihues, Jan Gerd Becker-Schwering, Paul Kahlfeld (Hg.): *Bauen in Berlin 1900–2000*, Berlin 2000
- Kristina v. Klot: »Zurzeit herrscht Ironieverbot« Gespräch mit Harald Schmidt, in: *Mobil. Das Magazin der Deutschen Bahn*, 4/2009
- Winfried Löschburg: *Zwischen Jungfernbrücke und Fischerstraße*, Berlin 1959
- ders.: *Unter den Linden. Gesichter und Geschichten einer berühmten Straße*. Berlin, 1973
- Hans Ludwig: *Altberliner Bilderbogen*, Berlin 1965
- *Meyers Handlexikon*, Leipzig 1978
- Karlheinz Muscheler: *Die Schopenhauer-Marquet-Prozesse und das preußische Recht*, Tübingen 1996
- Friedrich Nicolai: *Beschreibung der königlichen Residenzstadt Berlin*, Leipzig 1987
- Philipp Oswalt: *Berlin, Stadt des 20. Jahrhunderts*, 1998, http://www.oswalt.de/de/text/txt/berlin.html
- Wilhelm Raabe: *Die Chronik der Sperlingsgasse*. Roman, in: Raabes Werke in fünf Bänden, Erster Band, Berlin und Weimar 1984
- Julius Rodenberg: *Bilder aus dem Berliner Leben*, Berlin 1987
- Hans-Michael Speier (Hg.): *Berlin! Berlin! Eine Großstadt im Gedicht*, Stuttgart 1987
- Ingo Schwarz: *Auf den Spuren Alexander von Humboldts in Berlin-Mitte, Berliner Manuskripte zur Alexander-von-Humboldt-Forschung 4*, Berlin 1992
- Senatsverwaltung für Stadtentwicklung (Hg.): Ausstellung *Schaufenster Alt-Cölln. Archäologische Grabungen und städtebauliche Planungen im Bereich des Petriplatzes*, http://www.stadtentwicklung.berlin.de/aktuell/kalender/downloads/347_bauzaun_petriplatz_2008.pdf

Annett Gröschner

WHERE EVERY ROAD LEADS OUT OF THE CITY. WALKS IN THE ANONYMOUS HEART OF BERLIN

RATHAUSBRÜCKE

I enter the area via the Rathausbrücke (Town Hall Bridge). A rickshaw driver has just finished giving two tourists a one-line description of the Nikolaiviertel (Nikolai District), situated at my rear: "This is the oldest quarter of Berlin, which the Communist Party destroyed in the fifties." The two women, Italians, nod their heads reverently, even though there is not a word of truth in the sentence. Even the claim that it is the oldest district in the city has not been proven conclusively. The history is more complicated, however there is no time for an explanation of complex issues during city tours, especially in a foreign language. The Italians disembark because they find the area *very nice*. The website www.nikolaiviertel-berlin.de also promises a range of attractions with tourist appeal: "Experience shopping, culture, museums, gastronomy and much more, right on the banks of the Spree river. The cradle of Berlin since 1237."

The dispute as to which of the two settlements was founded first, Berlin or Cölln, goes back centuries. The earliest documentary reference is to Cölln, or more precisely a citizen of Cölln, "Symeon de Colonia", a cleric who is named as a witness in 1237. However, both settlements had already existed for some time. Berlin is first referred to as a town in 1251, Cölln ten years later.

The Nikolaiviertel, which was badly damaged during the war and then largely cleared, was rebuilt as a socialist Disneyland between 1981 and 1987, on the occasion of Berlin's 750th anniversary celebrations. In contrast, what remained of Cölln after the Second World War was largely demolished in the 1960s, and little was left of Friedrichswerder, which was once the third largest town after Berlin and Cölln.

I go in search of the vanished.

It is to the House of Ascania, a dynasty of early German rulers, that the twin city owes its rapid rise to the status of an important Spree crossing on the trade route between Magdeburg and Poznan. The first Spree bridge, called Lange Brücke, was built in the thirteenth century on the site of today's Rathausbrücke. For many years, along with Mühlendamm, it was the only means of crossing the river. Following the unification of the two towns of Berlin and Cölln, the bridge reputedly became the site of the joint town hall in 1307, and in 1442 the judge to the court of the Elector took up office here. Women convicted of infanticide were placed in sacks weighted with stones and thrown from the bridge into the Spree. The majority of them were poor girls from the surrounding rural area of Brandenburg. More often than not they had been seduced by their masters. The judiciary did not pull its punches.

From 1703 the Great Elector could be seen here riding across the Spree on horseback, four slaves in chains gazing up at him from the pedestal. According to legend, at the stroke of midnight on New Year's Eve Frederick William I left the bridge and rode through the city to see how it had changed over the year. It's one of those legends that sounds like it was invented by court flunkeys, much like the term "tele-asparagus" for the TV tower or "Athens on the Spree" for Berlin. In 1943 Frederick William failed to return from his ride. The ship that was meant to take him to safety, away from the bombing raids, sank in Tegeler Fliess. In 1949 he was fished out of the water and placed outside Charlottenburg Palace, complete with horse and slaves.

By the Marstall (Royal Stables), a plain makeshift bridge has provided a river crossing since 1953, however its days are numbered. The hoardings have already been erected.

Lovers of the old Berlin would prefer to see everything returned to the way it was circa 1900: the Royal Palace, the Elector on horseback, the Neuer Markt (New Market) around Marienkirche (St. Mary's Church), the Neptunbrunnen (Neptune Fountain) on Schlossplatz (Palace Square) – and some critics fear that proponents of this idea also want to see a return to the ways of old, when everything was regimented and anyone who violated the existing order faced severe punishment.

The pleasure boats pass in quick succession in the direction of the lock. Between Schlossbrücke (Palace Bridge) and Rathausbrücke the voices of the cityscape interpreters can be clearly heard. "On the right-hand side you can see an empty plot where up until recently the Palace of the Republic stood …" – "Up until a few months ago the ruins of the Palace of the Republic stood to your right, a building that inflamed emotions like no other building in the city …" – "If you now look to your right you will see nothing, however up until last autumn this was the site …"

After the last concrete pillar of the Palace of the Republic had disappeared, someone wrote in white paint on the base of the bridge: *The GDR never existed.* A bold thesis, which, in terms of the state's architecture, is not so easy to refute, as the majority of the official buildings from East German times have now disappeared or are on the demolition list. These include the Palace of the Republic, the East German Foreign Ministry, the Ahornblatt restaurant and even the Construction Ministry in Breite Straße. Only the State Council building, the former East German government building, has survived, along with the Royal Palace's baroque portal IV built into its façade, the site from which Karl Liebknecht proclaimed the founding of the Free Socialist Republic on 9 November 1918. In future there will be a copy in the new Royal Palace building. Thus history duplicates itself. Or does this repetition simply render it a farce, as Hegel contended?

A bulldozer is in the process of spreading topsoil over the foundations of the Palace of the Republic, so that grass can grow over the whole thing for a short period at least.

Music can be heard coming from the Marstall: trumpet, violin, cello, each is playing a different melody, in a different key. A fitting overture for a district in which everything collides and nothing matches.

Since the Palace of the Republic has been erased the Berliner Dom (Berlin Cathedral) has come to dominate the area in all its monumentality, living up to its old, all but forgotten nickname of "soul gasometer". On seeing the Cathedral while passing here in a city tour bus, the great flâneur Franz Hessel had one of his rare fits of rage. "To enter is superfluous in the extreme, because the interior of this huge structure of vain bulk, material and poorly applied scholarship, also violates every religious and human feeling. (…) Justifiably, a marble angel proclaims: 'He is not here, He has arisen.' Without a doubt, He is definitely not here. (…) Maybe a time will return when, without further ado, we will resolve to pull down this building and many others like it, just as we do now with private houses that have grown ugly, have become an eyesore." Hessel's wish was nearly fulfilled by British and American bombers. However, rebuilding work was begun in 1975, superseding plans to demolish the ruins in the 1950s to make way for a people's palace, a piece of monumental kitsch that was never built.

In 1948 Gottfried Benn wrote of the bridges and arches being swallowed up by the steppes and the Palace returned to sand. His poem represents, in many respects, an apposite description of this empty piece of ground on which first the Royal Palace and then the Palace of the Republic once stood. This is not the first time the site has stood vacant; during the twenty-year hiatus between the tearing down of the first building and the construction of the second it was used as a parade ground for SED rallies. The masses came from the west, and following the rally, left to the east through Breite Straße (Broad Street) – which was even widened by several metres in the 1960s to get it into a "march-past ready" state.

BREITE STRASSE

Breite Straße is as wide as it is long. Up until the beginning of the eighteenth century it was called Große Straße (Great Street), and was the royal avenue leading to the residence – despite it still being used to drive cattle to pasture each day. Archaeologically, the street's existence can be traced back to the end of the twelfth century, years before the first documentary reference to the town of Cölln.

Up until the end of the nineteenth century the street, as seen from the Royal Palace, slewed to the left across Cölln fish market in the direction of Mühlendamm. Today it leads in a straight line to the huge junction with Gertraudenstraße. It is hard to imagine that Breite Straße was once livelier and more bustling than Kudamm. Today there is nothing here to inspire a walk or a stroll. To the left is the Marstall in all its Wilhelminian solidity, right next to the Ribbeckhaus, Berlin's sole remaining late

Renaissance building. It was built in 1624 for the Privy Counsellor von Ribbeck from two older buildings, to which a uniform façade was added. Directly adjacent is the entrance building to the City Library, built in the mid 1960s, with 117 versions of the letter A on its portal. The left-hand end of the street is rounded off by the German Trade and Industry Building, a pars pro toto exemplification of the capital city's turn-of-the-millennium bombast.

On the right-hand side everything is dead. Between here and the Scharrenstraße, there is nothing on the street, which is only interrupted by the Neumannsgasse, apart from the pediment of the State Council building, an adjoining chancellery wing and the faceless building of the former Construction Ministry. There is nothing worth pausing for, unless you are waiting for a bus to take you away from here.

"Whoever crossed over from Berlin felt as if they had been transported to a different city. Noble gentlemen with gold and silver braid on their jackets approached on beautiful horses. Women with their hair piled high and wearing colourful ribbon headdresses rode past in magnificent coaches. Virtually the only language spoken was French", wrote Claus Backs in his 1961 novel *Drei Fräulein an der Jungfernbrücke* (Three Women on Jungfern Bridge), set at the end of the seventeenth century. This was a period when the Huguenots were arriving as refugees in Berlin and society life was being rapidly influenced by new fashions. The better heeled settled on Breite Straße, married amongst themselves and thus were linked by family ties and business relations before they moved to the newly built Dorotheenstadt or Friedrichstadt where the dwellings were more modern and more prestigious. For centuries Breite Straße straddled the feudal-governmental centre of the city, as represented by the Royal Palace, and the civic, middle class centre. The richest merchants, many of them purveyors to the court, built their houses on Breite Straße, hiring the best interior designers to furnish them. This was no different in Berlin than in the broad streets (or lanes) of Magdeburg, Potsdam or Lübeck.

For many years, an apartment in Breite Straße was a must for members of the court. However, under Frederick William II, whose regency began following the death of Frederick II in 1786, Breite Straße lost its significance as the main approach to the Royal Palace. Unter den Linden became the street of pomp and ceremony and Wilhelmstraße became the residence of the chancellor and royal courtiers – be it by preference or decree. Cölln, in the shadow of the Palace, began to lag behind. Breite Straße became middle class, which in those days was equivalent to social decline. However, the street's standard land value, in contrast to the surrounding alleys, remained one of the highest in the city. The plots on the right-hand side of the street became more and more crowded; workshops and manufactories moved into the rear buildings, while the populace dwelled in the narrow alleys along the Spree canal. Here the men worked as cobblers, fishermen or bargemen, while many of the women hired themselves out as washerwomen or maids in the middle-class houses of Breite Straße.

In addition to the Christmas market, popular with all classes, two institutions dominated life in Breite Straße for many decades – the newspaper *Vossische Zeitung* and the department store Hertzog. The *Vossische Zeitung*, which enjoyed a news monopoly in Berlin for over two centuries, took up office at no. 8 Breite Straße in 1818. At the end of the nineteenth century the newspaper also bought house no. 9 at the corner of Neumannsgasse. From here, numerous journalists, writers and critics who are still famous to this day, such as Theodor Fontane and Ludwig Rellstab, Kurt Tucholsky and Sling, swarmed out into the city, bringing back with them stories of a Berlin that is long gone – but the timeless quality of these narratives makes them still worth reading even now. In 1934 Aunty Voss, as the newspaper was commonly known, ceased publication following the break-up of the Ullstein publishing house, which had owned the newspaper since 1914. The building was taken over by the Reichsbank, and housed offices of the Bank of Japan, as well as the National Office for Precious Metals, an institution founded in 1935 that was intimately involved in the seizure of gold and silver assets from Jewish citizens after 9 November 1938.

The second authority for the middle classes, especially young women, was the department store Hertzog, Berlin's specialist for trousseaux, tailor-made clothes and the doorstep delivery of finely packaged goods. In 1839 Rudolph Hertzog opened a drapers shop in Breite Straße, transforming it into a department store in the course of the following decades by progressively buying up all the plots between Breite Straße, Scharrenstraße and Brüderstraße, absorbing them into his empire to create a snail shell like structure in which it was easy get lost between the underwear and silk goods departments. Gerson&Leineweber had set the trend with the first of Berlin's department stores, opened in 1847/1848 on Werderscher Markt. The writer and journalist Alice Berend described a similar kind of dizzy social ascent in her novel *Spreemann & Co* about a fictional store located at nearby Dönhoffplatz – the grandfather was an itinerant tradesman, the father founded a modest shop on a busy square which his sons then expanded after 1870 to create a department store supplying everything a person of the Wilheminian era needed across three floors.

In 1848 Hertzog's store had 155 square metres of floor space, in 1912 this had risen to 15,875. In 1908/1909 Hertzog built a new building in neo-Baroque style in Brüderstraße, at the corner of Scharrenstraße, and an annexe was erected on the site of Cölln Town Hall, which had been demolished in 1899 having become a hindrance to the growing traffic. Soon a tram ran along Breite Straße, stopping in front of the department store. In the 1920s Hertzog lost his pole position to the department stores on Leipziger Platz and Alexanderplatz and also did not profit from the dispossession of his Jewish counterparts in the 1930s.

Hertzog also owned house no. 19/20 on the corner of Scharrenstraße, the ground floor of which housed the confectioners Jaenicke, where young women would be invited to cake and whipped cream by their mothers following the purchase of their trousseaux. The photographer Fritz Tiedemann photographed the building twice following the war. In the first picture, taken in 1949, the centre of the façade is missing and one can see inside the former bourgeois bel étage, which due to its airiness was now only suitable for drying washing. In the second picture, three years later, the wall has undergone makeshift repairs. Regardless of how rundown the house became, Jaenicke remained – even when the advertising signs became increasingly modest, the display windows ever smaller due to a shortage of glass, and the coffee was made from barley, malt and chicory. In the 1960s the house was pulled down in order to allow the road to be widened. The building opposite, no. 28, fared no better, even though it stood for another five years. The Schlossklause (Palace Inn), housed on the ground floor, enjoyed widespread popularity. There were hardly any inns left in the condemned neighbourhood, and up until the building of the large Ahornblatt restaurant in Getraudenstraße even the City Library had no canteen. After 1950 the Schlossklause lacked the accompanying Palace, however this could be forgotten over beer and schnapps. Being an establishment in the higher price category, wine was also served, which could be enjoyed in booths named after palaces from other regions.

As the work of demolishing the Fischerkiez (Fishermen's Neighbourhood) began in 1965 – against the advice of preservationists and urban planners – it was also resolved to pull down the patrician houses on the right-hand side of Breite Straße. In order to make more room for demonstrations and parades on Schlossplatz, the street's small-town structure was progressively eradicated. Only the Ermelerhaus at no. 11 Breite Straße withstood this predatory destruction, albeit at a different location, having been relocated a few hundred metres away on Märkisches Ufer. The Raabe-Diele, which was originally at home in Sperlingsgasse, moved into the cellar. Twenty years later the practice of mixing a potpourri of architectural styles was perfected on a far larger scale in the Nikolaiviertel. In 1967, the lots on the section of street between Neumannsgasse and Scharrenstraße were completely built over by the Construction Ministry complex, which today remains empty. The BND, Germany's Federal Intelligence Service, which used the building for a period, has hidden it behind a solid security fence. Moss and lichen now cover the gravel concrete slabs, and they appear as if they have remained untrespassed for at least a decade. Several seasons worth of autumn leaves have gathered in the entrance zones. In one of the windows Walter Ulbricht, the First Secretary, hails the destruction of Cölln.

SCHARRENSTRASSE

Taking a walk at the site of Berlin's birth means walking over layers. On the surface, nothing but the sluggishness of a Sunday afternoon and a Breite Straße empty of pedestrians. However, the most exciting part of Scharrenstraße lies beneath the surface – the sunken town of Cölln.

Scharrenstraße is one of the oldest streets in the city and its route has remained virtually unchanged. Its name is derived from the Scharren, wooden sales stands, mainly for bread, which were relocated from Breite Straße to Cölln Town Hall in 1667. The writer Adolf Glassbrenner, who apprenticed as a tradesman in a silk goods shop in Breite Straße before arriving, via a circuitous route, at journalism and the business of writing, composed a less than flattering monument to Berlin's women traders: "Nature must have created the priestesses of Ceres in a fit of pique; the unmitigated inclination of these fruit bearing beings is: cussing … (…)

Every female hawker of our residence is sensitivity personified; the slightest criticism of their goods inflames their emotions, unsettles their otherwise strong nerves; their fiery blood rises to their heads and finally their hearts give vent in an unending stream of sales pitches." The species has survived into the twenty-first century, however it is no longer possible to assess the friendliness of the saleswomen of today in Scharrenstraße. Following the closure shortly after the fall of the Berlin Wall of a branch of Jugendmode, an East German clothing outlet for young people, not a single shop remains. Next to the blind shop windows, shrouded with sun-bleached cloth, it is still possible to make out the faded inscriptions: *Sonnidee. Kaufhaus Kontex. Jugendmode* on the front of the former store, which was housed in a remnant of the Hertzog department store on the corner of Brüderstraße. Here you could buy clothing that no young East Berliner wanted to wear.

Scharrenstraße and adjoining Petriplatz have been in the hands of archaeologists for some months now. A white cover providing protection from the frost lies over the excavation site like a huge shroud, lending it a lofty air. Beneath it lie fieldstone walls, clay brick, stone floors, as well as a well-preserved well system and concrete walls of more recent origin – a layer cake, a longitudinal slice of the city's history.

Archaeologists at the site have found foundation walls of Cölln Town Hall, the Ratswaage (Council Scales), and Hertzog's department store. The most important find was an oak beam. Claudia Melisch, head of excavation, sent the wood for a dendrochronological examination: "It was established that the last ring is from 1192. However some of the wood is missing. As we don't know how much is missing, 20 years have been added to the ring from 1192. At the latest it was felled in 1222, which still makes it one of the oldest material witnesses to the city's history."

The archaeologists have also uncovered the ditches that ran the length of Scharrenstraße and in which, prior to the introduction of sewers, all household waste liquids were channelled in the direction of the Spree canal. The majority of them would not have smelt very pleasant.

The eye-catching red and blue sparkling remains at the edge of the excavation site are virtually worthless, being composed of melted glass beads from the haberdashery department of Hertzog's department store, which burnt to the ground in a bombing raid.

PETRIPLATZ

Until recently Petriplatz was the bleakest place in East Berlin and bore no resemblance to a city square. I've no idea if there was ever a street sign here to identify it. The majority of today's city centre residents are also unaware that a church stood here until 1964. Together with the Nikolaikirche on the eastern side of the Spree, it is the oldest church site in Berlin. In 1769 Friedrich Nicolai wrote: "The square around Petrikirche is located between Scharrenstraße and Gertraudenstraße. On its left-hand side, by the meat stands, garden produce used to be sold. The right-hand side used to be smaller before the fire of 1730 and was called the Dog Market together with the stretch of what is now Scharrenstraße that leads towards today's Neue Kirchgasse. Petrikirche stands on this square. It has seen continuous service as Cölln's parish church, presumably since shortly after the founding of the town, at least since the end of the twelfth century." The church was dedicated to Peter, the patron saint of fishermen, bargemen and bridge builders, occupations frequently encountered in Cölln, right into the nineteenth century. Depending on your beliefs, it is possible to read a lot into the fact that none of the church buildings that stood on this site at various times, and there were at least five of them, enjoyed a particularly long life. Something always intervened: lightning, fire, shoddy workmanship and war – with a little help from six of the seven deadly sins.

The last church, which was severely damaged in the war, was demolished between 1960 and 1964 – against the ruling of the Protestant consistory – and the cast iron spire melted down in the steelworks in Eisenhüttenstadt. Walter Ulbricht was not prepared to tolerate any other towers next to his planned Television Tower. Petrikirche's slender, 110-metre spire was a special landmark, which to this day immediately catches your eye in old photos of Berlin.

However, earlier absolutist rulers, such as the Prussian King Frederick William I, were also intent on creating Berlin landmarks designed to outlive their reign on earth. Back then, Petrikirche had been without a church tower for almost 100 years. In 1727 work was begun on the construction of a 108-metre spire. Three years on, building work was almost finished when a severe storm broke over Berlin and Cölln on 29 May 1730. Lightning struck the highest point in the area three times, and all that remained of the grand construction and the surrounding houses was a pile of ashes. The lightning conductor was only invented 22 years later, by which time the Soldier King had long since succumbed to dropsy. In November 1730 the king instructed the building director that "the Petri spire be built as high, and if possible, even higher than the spire of Strasbourg Cathedral, and I will also pay for the resulting increase in costs." At 142 metres, Strasbourg Cathedral was the highest building in the world at that time. However, the Petrikirche spire, the work of master builder Johann Friedrich Grael, collapsed in 1734 due to construction defects; the King had pushed for early completion.

In 1809 another fire razed the spireless church to its foundations. It was only in 1846, following decades of discussion about the necessity of a church at this clearly troubled site, that Johann Heinrick Strack erected the neo-Gothic building with its distinctive spire, which survived undamaged for almost a century.

During their excavation in search of the foundations of the various churches, archaeologists stumbled across the virtually forgotten Latin School, which was destroyed in the church fire of 1730. The cellar of the ruin was subsequently used as a lime pit for the rebuilding of the surrounding houses, and after it was no longer needed, the people of Cölln threw their rubbish into it. Almost 300 years later, archaeologists have recovered their cast-offs: combs, crockery, faience ware, leather shoes and belt buckles, glass bottles, clay pipes and stove tiles. "I can't find out what people who lived at that time thought," says Claudia Melisch, "but I can gain an impression of the things they lived with." The people of Cölln smoked pipes, wore leather shoes, gave their children toys and kept their trousers up with belts. When they died, coins were placed in their mouths as a defence against revenants.

After removing the layer of concrete and the first deposit of earth from around Petrikirchplatz, archaeologists stumbled upon countless bones, sometimes nothing but bones half a metre deep that, mixed with soil, had come to form a stable base. At the edge of the pit one could see complete skeletons, adults and children with spines twisted from rickets, their skulls turned towards each other as if engaged in a centuries-long conversation. Up until 1717 there was a graveyard located next to Petrikirche. After this date, due to the lack of space in the increasingly congested city and the unsatisfactory hygienic conditions, the dead were buried in the district of Luisenstadt. What is amazing for lay people is that the Berlin citizen of the Middle Ages was taller than his Baroque counterpart. The anthropologists who examined the remains discovered cases of dwarfism and badly healed bone fractures, rickets and bone tuberculosis. The large numbers of young adults among the dead point to infectious diseases such as cholera.

The remains of 4,500 people were excavated and examined. The grey boxes with the cleaned bones are now in the cellar of the chapel in St. Petri graveyard in Landsberger Allee, waiting to return to Cölln following the remodelling of the square, where they will find their final resting place in Petrikirche's reinforced foundations. The preservationists and archaeologists would like to see a site created upon the foundations of the Latin School, where the results of the excavation can be put on display to the general public.

OLD TOWN REGENERATION = DEMOLITION?

In the archives of the State Office for the Protection of Historical Monuments there is a photo from the 1970s, which on closer inspection turns out to be a photomontage. It shows a view from the junction between Gertraudenstraße and Breite Straße, across the cleared Petriplatz to Leipziger Straße. Someone intent on playing God has simply pasted a few tower blocks over the last of the old houses on Kleine Gertraudenstraße. However, the photo still clearly shows the shadows of the old houses on the façade of the prefabricated high-rise on Scharrenstraße. The plans to build more tower blocks were abandoned, and the clock was even turned back for the occasion of the 750th anniversary celebrations in 1987. The sooty nineteenth-century façade of the house on the corner of Scharrenstraße and Friedrichsgracht was given a Baroque frontage and the neighbouring neo-Gothic house between Friedrichsgracht and Kleine Gertraudenstraße was placed under a preservation order. Historical architecture was back in fashion, in the West they called it critical reconstruction, in the East they usually spoke of the "fostering of progressive traditions".

In the Old Cölln of the 1960s the situation was very different. What was euphemistically called "old town regeneration", was in fact the demolition of the remains of the partially preserved Baroque city. All of the houses in the area of Scharrenstraße, Friedrichsgracht, Brüderstraße and Sperlingsgasse, with the exception of four, disappeared, and a block of 659 flats was built in their place. The façade of the high-rise bore no relation to its historical surroundings. Six years later one of the architects, Heinz Graffunder, was appointed chief architect of the Palace of the Republic, just a few hundred metres away. The Rathauspassagen complex, a shopping precinct on Alexanderplatz, was also built under his direction.

While the apartments in the direction of Friedrichsgracht and Brüderstraße have been refurbished and sold off to private buyers, the block on Scharrenstraße, which is predominantly occupied by singles, is now showing its age. There are cracks in the concrete; the brown contrasting detail on the white façade has faded. Many of the windows are still equipped with flag holders for the obligatory display of colours on 1 May. One or two foreign flags have been raised in their place. It looks as if the majority of tenants are just passing through. "Even though it doesn't look like it at first glance, this here is a neighbourhood", says Claudia Melisch. In Kleine Gertraudenstraße the archaeologists post information about the history and progress of the excavation on noticeboards attached to the hoarding. Next door, the Café am Petriplatz keeps up a brave face, with garden tables decked with plastic tablecloths set up on the pavement. The hand-painted menu offers culinary specialities from Brandenburg. Ten metres further on there is a tailback of outbound traffic, which at this point in the city means that it is heading in all directions.

BRÜDERSTRASSE

Brüderstraße is the centre of the city, and simultaneously its remotest location, suspended in the hubbub of the metropolis between Schlossplatz und Friedrichswerder. If it were not for a smattering of dogs that needed an occasional walk, the street would be largely deserted. For the most part, Brüderstraße has managed to keep its rich history to itself – save for the commemorative plaques on two of the houses. And were it not for the excitement at the beginning of 2009 in the culture sections of the national newspapers at the relocation of the publishers Suhrkamp to no. 13, better known as the Nicolaihaus, the street would have kept its noble charm and quiet grandeur all to itself. Although it is included in every tourist guide, along with the neighbouring Galgenhaus, it is rare that anyone stops to take a look. The City Museum, which once had a branch here, has given up the site; only a few posters in the windows and a sign on the door recall its former usage.

The house owes its name to Friedrich Nicolai, who purchased it in 1787 and subsequently commissioned the master builder Carl-Friedrich Zelter, also famous as a musician, to carry out alterations. Nicolai, who ran a bookshop on the ground floor, lived here together with his family for 24 years, up until his death in 1811. Back then, Berlin was not exactly renowned for its aestheticism, the courts of the muses were to be found elsewhere.

Nicolai was a famous eighteenth-century Enlightenment critic, who was permanently at loggerheads with the young Goethe and Schiller. They dedicated some of their most vitriolic *Xenien,* a jointly issued series of satirical epigrams, to his person. Nicolai was ambitious, undertaking to review all books published in Germany in his periodical, the *Allgemeine deutsche Bibliothek*. Today he is best known for his parody of the Goethian literary figure Werther, and not for his exquisite historical work *Beschreibung der königlichen Residenzstädte Berlin und Potsdam, aller daselbst befindlicher Merkwürdigkeiten in der umliegenden Gegend* (Description of the Royal Residential Cities of Berlin and Potsdam and all the Curiosities of the Surrounding Area) from 1769.

The publisher and journalist Julius Rodenberg also frequented Cölln during his walks through Berlin, which he recorded in his 1886 book *Bilder aus dem Berliner Leben* (Images of Berlin Life): "Brüderstraße today, with its narrow entrance, its irregular form and the spire of Petrikirche in the background is one of the saddest in Old Berlin. However, back then, it used to be one of the noblest streets in our city. The whole area, right up to Mühlendamm, was of a similar character. Brüderstraße in Nicolai's time, far more than today, was a street of luxury, of fashion and the exotic." Long gone, long gone.

Nicolai threw opulent social gatherings in his house that were attended by everyone of distinction in the world of art and culture in the Berlin of his day. The Nicolai bookshop and publishing house remained in the rooms on the ground floor until 1892.

As if by a wonder, the Nicolaihaus, along with the neighbouring Galgenhaus, escaped the bombing raids, as well as the demolition frenzy of the 1960s. On passing through the entranceway of the building one can still marvel at the Nicolaihaus's Baroque courtyard. In 1977 a Classicist staircase, built by Karl-Friedrich Schinkel and removed from the Weydingerhaus at no. 5 Unterwasserstraße before it fell victim to the new Reichsbank complex at the start of the 1930s, was incorporated into the transverse wing.

The building is now flanked by the Free State of Saxony on the one side, and, on the other, by the Federal Intelligence Service – which is already in the process of dismantling the cameras hidden in street lights employed to monitor an empty corner – empty that is, if one discounts the State Council cats, fed every day by an old woman who looks as if she spends what little money she has on cat food. From behind the camera it would have been easy to mistake her for an elderly terrorist, with her hood pulled down so low over her face.

The door of the Federal Intelligence Service opens with much shrieking and ado and gives birth to a cyclist. There are deep grooves in the street's asphalt that he has steer around with his racing bike to avoid a spill.

Until the construction of the State Council building on Schlossplatz, Brüderstraße extended right up to the square. Now it ends abruptly in front of a fence. To the right is Neumannsgasse, to the left Sperlingsgasse.

SPERLINGSGASSE

It is rare that a writer receives so much acclaim for his imagined world that fiction supplants reality, or as in the case of Sperlingsgasse, the fictional name replaces the real name. The Sperlingsgasse was originally a paper creation. The young Wilhelm Raabe penned this chronicle in novel form while lodging with a shoemaker at no. 11 Spreegasse for several months in 1854, parallel to attending lectures at the university on Unter den Linden. The novel features an old narrator, who – in contrast to his fellow citizens – took pleasure in the narrow alleys. "I love these older districts in the big cities, with their narrow, crooked, dark alleys, where the sun only ventures a furtive glance; I love them with their gable-fronted houses and wondrous eaves, with their old cannons and culverings placed at the corners to act as kerbstones." The real location was not hard to identify. To mark the 100th anniversary of Raabe's birth in 1931, the Spreegasse took on Raabe's fantasy name, and Spreegasse disappeared from the Pharus maps. This did nothing to alter the fact that it remained a narrow, dark alleyway leading to the canal, with crippled looking three-storey houses and dim gas lanterns. There was hardly enough light to take a photograph, and the rising damp extended into the upper storeys. Raabe's novel *Die Chronik der Sperlingsgasse* (The Chronicle of Sperlingsgasse) first became famous in the Wilhelminian era as the great reconstruction of the city began. The term Gasse, or alley, had become outdated and for a number of decades Neumannsgasse and Spreegasse became Neumannsstraße and Spreestraße. They remained dark and narrow nonetheless.

It took the bombing raids of the Second World War to let in a little light. Fritz Tiedemann photographed the badly damaged no. 10 in 1952. Until its demolition the building was home to the famous Raabe-Diele. On the signs next to the entrance, which seemed to hold the house together, the words "Historical Inn" were written. Inside, the landlady Else Konarske, nicknamed Goldelse like Berlin's landmark Victory Column, ruled the roost. In the archives of the Office for the Protection of Historical Monuments there is a photo that has captured everyone: Else, the short waiter, the drinkers, the district chimney sweep and women who look as if they have been dragged into the photo as they were out shopping in one of the potato cellars. Or dragged in en masse from Raabe's novel: "Here in the winding alleys live the people of frivolous disposition side by side with the hard working and the earnest, and the denser human throng throws people together in wilder and more delightful scenes than in the nobler, but bleaker streets." The rulers of East Germany were unwilling to tolerate a backyard full of anarchists and drinkers, especially as the building was within sight of both the ruling Communist Party's State Council and Central Committee buildings. What remained standing in the quarter was demolished and the Raabe-Diele moved into the cellar of the Ermelerhaus, now relocated to Märkische Ufer, where it degenerated into a tourist watering hole with inflated prices.

Today it is bright in the street, even though the sun is not shining. This is no wonder, considering there is only one house left – the north wing of an apartment block. Before the war Sperlingsgasse was a street that numbered 18 houses, today only no. 1 is left. On the north side there is a high fence, separating the street from the garden of the former State Council building, which now belongs to a private university.

Orderly rows of fir trees planted in East German times now stand to attention on the spot where up until the 1950s Brüderstraße once continued on to Schlossplatz, parallel to Mühlengraben. One of them has broken out of line, its tip bent, as if weighed down with grief. Mühlengraben was filled in during the construction of the State Council building. Today, the only reminder that a tributary of the Spree canal once flowed at this site are reproduction wooden planks made of concrete, lining the embankment path. Elder bushes spill over the top of the fence, the scent of their flowers masking the smell of water. Boiled with ginger and lemon they make an excellent tea.

FRIEDRICHSGRACHT

Friedrichsgracht sounds like Amsterdam, like canals in front of narrow houses, like wooden boats and the smell of sludge and brackish water. Dutch master builders came to the area in the seventeenth century, bringing with them the art of water regulation, which Berlin has to thank for Friedrichswerder amongst other things. They came as part of the entourage of Queen Louise Henriette, descendant of the House of Orange and wife of the Great Elector. Last year archaeologists at the corner of Sperlingsgasse uncovered a piece of the medieval city wall which encompassed the unified cities of Berlin and Cölln, and was demolished in 1658 in favour of Memhardt's fortifications. Time stands still in Friedrichsgracht. It is so quiet that you can hear the sound of the televisions inside the apartment block, despite the closed windows; the clip-clop of horses, shots from muzzle loaders, Mausers and Kalashnikovs, and mawkish music announcing an invisible love scene. One of the balconies is overgrown. Birds fly in and out with twigs in their beaks, material for their nests, somewhere inside. Several floors below there is a life ring hanging from the balcony wall, from a ship called Totem ZHP, home port Szczecin. If a pedestrian should fall into the canal, then at least the tenant can throw the float after him or her.

Before the urban redevelopment of the 1960s Friedrichsgracht extended across Gertraudenstraße into the Fischerkiez neighbourhood, and from there it ran alongside the Spree canal to the reaches of the Spree river. The writer Erdmann Gräser memorialised the district, which he christened Spreewinkel, in his novel *Spreelore*. "The small houses with their crooked tiled roofs and unusually deep cellars were like dogged old invalids, who, smiling at death, struck a bargain." Lore Lorenzen lived in one of these houses with her mother, a washerwoman. She was a cheeky young thing, born on a barge and, as a working-class Berliner, prone to excessive use of the dative, but still nobody's fool.

Due to the obstacle of the Mühlendamm, shipping traffic used the Spree canal right into the twentieth century. The water was dirty and it was advisable not to fall in. Friedrich Rückert wrote of the Spree in 1845: *It enters at the Oberbaum, / pure as a swan, and like a pig / it exits at the Unterbaum.* At the end of the nineteenth century the area was densely populated. In 1871 over 16,000 people lived in Cölln, in 1910 it was less than half that number. The majority of them had moved to districts built in the economic upswing that began in the mid nineteenth century in search of more comfort and better hygienic conditions.

As a child Spreelore felt herself to be destined for greater things, which in her eyes meant living a middle-class life in Breite Straße. However, as this was a coming-of-age novel, she finally returns to her roots and marries Gustav from the barge with his thick red stockings which "drew water". Lore is not destined for social advancement, and all her efforts either bring her to the brink of unhappiness, or one step closer to becoming a woman of easy virtue, prostituting herself in the Venusbar on Hausvogteiplatz.

JUNGFERNBRÜCKE

At one point Spreelore ends up at the railings of the Jungfernbrücke bridge, intending to throw herself into the Spree canal, however she decides against it. Of the sites of interest in East Berlin, Jungfernbrücke (Virgin's Bridge) was one of the oldest, and on hearing the name in local history lessons, entire classrooms of pupils would never fail to burst into giggles. In the two-volume *Meyers Handlexikon* encyclopedia, published in Leipzig in 1978, the following entry was listed under Berlin: "Capital of the GDR and therefore political, cultural and economic centre of the GDR; 1961 securing of the GDR's border with West Berlin. Illustration: top left, Jungfernbrücke, top right, State Council building, in the background the City Hall." Together with three photos of Alexanderplatz with Television Tower, the Interhotel on Unter den Linden and the State Opera, and there you had it: the capital city of the GDR.

The origin of the bridge's name cannot be historically verified with any certainty, so, as always in these cases, we will have to resort to Berlin's storehouse of legends, which has a number of versions at the ready. The most frequently quoted tells of the three Blanchet sisters, Huguenots who lost their mother during their flight, arriving as orphans in Berlin in 1685 where they opened a wooden boutique on the bridge – which was rapidly Germanised to become Butike – selling hand embroidered linens and lace. They were also renowned as the biggest gossip mongers in Berlin and Cölln. In addition to the enchanting Blanchet sisters, the refugiés – for whom the Elector opened up his country – brought white bread, the mansard roof, etamine, good manners and fancy goods.

On the other side of the Jungfernbrücke, standing like a fortress on Friedrichswerder, is the period Foreign Ministry building.

FRIEDRICHSWERDER

When I came to East Berlin at the beginning of the 1980s, Friedrichswerder was an area that you didn't visit. To all intents and purposes, the former island, extending from the Spree canal to Oberwallstraße and Unterwallstraße, appeared as if it consisted of nothing apart from the menacing Communist Party Central Committee building, Friedrichswerder church and an unassuming building next to Hausvogteiplatz that housed the editorial offices of the weekly newspaper *Sonntag*. Situated between them was a grassed area reminiscent of the Russian steppes, fringed with fast growing poplars. Anyone taking a short cut across this expanse to more populated areas couldn't help but feel under observation from the thousand eyes of the Party. The most humane feature was the anglers on the Spree canal, who looked as if they had been placed there by Berlin Information to cater for the currency tourists. However, the word was that they were East German secret service officers, as the fish from the Spree and surrounding waters were inedible because of the poor water quality. Back then, I had an acquaintance who was in love with a young man, a member of the guard regiment whose duty it was to protect the Central Committee building. He sat in a tiny little hut that looked as though it had been welded together from the remains of a bus. From behind mirrored windows he monitored the advance of the enemy, surveying an empty expanse in which there was not the slightest piece of fire cover for a hundred metres. Several times a week my fellow student crossed Unter den Linden to the large field by the Central Committee building to try and steal a kiss from her beloved. I only accompanied her as far as Werderscher Markt on one occasion, avoiding the area thereafter. It lacked all human proportions. With the best will in the world it was not a place for flâneurs.

Another indication that the power of the East German Communist Party was coming to an end, anno 1989, was the fact that demonstrators now walked straight across the lawn to the entrance of the Central Committee building before chanting their demands for the resignation of the Politburo. Ten years later new functionaries had arrived, this time in charge of city policy, who propagated the idea of an "urban citizen with mobile phone and laptop", which at that time still stood for exclusivity. The plan was for this citizen to take possession, in more ways than one, of the new, consolidated heart of Berlin: by building a family home in the city and not on the outskirts, thus forming part of the new middle class in the former socialist heartland. A start was made in Friedrichswerder with townhouses along English lines. *At the heart of life. In the heart of Berlin.*

The city's senate sold the building lot to the developers at a subsidised price. Similar initiatives, albeit far more regimented, also took place during the building frenzy inspired by the Soldier King. Back then, merchants and court officials were impelled to undertake expensive construction work at barren sites according to the dictum: "The fellow is rich, so must build". They were given the land free of charge and received subsidies and construction materials, however they had to build according to a uniform set of dimensions. Frederick William I ordered the roof ridges to be built so as to form a straight line, "as if they had been trimmed by scissors". Today this is called the Berlin eaves height, but it is the same thing. In the case of the modern townhouses the width as well as the height was specified in advance, however the façades could be built according to taste, which in some cases has resulted in houses worthy of a bogeyman. Or as German comedian Harald Schmidt remarked caustically: "Fifty centimetres wide, eleven metres high and designed by the girlfriend, it stands for living where it is at, with restaurants and exhibitions within walking distance."

Up until the middle of the seventeenth century Friedrichswerder was swampy terrain composed of several sandbanks, riddled with pools and ponds. Today, only the mosquitoes know this. In summer they congregate in their thousands on the outside walls of the new houses, waiting to pounce and suck the blood of the homeowners when they return from their work as bankers, writers of non-fiction, architects or assistant secretaries of state.

In the possession of the Electors of Brandenburg since 1442, it has been the site of a number of the Palace's ancillary buildings since the sixteenth century, including the royal riding stables, the Jägerhof (hunting lodge) – to which the street name Jägerstraße bears witness to this very day – the woodyard, mills and royal ballroom.

In 1658 work was begun on the construction of the fortifications along Dutch lines. The fortifications architect Memhardt was in charge of the project. He has bequeathed us a 1652 plan of the city, still without Friedrichswerder – while the actual construction is no more. With its incorporation in the fortifications the island was drained and the excess water channelled into the perimeter moat.

In the seventeenth century fortifications were as chic as shopping malls are today. Every city wanted to have the biggest and most beautiful, though they all somehow looked the same. The Berlin fortifications have left their outline on the city map to this day. Hausvogteiplatz at the edge of Friedrichswerder protrudes into Friedrichstadt like a tooth. Back in the days of the fortification it was a bastion surrounded by moats. Following the razing of the stronghold in 1734 the moats were filled in. Friedrichswerder ceased to be an island. The town of Friedrichswerder, granted municipal privileges by the Elector in 1662, had also been consigned to history by this time. In 1710 it was unified with Berlin, Cölln, Dorotheenstadt and Friedrichstadt to form the Royal Capital and Residence of Berlin.

Friedrichswerder church strikes the hour and is echoed immediately by the chimes of the Nikolaikirche on the Old Berlin side. Two policemen, assigned to guard duty in front of the Foreign Ministry's new building, are freezing in the cold. In the glass courtyard a sign extols the "Antarctic Adventure". If you wish to enter the ministry, for example, to look down on the Werder from the heights of the Diplomatic Club, you are immediately confronted with a list of security measures displayed at the entrance: "The provision of personal data is made on a voluntary basis. However, failure to comply with data collection can result in your being refused entry to the Foreign Ministry. The Foreign Ministry thanks you for your understanding."

It is a strangely empty scene, which – heightened by the parking ban on the Kurstraße, and only enlivened by the occasional cyclist or skater – appears to have more in common with the stage set of the German television soap Lindenstraße than the centre of the German capital. Even the brown packing paper, blown over the new Caroline-von-Humboldt-Straße by the wind, looks as if it has been choreographed by an ingenious props mistress.

You can hear the traffic on the Leipziger Straße in the distance. The new office buildings on Spittelmarkt look like impromptu noise barriers, an impression strengthened by the fact that they currently stand empty. There is a reflection of the Coca Cola advert on the roof of Spittelmarkt's pre-fabricated high-rise in the windows of the Foreign Ministry building, and a few stars can be glimpsed through the misty halo cast by the street lights.

In the darkness, the French windows of the townhouses offer an almost theatrical spectacle. One can see besuited men on balconies, struggling to light a cigarette in the face of the wind. Or a woman, stood at the stove in her designer kitchen, three metres above the street, her male counterpart, leaning on the refrigerator, a glass of red wine in hand, talking at her as she stares into the stainless steel pot, stirring incessantly. The man, the woman and the kitchen look as if they have been lifted from the pages of the glossy supplements issued every few months with the *Frankfurter Allgemeine Zeitung,* which proffer upper price range kitchens. The woman is so thin that one fears she won't be eating anything of the food she is preparing, or will dispose of it later, undigested, in the Bellevue porcelain bathroom ware from Villeroy & Boche.

Alte Leipziger Straße, leading off from Kurstraße, is so built-up that it acts like a megaphone. When two people are talking the whole neighbourhood can hear, and when one of the house alarms begins to scream for no reason, the noise becomes so powerfully amplified in the narrow street that you would think the button for the terror alarm had been pressed in the Foreign Ministry. However, in no time at all, a car from a security firm races to the scene and puts an end to the spook.

A few steps further on, an ice cream parlour attempts to create something approaching urban normality. A children's play corner has been set up, duplicate townhouses in colourful fretwork adorning the walls. Through the window overlooking the courtyard one can see the backs of the row of houses. From the rear they look like commonplace terraced houses, only with smaller gardens.

Since the building of the townhouses, Unterwallstraße has become an invisible border, deeper than the moats of Memhardt's fortifications which once separated the street from enemy territory. On the one side are the inhabitants of the prefabricated high-rises on the Leipziger Straße, long-time residents who cannot afford or are not interested in buying a townhouse, and on the other, the new middle class. The only point of contact is the park where residents from the prefab side walk their dogs and the quarter's sprinkling of children come to use the over-ambitious playground.

THE REICHSBANK

By the beginning of the twentieth century today's townhouse complex had long ceased to be the site of residential properties. On the north-west side, on today's Jägerstraße, stood the sixteenth-century princely hunting lodge, which was expanded during the reign of Frederick II to house the Royal Giro and Loan Bank, founded in 1765. Within the space of 250 years first the Prussian Bank, and finally the Reichsbank, expanded to cover the entire area between Jägerstraße, Kleine Jägerstraße, Oberwallstraße, Unterwallstraße, Alte Leipziger Straße and Kurstraße. Between 1892 and 1899 the bank acquired an extensive annexe on the site of the former Palace prison and bailiff's office, the Hausvogtei, until it also outgrew this building, and in the mid-1930s the new Reichsbank building, which now houses the Foreign Ministry, was erected on the other side of the Kurstraße. Numerous examples of civic architecture from the previous three centuries had to make room for the bank, including the Weydinger Palace and Raules Hof, tourist attractions in the 1920s. The extensive complex, a sandstone clad steel frame structure, was built between 1934 and 1938. Its physical presence was designed to give customers the impression that their deposits were safe within its walls. And in point of fact, the building remained intact, unlike the old Reichsbank which was severely damaged in a daylight bombing raid over the city centre on 26 February 1945. For 30 years, from 1959 to 1989, this was the stronghold of the Communist Party's Central Committee – before the safes in the cellar were put to their original use once more. This is where the Deutschmarks were stored prior to their distribution to East German citizens on the morning of 1 July 1990, the day of the currency union with West Germany.

The ruins of the old Reichsbank were removed after the war. Its cellars, used during the Second World War to store the gold stolen from Europe's Jews before their extermination – and subsequently melted down, given false numbers and passed on to the Swiss for safe keeping – were filled in. A clearance of the site below ground level was first carried out during the construction of the townhouses. One of the architects recovered parts of the façade from the old Reichsbank, integrating them into his own façade. Only a small part of the old Reichsbank at the corner of Unterwallstraße and Kleine Leipziger Straße survived undamaged. Following the war it became the offices of the weekly newspaper *Sonntag*. Since the end of the 1990s the house has been in the possession of the Moroccan Embassy.

The foreign minister's limousine exits the stronghold's underground car park on the Kurstraße. On the opposite side of the street stands a restaurant called Foreign Affairs. It is empty.

FRIEDRICHSWERDER CHURCH

Karl-Friedrich Schinkel, the atlas of Berlin architecture, also left his mark on Cölln and Friedrichswerder. Friedrichswerder church, which remained a ruin for 40 years, was reopened as a Schinkel museum in 1987. The neighbouring Bauakademie (School of Architecture), built by Schinkel, was demolished in 1962. Plans to rebuild it remain an unredeemed promise consisting merely of scaffolding and tarpaulin. In the nave of the church stand resentful-looking angels hewn in stone, alongside plaster Prussian princesses who flirt with visitors. The index finger of Friedrich Schinkel's statue points through the entrance portal straight at the new buildings on Werderscher Markt. Schinkel looks stern. The sandstone façade of one of the empty houses is pitted with irregularities and pock marks. Twenty years from now, when the twentieth century has been successfully eradicated from central Berlin, rickshaw drivers will probably pass them off to tourists as original Red Army bullet holes, anno 1945.

Initially, Friedrichswerder Church, the first neo-Gothic brick church in Berlin, was the subject of controversy, with critics calling it "Schinkel's Gothic problem child". However its flat roof soon became a popular vantage point. The painter Eduard Gaertner bequeathed subsequent generations a 360-degree panorama view of the city in his painting dating from 1834. All the prestigious buildings on it, apart from the Royal Palace and the predecessor of the Berlin Cathedral have been preserved or were rebuilt after the war. Right up until the 1950s Friedrichswerder Church was surrounded by low-built private houses, which, in large part, were originally reserved for Palace servants. However, from time to time a person of standing would stray into the neighbourhood, and in 1841 the naturalist and explorer Alexander von Humboldt moved to Friedrichswerder, directly behind the church, where he occupied four rooms in no. 3 Rosenstraße. However he only stayed a year. The district was "too noisy".

Twenty years earlier another great intellect, Arthur Schopenhauer, had taken up residence just round the corner in no. 4 Niederlagstraße, in the hope of gaining a foothold in Berlin's academic world. Back then, the old packing house still stood on the site of Schinkel's School of Architecture, and a dock occupied the site of today's Schinkelplatz. Schopenhauer had been living in the narrow three-storey house of a widow, called Mrs Becker, since March 1820. However, Berlin was not good to him. His book *The World as Will and Idea* didn't sell, his lecture "Über die vier verschiedenen Arten der Ursachen" (On the Four Different Types of Cause), held at the Berlin University in the summer term of 1820, attracted few listeners – as it coincided with a lecture by Hegel. And at his landlady's house he had an altercation with the charwoman and ended up violently ejecting her. This resolute individual subsequently filed a complaint against Schopenhauer at Friedrichswerder's local bailiff's office. Schopenhauer lost the civil court case when it went to appeal. However he had long since relocated to Italy.

Walking along Oberwallstraße from the direction of the church, and taking a detour through the entranceway between Kronprinzenpalais (Crown Prince's Palace) and Opernpalais (Opera Palace), one ends up in the backyard of the boulevard Unter den Linden. The rubbish bins stink and kitchen fumes billow from the tilted windows of the Opera Café's kitchen. An employee, with the voice of a sergeant major, shouts orders into the cacophony of clattering crockery: "One opera special! One haunch of rabbit, two salads, large!" From the cellar beneath the kitchen a man in blue overalls throws rubbish bags onto the street. The remains of haunch of rabbit, Schnitzel and salad.

In the eighteenth century Frederick the Great settled falconers in Falkoniergasse, which runs parallel to Oberwallstraße. Their duty was to train falcons for the royal court, which used them for pheasant hunting. The houses in the alley were small, as if stooping to avoid a rain of blows. They also fell victim to the demolition orgy of the 1960s.

For decades there was nothing here apart from an electricity substation, which took its aesthetic inspiration from Friedrichswerder Church. It has recently disappeared, its demolition a harbinger of a much-postponed project, currently planned for 2011. What is envisaged is an architectural mix of Mussolinian neo-Renaissance and Stalinist neo-classical kitsch that conforms to Berlin's traditional maximum building height of 22 metres – and that in a five-metre wide alley. It should be really cosy, especially in November when the sky hangs down below the eaves. The investor's preferred buyers are artists, actors and businesspeople, assuming, of course, that they can afford the price of 5,000 euros per square metre.

We have come full circle. The walk will end behind the canal, on Schlossplatz.

SCHLOSSPLATZ

Entering the area from the direction of Schlossbrücke, you are confronted with an open expanse. There has been an empty plot on this site once before, in the period between the clearance of the Royal Palace in 1951 and the building of the Palace of the Republic in the middle of the 1970s. Fritz Tiedemann photographed this vast, empty urban stage back then after documenting the detonation and clearing of the ruins. What looks on the black-and-white photos like a huge blanket of gravel must have been light red in colour because it was made up of the ground bricks of the city's destroyed houses.

It has a similar power to another of Tiedemann's photographs, taken two years earlier at the same spot, the only difference being that the Royal Palace ruins were still there then. On the image you can see the Palace's Schlüterhof from a slightly elevated perspective. It is like a vision from one of Schinkel's ruin paintings, poet Gottfried Benn's soft murmur hanging in the air: *After the walls have tumbled, / the ruins will continue to speak / of the great Occident.* If you cast your eyes downwards, the lofty tone evaporates. Someone has broken a hole in the stone ground to create a vegetable patch, with tobacco, potatoes and green beans growing in orderly rows.

Today, between the cracks in the stones of the Schlossfreiheit, riddled with genuine bullet holes, grow brome grass, goosefoot, ribwort, redshank, rough hawkbit, common nipplewort, bush vetch and horsetail. Even a street artist, who leaves his trail of sixes all over the city, has left his mark.

The emptiness is temporary. Megalomania, mediocrity and vanity are in the process of filling it again. The Palace of the Republic has been demolished, the architectural competition for a new Royal Palace has been completed. "Away with the 20th century" hangs like an invisible sign over every yawning construction trench. "This has been a tradition in Berlin since the Wilhelminian era, eradicating the legacy of the previous generation in order to create a new conception of history", states the architect Philipp Oswalt, a longstanding campaigner for the preservation of the Palace of the Republic.

In 1844, as King Frederick William IV resolved to build a new, taller, more beautiful cathedral in the Lustgarten, Bettina von Arnim composed a letter to the king, conveyed to his majesty by Alexander von Humboldt: "Beloved King", it says, "I implore your majesty not to build the cathedral in the Lustgarten, build it amongst scattered huts, yonder in Silesia!" The cathedral was not built during the lifetime of Frederick William IV, the barricades of the 1848 revolution intervened and the king was forced to salute the revolution's dead from the Palace balcony in Breite Straße.

The greatest monument to democracy would be an act of omission: instead of building this Palace, this "feudal dinosaur, intent, once again, on placing itself at the centre of a city preening itself for world status", as the recently deceased city historian Jonas Geist put it, this empty site could remain – as a place of reflection. At night you can see the starry sky here and be chasteningly reminded of our humble existence as tiny living beings in a Humboldtian cosmos. This would be impossible alongside a cheap circus trick of a building with the uniform, cubic dimensions of a Prussian garrison, a multi-million euro outgrowth of stony dogmatism.

Temporary phenomena have always been the best solution at this point in the city, serving to break open the petrified structures: the barricades of 1848 and 1918; the demonstration of 4 November 1989, involving, unusually for East Germany, only volunteers and for which, for once, Breite Straße was not wide enough; the word ZWEIFEL (doubt) on the roof of the ruins of the Palace of the Republic in 2005, which at night could be seen gleaming in the distance; and finally the Temporäre Kunsthalle (temporary art exhibition hall), this oversized shoebox reflecting a pixelated Berlin summer sky. And rising above the empty expanse, the certainty that the mock Royal Palace, soon to be built here, will not be the last building to occupy this site.

Hey, did I hear someone laugh?

Bibliography

- Architektenkammer Berlin, ed. Bodenschatz, Harald, Hans-Joachim Engsfeld, and Carsten Seifert. *Berlin auf der Suche nach dem verlorenen Zentrum.* Hamburg: 1995.
- Assing, Ludmilla, ed. *Briefe von Stägemann, Metternich, Heine und Bettina von Arnim.* Leipzig: 1865.
- Back, Claus. *Drei Fräulein an der Jungfernbrücke.* Berlin: 1961.
- Banken, Ralf. "Der Edelmetallsektor und die Verwertung konfiszierten jüdischen Vermögens." *Jahrbuch für Wirtschaftsgeschichte* (JWG). http://www.digitalis.uni-koeln.de/JWG/jwg_147_144-152.pdf.
- Berend, Alice. *Spreemann & Co.* Frankfurt am Main: 1976.
- *Berlin Mitte. Das Lexikon.* Berlin: 2001.
- Demps, Laurenz, Jonas Geist, and Heidi Rausch-Ambach: *Vom Mühlendamm zum Schlossplatz: Die Breite Straße in Berlin-Mitte.* Berlin: 2001.
- Fischer, Gerhard. *Die Hugenotten in Berlin.* Berlin: 1988.
- Glaßbrenner, Adolf. *Das heitere Brennglas.* Berlin: 1948.
- Graeser, Erdmann. *Spreelore.* Berlin: 1955.
- Hessel, Franz. *Ein Flaneur in Berlin.* Berlin: 1984.
- Kleihues, Josef Paul, Jan Gerd Becker-Schwering, and Paul Kahlfeld, eds. *Bauen in Berlin 1900–2000.* Berlin: 2000.
- Kiessig, Inge. *Berliner Sagen.* Berlin: 1990.
- von Klot, Kristina, "'Zurzeit herrscht Ironieverbot' Gespräch mit Harald Schmidt." *Mobil. Das Magazin der Deutschen Bahn,* no. 4 2009.
- Löschburg, Winfried. *Zwischen Jungfernbrücke und Fischerstraße.* Berlin: 1959.
- Id.: *Unter den Linden. Gesichter und Geschichten einer berühmten Straße.* Berlin: 1973.
- Ludwig, Hans. *Altberliner Bilderbogen.* Berlin: 1965.
- *Meyers Handlexikon.* Leipzig: 1978.
- Muscheler, Karlheinz. *Die Schopenhauer-Marquet-Prozesse und das preußische Recht.* Tübingen: 1996.
- Nicolai, Friedrich. *Beschreibung der königlichen Residenzstadt Berlin.* Leipzig: 1987.
- Oswalt, Philip. *Berlin, Stadt des 20. Jahrhunderts.* 1998. http://www.oswalt.de/de/text/txt/berlin.html.
- Raabe, Wilhelm. *Die Chronik der Sperlingsgasse. Raabes Werke in fünf Bänden.* Vol. 1. Berlin and Weimar: 1984.
- Rodenberg, Julius. Bilder aus dem Berliner Leben. Berlin: 1987.
- Speier, Hans-Michael, ed. *Berlin! Berlin! Eine Großstadt im Gedicht.* Stuttgart: 1987.
- Schwarz, Ingo. "Auf den Spuren Alexander von Humboldts in Berlin-Mitte." *Berliner Manuskripte zur Alexander-von-Humboldt-Forschung* 4 (1992).
- Senatsverwaltung für Stadtentwicklung, ed. *Ausstellung Schaufenster Alt-Cölln. Archäologischer Grabungen und städtebauliche Planungen im Bereich des Petriplatzes.* 2008. http://www.stadtentwicklung.berlin.de/aktuell/kalender/downloads/347_bauzaun_petriplatz_2008.pdf

Florian Ebner

DER ARCHÄOLOGE UNTER DEN STADTFOTOGRAFEN

THE MYSTERY MÉTRO

In den historischen Zentren der großen Städte findet man sie fast überall, die als *Small Trains of …* bezeichneten Bimmelbahnen oder bunten Busse, fahrende Sehmaschinen mit langgezogenen Glasfronten oder mit Panoramadeck, die die Touristen an den Sehenswürdigkeiten vorbei durch die Stadt kutschieren. Studiert man das vorliegende Buch Arwed Messmers über das zentral gelegene Areal von Berlin, so könnte man angesichts der vielen panoramatischen Veduten denken, man säße in einer solchen Bahn. Doch dies wäre eine in mehrfacher Hinsicht geisterhafte Fahrt, denn ihr Weg führt durch eine fast menschenleere Stadt, über die Niederlagstraße hinweg, entlang an der Attrappe von Schinkels Bauakademie, um an der nächsten Ecke wieder einen isolierten, urban losgelösten Baukörper in der Ferne zu entdecken, etwa die Friedrichswerdersche Kirche oder eine Reihe neuer *Townhouses.* Ein Trip wie durch eine Filmstadt, durch ein Potemkinsches Dorf, und doch ist es ein Teil der historischen Mitte Berlins, das der Fotograf Arwed Messmer in präzisen, farbig kühlen Ansichten festgehalten hat.

Mysteriöser noch wird diese Fahrt, wenn sie schlagartig, von einem Moment auf den anderen, in den Untergrund der Geschichte vordringt. Schlägt man etwa die Seite 82/83 auf, so fixiert der Betrachter durch sein Panoramafenster zwei Radfahrer, die die Schlossbrücke überqueren und dabei den Blick zwischen ihnen hindurch auf die noch verbliebenen Reste des Palastes der Republik lenken, doch schon im nächsten Augenblick schaut er auf einen Passanten mit Hut und Aktentasche (s. S. 84/85), der dieselbe Brücke überquert und dabei auf die Leerstelle über ihm verweist, an der kurz zuvor noch das Berliner Stadtschloss gestanden hat. Zwischen diesen beiden Momenten liegen mehr als 57 Jahre und unterschiedliche Vorstellungen, wie das jeweils *Neue Berlin* auszusehen hat.

Das zweite, zuletzt genannte Bild ist das ältere, es ist aus vier Fotografien zusammengesetzt, die der Vermessungstechniker und Topograf Fritz Tiedemann am 20. April 1951 aufgenommen hat, sechs Jahre nach Ende des Zweiten Weltkrieges, mehrere Monate nach Sprengung des Berliner Schlosses und elf Tage, bevor die SED die große Parade zum 1. Mai auf dem neu geschaffenen Marx-Engels-Platz abhalten wird, vorbei an den großen Tribünen, die im Hintergrund der Aufnahme gerade noch gebaut werden. Am 8. November 2008 wiederholt der Fotograf Arwed Messmer diese Aufnahme und hält dieselbe urbane Szenerie in identischer Panorama-Einstellung fest. Trotz des leicht nebligen Morgenlichts – der Fernsehturm am Alexanderplatz im Hintergrund ist kaum auszumachen – sticht die erneute Leere des Platzes ins Auge.

Blättert man weiter, so dringt man noch tiefer in die jeweiligen Zeitebenen vor. Da erscheint auf der linken Seite Arwed Messmers frontale Aufnahme eines mächtigen Eisenträgers inmitten des entkernten, aber noch existenten Palastes der Republik, aufgenommen 2005 (s. S. 88), während auf der rechten Seite das Interieur des ehemaligen Schreibzimmers der Kaiserin Auguste Victoria zu sehen ist, festgehalten von Fritz Tiedemann am 27. Oktober 1948 (s. S. 89). Der Raum des Schlosses besteht nur noch aus Mauerwerk, ohne Putz, Risse durchziehen den plastisch ins Bild gesetzten Baukörper. Aus der Gegenüberstellung von zeitgenössischen mit historischen Aufnahmen entsteht so eine Analogie zwischen dem Verschwinden des königlichen und des sozialistischen Palastes, die sich auf den folgenden Seiten fortführen wird, ergänzt um weitere Ansichten des Marx-Engels- bzw. Schlossplatzes sowie ihrer beiden Ruinen, aus verschiedenen Perspektiven und zu unterschiedlichen Zeiten aufgenommen.

Doch die Zeitexpeditionen in dieser metropolitanen Bimmelbahn durch leeres Terrain folgen keiner linearen, vorhersehbaren Ordnung, weder topografisch noch chronologisch. Vielmehr scheinen die Route und der Fahrplan ganz so abgesteckt zu sein, dass sich für den Betrachter ein Spiel wechselnder Perspektiven ergibt, von Gleichzeitigem und von Zeitsprüngen, von analogen und gegenläufigen Entwicklungen, von Details und schweifenden Blicken. Arwed Messmers sorgsam komponiertes Bildkonstrukt aus eigenen und angeeigneten Fotografien versucht eine Bestandsaufnahme des Areals, das einmal die historische Mitte Berlins war. Dafür kombiniert er Aufnahmen aus der Nachkriegszeit und des Wiederaufbaus in der noch jungen Hauptstadt der DDR mit Fotografien aus den letzten 15 Jahren, die das Verschwinden jener für das repräsentative Berlin von heute unliebsamen Bauten dokumentieren. Gerade die Überblendung dieser beiden Zeiträume führt zu einem klarer konturierten Bild: Die fortwährenden Vernichtungen der Vergangenheit, sei es durch die Auswirkungen des Krieges oder sei es durch die jeweilige ideologische Abkehr vom Vorhergegangenen, führt zur Gesichtslosigkeit der Gegenwart, zur anonymen Mitte der deutschen Metropole.

BERLINER IKONOGRAFIEN

Arwed Messmers Serie von Bildkonstellationen reiht sich ein in eine beeindruckende Sammlung fotografischer Porträts von Berlin. Dabei ist hier nicht der Platz, um auf die sich seit der Gründerzeit vor 140 Jahren rasch wandelnden Gesichter der Stadt einzugehen.[1] Allein schon der Zeitraum der letzten 60 Jahre, an deren Anfang und Ende Messmers Untersuchung ansetzt, verfügt über eine reiche fotografische Ikonografie, die nicht ohne die historische Entwicklung (und auch den zeitweiligen Stillstand) der geteilten Frontstadt im Kalten Krieg sowie der Hauptstadt des wiedervereinigten Deutschlands zu denken wäre. Gewiss, die Mauer war die unübersehbare Narbe im Gesicht der Stadt, doch darüber hinaus gibt es andere Motive, fast Stereotype, die das Bild Berlins noch stärker geprägt haben als das anderer deutscher Städte, darunter die *Brache,* die *Brandmauer,* der *soziale Wohnungsbau* und später die *Baustelle,* der *Kran* und der *Abrissbagger.* Gerade in den letzten 20 Jahren hat die erneute Metamorphose Berlins wie eine gewaltige Bildmaschine gewirkt, die eine Vielzahl fotografischer Dokumentationen und Essays von Berlinern, aber auch von internationalen Fotografinnen und Fotografen generierte. Zu nennen wären da unter vielen anderen Ulrich Wüsts Recherchen in Schwarzweiß, in denen der Schatten des Verschwindens bereits über Berlins Mitte liegt, oder Stéphane Couturiers formalästhetische Schichtungen von Räumen, Frank Thiels Metropolis als ein gewaltiges Konzert der Kräne, Sophie Calles Spurensuche nach einer bereits verdrängten sozialistischen Epoche und die melancholische Bestandsaufnahme von Berlin als einer urbanen Wüste durch Jordi Bernadó und Ramon Prat.

Auch Arwed Messmer gehört in den 1990er Jahren zu den jungen Fotografen der Baustellen und Abrisshäuser, doch früh schon begreift er, dass dieser Stadt noch besser beizukommen ist vor der Folie ihrer Geschichte. In seiner Arbeit *Potsdamer Platz. Anno Zero* von 1994/95, für die er den Otto-Steinert-Preis erhalten hat, kombiniert er Farbaufnahmen von der gewaltigen Brache des Potsdamer Platzes mit kurzen Textpassagen der Autorin Annett Gröschner, die an Bildunterschriften unter Aufnahmen dieses Platzes aus den bewegten 1920er und 1930er Jahren erinnern. Die lakonische Foto-Textarbeit wird zu einer Projektionsfläche für die Bilder in unserer Vorstellung, die wir in der Leere dieses Platzes zu verorten suchen. Bei der Recherche nach historischen Aufnahmen wird er 2006 im ehemaligen fotografischen Archiv der Ostberliner Bauverwaltung fündig, das 1994 vor der drohenden Entsorgung auf dem Müllhaufen der Geschichte in die Berlinische Galerie gerettet werden konnte.

DIALOG UND PROZESS

Innerhalb dieses über 30.000 Fotografien umfassenden Archivs begeistert sich Arwed Messmer für die 1.500 Aufnahmen im Negativformat 9×12 cm, die ein damals noch unbekannter Fotograf (der später als jener Fritz Tiedemann identifiziert werden konnte) zwischen 1948 und Anfang 1953 im Auftrag des Ostberliner Magistrats angefertigt hat. Diese Bilder, darunter sehr viele als Panorama-Ansichten konzipierte Ensembles aus mehreren Einzelaufnahmen, dokumentieren Ostberlin im Zustand der fortgeschrittenen Enttrümmerung und des einsetzenden Wiederaufbaus. Die Faszination Arwed Messmers für diese Bildwelt erweist sich nun in doppelter Hinsicht als produktiv. Zum einen führt sie Ende 2008 zur Ausstellung *So weit kein Auge reicht,* für die er aus dem von ihm rekonstruierten Negativmaterial großformatige und digital zusammengesetzte Schaubilder konzipiert, deren ebenso dokumentarische wie auch künstliche Bildwirklichkeit des Ostberlins der beginnenden 1950er Jahre fast sechzig Jahre später Zehntausende von Besuchern in ihren Bann zieht. Doch zum anderen entwickelt Arwed Messmer seine eigene künstlerische Methode einer Repräsentation der Gegenwart

1 Siehe hierzu etwa den Essay von Wolfgang Kil: *Vom Verschwinden des Himmels über Berlin,* in: Ulrich Wüst: *Berlin Mitte,* Amsterdam/Dresden 1997

aus dem Verständnis der Geschichte weiter. Dieser Prozess gestaltet sich auch auf dialektische Weise. Die Wahl der Landmarken und Koordinaten, um die seine Recherche kreist, wird nun in entscheidendem Maße von Bildern der Geschichte bestimmt. Zugleich bleibt der visuelle Grundton dieser Arbeitsweise Messmers fotografische Wahrnehmung der Gegenwart, die er im Stil einer topografisch-kritischen Stadt- und Landschaftsfotografie der 1980er und 1990er Jahre, aus deren Tradition er erwachsen ist, festhält. Messmers Aufnahmen stecken gewissermaßen das Terrain ab, auf dem die historischen Bilder wie punktuelle Rückblenden auf die latente Geschichte dieser Orte funktionieren. Im Falle der vorliegenden Arbeit erinnern die vielen Erdaufschichtungen, hinter denen die Stadt zu verschwinden droht, wie Referenzen an die dokumentarische Tradition eines Lewis Baltz, doch zugleich gehen diese Motive gut mit der archäologischen Geste seiner von ihm »ausgegrabenen« historischen Bilder einher. Messmers kombinatorischer Umgang mit diesem Bildmaterial folgt hingegen nicht der von anderen Fotografen oder auch Institutionen gerne praktizierten, manchmal etwas mechanischen Methode, allen alten Aufnahmen stets eine aktualisierte Ansicht desselben Ortes an die Seite zu stellen. Messmers Freiheit, an geeigneten Stellen auf historische Aufnahmen zuzugreifen, lässt vielmehr ein Spiel an Nuancierungen zu. So greift er neben Tiedemanns weiten, leer geräumten Prospekten des *Neuen Ostberlin*, die so gut mit der temporären Leere von heute korrespondieren, auch auf dessen Aufnahmen vom *Alten Berlin* zurück – man fühlt sich hier nicht zu Unrecht an die Parisbilder Eugène Atgets erinnert –, um die Zerstörung des Alten als eine Ursache für die heutige Anonymität besser begreifbar zu machen. Neben den 25 Aufnahmen des Magistratsfotografen Fritz Tiedemann finden sich in dieser Bilderzählung auch zwei Fotografien jüngerer Kollegen, darunter auch ein Bild (s. S. 96/97), das Messmer für geeigneter als das seine hielt.

Eine schöne Koinzidenz, die auf eine gewisse Seelenverwandtschaft schließen lässt, liegt wiederum in der Tatsache, dass es Fotografien gibt, die Messmer gemacht hat, *bevor* er die fast identische Einstellung desselben, sechs Jahrzehnte zuvor von Tiedemann fotografierten Ortes in den Archiven entdeckt hat.

So erweist sich dieser Dialog auch in formaler Hinsicht als fruchtbar. Bereits in seiner frühen Serie *Der Traum vom Reich* von 1992/93 hat Arwed Messmer Panorama-Aufnahmen in Schwarz-Weiß angefertigt. Nun entwickelt er mit den lateralen »Straßenabwicklungen« eine besondere panoramatische Sichtweise weiter. Tiedemann diente diese funktionale Aufzeichnungsmethode zur messbildtechnischen Erfassung ganzer Straßenzüge, wie etwa des Prachtboulevards *Unter den Linden* oder der *Fruchtstraße* im Arbeiterbezirk Friedrichshain. In Messmers Darstellung der langen Erdgeschossfront des ehemaligen Ministeriums für Bauwesen der DDR findet diese Sichtweise nun ihre kongeniale Anwendung (s. S. 64–67), gelingt es Messmer doch, die lang gezogene Frontalität der »Kamerafahrt« und die strukturelle Monotonie der DDR-Architektur in einer plastisch überzeugenden Weise zur Deckung zu bringen. Hinter einem der vielen Fenster grüßt Walter Ulbrichts Bild verlegen hervor. Nicht mehr lange wird es dauern, dass man Ulbrichts Konterfei auf dem Flohmarkt wiederfinden wird, doch das Gebäude und das Laub davor werden beseitigt sein.

DIE FIGUR DES FOTOGRAFEN

In seinem Text zu Michael Schmidts Buch *Berlin nach 45*, einem der eindrücklichsten fotografischen Essays über die nicht enden wollende Nachkriegszeit Berlins, trifft Janos Frecot folgende Differenzierung: »Michael Schmidt ist ein Fotograf der Stadt, ihrer Menschen, ihrer Leerräume zwischen ihnen. Er ist aber kein Stadtfotograf im dokumentarischen Sinne.«[2] Mit letzterem verweist Frecot wohl auf jenes weite Spektrum an Fotografen, die sich als echte (oder künstlerische) Dokumentaristen verstehen, deren Aufnahmen konkrete und benennbare Informationen, systematische (oder auch intuitive) Ansichten von der Struktur und der Morphologie des Stadtkörpers liefern, sei es zu einem bestimmten Anlass oder Zweck, im Auftrag einer Institution oder auch im eigenen Auftrag. Auf der einen Seite dieses weiten Feldes stehen jene zeitgenössischen Nachfahren von Fritz Tiedemann, die den Wert ihrer Arbeit in einer langfristigen Perspektive sehen, denen jedoch aufgrund ihrer fehlenden subjektiven Sichtweise kein künstlerischer Status eingeräumt wird. Ihnen entgegengesetzt befinden sich die Autorenfotografen, wie etwa Michael Schmidt, die den gleichen Wert auf die Unabhängigkeit ihrer Haltung wie auch auf die Autonomie ihrer Bildwelten legen.

2 Janos Frecot: *Der Fotograf Michael Schmidt*, in: Michael Schmidt, *Berlin nach 45*, hg. v. Ute Eskildsen, Göttingen 2005, S. 8

Vielleicht könnte man Arwed Messmers Position zwischen diesen beiden Tendenzen als eine vermittelnde bezeichnen – und dies sowohl in horizontal-zeitgenössischer wie auch in vertikal-historischer Hinsicht. Das Zeitgemäße und Moderne seiner Haltung liegt dabei in der Pragmatik begründet, aus den verschiedenen Milieus das anzunehmen, was für die eigene Arbeit wichtig ist. Zunächst ist die Nähe und Anverwandlung an die Sichtweisen der angewandten Stadtfotografie seiner Methode der historischen Aneignung ohnehin implizit, seine Aufnahmen verstehen sich in diesem Sinne als Dokumente, die reich sind an Information und die sich präzise verorten lassen (wofür am Ende dieses Buches die Karten stehen). Doch zugleich geht Messmers Ansatz über die rein bildimmanente Ebene der eigenen fotografischen Produktion hinaus, er eignet sich fremde Bilder an, verwebt diese Bildwelten miteinander und bindet sie in verschiedene diskursive Kontexte ein. Seit mehr als 15 Jahren arbeitet er eng mit der Autorin Annett Gröschner zusammen und demonstriert auf diese Weise, wie das Bild in Verbindung mit Text gleichzeitig zu einer größeren Erkenntnis von Geschichte führen kann. Das jüngst veröffentlichte Buch »Verlorene Wege« der beiden ist hierfür ein wunderbares Beispiel.[3] Die Figur des Stadtfotografen, und im erweiterten Sinn des fotografischen Dokumentaristen, so wie sie Arwed Messmer für sich definiert, ist freier und konzeptueller hinsichtlich der eigenen Methodik, aber auch selbstbewusster geworden, was die Verantwortung für das eigene Medium darstellt. Hier sei auf Messmers Rekonstruktion von Fritz Tiedemanns Fotografien verwiesen. Für die Ausstellung *So weit keine Auge reicht* ist er mehr als nur der Interpret dieser Bilder, er macht sie sich bis zu einem gewissen Maße zu eigen, montiert und korrigiert auf digitale Weise ihre Perspektive, zieht sie groß und verleiht ihnen derart eine andere, sichtbarere Relevanz.

In dieser Hinsicht erscheint auch die zweite Kategorie der Fotografien des Buches in einem anderen Licht. Denn blickt man etwa auf die Aufnahme des bereits erwähnten Schreibzimmers der Kaiserin, so ist die ästhetische Qualität dieses »reinen Dokuments« nicht zu leugnen, was nicht nur der Projektion unseres zeitgenössischen Geschmacks in dieses leere, plastisch modellierte Raumbild geschuldet sein mag. Vielleicht könnte man dies zum Anlass nehmen, langsam zu erkennen, welches Potential oftmals in diesen einfachen, angewandten, unambitionierten Anwendungsweisen steckt, um so hinter unseren konventionellen Vorstellungen von Künstlerschaft einen weiteren Reichtum des fotografischen Mediums zu entdecken, die Qualität des anonymen Autors. Und dies wäre ein weiteres Verdienst dieses wunderbaren Buches.

Für ihre Hinweise möchte der Autor herzlich
Arno Gisinger und Kai-Olaf Hesse danken.

3 Annett Gröschner, Arwed Messmer: *Verlorene Wege*, Nürnberg 2008

Florian Ebner

THE ARCHAEOLOGIST AMONG URBAN LANDSCAPE PHOTOGRAPHERS

THE MYSTERY TOUR

They can be seen in the historic centres of just about every major city, those dinky little tourist trains and brightly coloured buses designed to convey tourists past the various sights of the city: mobile viewing machines with jumbo-sized windows or open upper decks. Looking through this book by Arwed Messmer, which is devoted to the central part of Berlin, the numerous panoramic cityscapes might give you the feeling that you are sitting in that kind of a vehicle. However, this is, in more than one respect, more akin to a trip on a ghost train, because the route takes the viewer through a city almost devoid of people, down Niederlagstraße, past a mock-up of Schinkel's School of Architecture, only to reveal at the next corner another isolated construction dissociated from its urban setting looming in the distance, such as the Friedrichswerder Church or a row of new townhouses. It is just like a trip through a vast film set or a Potemkin village, although what we are seeing is actually a part of the historic centre of Berlin that the photographer, Arwed Messmer, has captured in precise images marked by their restrained, cool colours.

This journey becomes even more mysterious when, from one moment to the next, it suddenly penetrates into the substratum of history. For example, if you turn to pages 82/83, the view through our panorama window takes in two cyclists crossing the Schlossbrücke (Palace Bridge), thereby drawing our attention to the space between them, where we see the scanty remnants of the already demolished Palace of the Republic; just a moment later (see pp. 84/85), we spot a passer-by wearing a hat and carrying a briefcase, who is crossing the very same bridge and thereby highlighting the empty space above him where Berlin's Royal Palace had stood just a short time before. These two moments are separated by over fifty-seven years, as well as by widely differing ideas of what, in each case, a *New Berlin* should look like.

The second of these images is the older of the two and was made by joining together four photographs taken by the surveyor and topographer, Fritz Tiedemann, on 20 April 1951, i.e. six years after the end of the Second World War, several months after the demolition of Berlin's Royal Palace, and eleven days before East Germany's ruling Communist Party (SED) would hold the traditional 1 May Labour Day parade on the newly created square, Marx-Engels-Platz, which would pass in front of the large stands that were being constructed at this time and can be seen in the background of the picture. On 8 November 2008, Arwed Messmer retook this photograph from the same standpoint, capturing the same urban surroundings in an identical panorama format. In spite of the slightly hazy morning light – the Television Tower on Alexanderplatz is barely visible in the background – it is the renewed emptiness of the square that catches the eye.

If you continue leafing through the book, you are transported even further into the different historical strata. On the left-hand page (p. 88), you can see Arwed Messmer's frontal view of a massive iron girder within the gutted but not yet demolished Palace of the Republic, a photograph taken in 2005; the right-hand page (p. 89) shows the interior of the former writing room of Empress Auguste Victoria, a photograph taken by Fritz Tiedemann on 27 October 1948. This room of the Royal Palace consists of nothing but bare masonry without any plasterwork and there are cracks spreading all over this structure, which the photographer has lent an almost three-dimensional quality. This juxtaposition of contemporary and historical images suggests an analogy between the disappearance of the royal and communist palaces, which is further explored in the following pages, supplemented by other views of Marx-Engels-Platz and Schlossplatz (as the square was once called), as well as of the respective ruins of both palaces taken from various viewpoints and at different periods.

These travels in time on our metropolitan tourist train through empty expanses are not, however, ordered in anything like a linear or predictable fashion, in either a topographical or chronological sense. Rather, both the itinerary and the timetable seem to be organized in such a way that the viewer becomes part of a game involving ever-changing perspectives; sometimes the sights are contemporaneous, sometimes marked by sudden leaps of time, revealing analogous and disparate developments, and capturing both small details and broad, sweeping vistas. Arwed Messmer's carefully composed visual construct made from his own and archive photographs amounts to a taking stock of an area that was once the historic centre of Berlin. To achieve this, he combines images from the immediate post-war period and the subsequent phase of reconstruction in what had just become the capital of East Germany with images from the last fifteen years that document the disappearance of communist-era buildings declared undesirable by the city's new rulers. It is precisely the juxtaposition and cross-fading of these two periods of time that produce a sharply delineated picture: the ongoing destruction of the past, whether it be as a consequence of war or of an ideological rejection of what has gone before, leads to the facelessness of the present, to the *anonymous heart* of the German metropolis.

BERLIN ICONOGRAPHIES

Arwed Messmer's series of visual configurations joins the ranks of an impressive array of photographic portraits of Berlin. This is not the place to consider the rapidly changing faces of the city since the unification of Germany nearly 140 years ago.[1] Messmer's investigation begins sixty years ago and this period alone embraces a diverse and extensive photographic iconography that would be unthinkable without the historical development (and, at times, stagnation) of the divided frontline city of the Cold War as well as the capital of the reunited German state. Of course, the Berlin Wall was the glaring scar on the city's face, but there were also other subjects, almost stereotypes, that shaped our image of Berlin far more profoundly than our image of other German cities; these include the derelict waste lands, the fire walls, welfare-housing blocks and, later, building sites, cranes and demolition vehicles. Particularly during the last twenty years, the new metamorphosis of Berlin seemed to act as a sort of vast image-making machine that generated a multitude of photographic documentation and essays produced by both its own inhabitants and by photographers from all over the world. To mention just a few: Ulrich Wüst's investigations in black-and-white, in which the shadow of imminent disappearances already hangs over Berlin's centre; Stéphane Couturier with his formalistic layering of spaces; Frank Thiel whose *Metropolis* is a gigantic concerto for cranes; Sophie Calle's search for traces of an already suppressed communist epoch; and the melancholy inventory of Berlin as an urban wasteland by Jordi Bernadó and Ramon Prat.

During the 1990s, Arwed Messmer was also one of the young photographers focussing on Berlin's construction and demolition sites, but he soon came to the conclusion that this city might be better approached by considering it against the background of its history. In his work, *Potsdamer Platz. Anno Zero,* from 1994/95, for which he was awarded the Otto Steinert Prize, he combined colour photographs of the immense wasteland of Potsdamer Platz with short texts by the writer, Annett Gröschner, which were reminiscent of captions under pictures of this square from the turbulent 1920s and 1930s. This laconic pairing of photographs and words creates an empty screen onto which we can project the imaginary images that we try to locate and find in the void of this open space. In 2006, Messmer's search for historical photographs yielded interesting findings in the former photographic archive of the East Berlin City Planning Office, which was rescued from the scrapheap of history by being incorporated into the Berlinische Galerie in 1994.

DIALOGUE AND PROCESS

From among the 30,000 and more photographs contained in this archive, it was some 1,500 large-format negative images that particularly captured Arwed Messmer's attention. The 9 × 12 cm negatives had been taken by an, as yet, unknown photographer (later identified as Fritz Tiedemann) between 1948 and the beginning of 1953 at the request of the municipality of East Berlin. These images, including a great number of groups of individual pictures intended to be 'stitched together' to provide panoramic views, document how East Berlin looked at the time when the rubble of war damage had been largely removed and rebuilding was already underway. Arwed Messmer's fascination with this visual world proved to be productive in two respects. On the one hand, it led to an exhibition at the end of 2008, entitled *As Far as No Eye Can See,* for which he produced large-format, digitally stitched dioramas from the older negative material that he himself had put together again; the resulting presentation amounting to both a

1 For this, see Kil, Wolfgang. "Vom Verschwinden des Himmels über Berlin" in: Wüst, Ulrich: *Berlin Mitte.* Amsterdam/Dresden: 1997

documentary and an artificial recreation – more than sixty years later – of the pictorial reality of East Berlin at the start of the 1950s drew tens of thousands of interested visitors. On the other hand, though, Arwed Messmer has continued developing his own artistic approach for depicting the present out of an understanding of the historical past. This approach proceeds dialectically. The choice of landmarks and coordinates, around which his investigations revolve, is now determined to a decisive degree by images of the past. At the same time, the underlying visual mode of this working method adopted by Messmer remains the photographic perception of the present, which he records in the style of the critical topographic urban and landscape photography of the 1980s and 1990s – the tradition out of which his work has evolved. To a certain extent, Messmer's images stake out the terrain upon which the historical photographs serve as flashbacks to selected moments in time directing our attention to the latent history of these places. In this book, the many huge piles of soil behind which the city looks as though it might be about to vanish evoke the documentary tradition of someone like Lewis Baltz, yet at the same time, such subjects fit neatly with the archaeological aspect of his work involving the "excavation" of historical images. Messmer's combinational mode of dealing with this visual material, however, does not employ the sometimes rather mechanical method enthusiastically pursued by various other photographers and institutions, in which every old photograph is invariably accompanied by an up-to-date view of the same place. Messmer's freedom to turn to historical images only when it seems appropriate allows him more room to introduce and play with subtle shadings and nuances. Thus, in addition to Tiedemann's expansive, vacant prospects of the *new East Berlin* that correspond so well with the temporary emptiness of today, he also makes use of the same photographer's images of *Old Berlin* – not without reason do these remind the viewer of Eugène Atget's photographs of Paris – in order to demonstrate even more clearly that the destruction of the past has led to the anonymity of the present. Along with the twenty-five images produced by the municipal photographer, Fritz Tiedemann, this pictorial narrative also includes two photographs by more recent photographers, including one (see p. 96/97) that Messmer considered to be more suitable than any of his own images of the same subject.

One rather pleasing coincidence, which might seem to suggest a certain affinity of temperament and outlook, is the fact that, *before* he discovered Tiedemann's images in the archive, Messmer had already taken a number of photographs from almost exactly the same standpoints as those chosen by his predecessor almost sixty years before.

This dialogue proved to be fruitful in a formal sense, too. In his early series, *Der Traum vom Reich* (The Dream of Empire) from 1992/93, Arwed Messmer had already produced a number of black-and-white panoramic images. Here he has worked on developing a special panoramic way of seeing his surroundings in his lateral so-called 'street spans' (*Straßenabwicklungen*); in these, a series of individual photographs are made from standpoints located parallel to the façades of a street, with the aim of joining the single pictures into one panoramic image. Tiedemann had applied this functional method of image compilation to create an accurate visual survey of the full length of one side of a street, such as the imposing boulevard Unter den Linden and Fruchtstraße, in the worker's district of Friedrichshain. In Messmer's depiction of the sprawling ground-floor façade of the former East German Construction Ministry, this approach is ingeniously applied to great effect (see pp. 64–67); here, Messmer succeeds in achieving a remarkable and vividly convincing congruence between the elongated frontal panoramic view produced by the succession of parallel camera standpoints and the structural monotony of East German architecture. Through one of the many windows, a picture of former communist leader Walter Ulbricht is shyly peeping out. It will not be long before Ulbricht's portrait ends up on sale at some flea market, but the building and the surrounding foliage will already be gone by then.

THE FIGURE OF THE PHOTOGRAPHER

In his accompanying text to Michael Schmidt's book, *Berlin nach 45* (Berlin after '45), one of the most impressive photographic essays dealing with Berlin during its seemingly never-ending post-war era, Janos Frecot makes the following distinction: "Michael Schmidt is a photographer of the city, its people, and the empty spaces between them. He is not, however, an urban photographer in the documentary sense."[2] With this second category, Frecot is clearly referring to that broad range of photo-

2 Frecot, Janos. "Der Fotograf Michael Schmidt", in: Schmidt, Michael. *Berlin nach 45,* Ute Eskildsen, ed. Göttingen: 2005, p. 8

graphers who consider themselves to be genuine (or artistic) documentarians, whose images provide concrete and nameable chunks of information, i.e. systematic (or also intuitive) views of the structure and morphology of the corpus of a city. The motivation to take such photographs may be a particular occasion or purpose, a commission from an institution or a self-conceived project. At one extreme of this very broad spectrum, you can find the contemporary descendants of Fritz Tiedemann, who consider that their long-term approach lends value to their work but are not accorded artistic status owing to the absence of anything like subjective vision in what they produce. At the opposite extreme, there are photographic auteurs like Michael Schmidt, who place equal value on the independence of their artistic stance and on the autonomy of their visual worlds.

Arwed Messmer could perhaps be regarded as occupying an intermediary position located somewhere between these two standpoints – both in horizontal contemporary as well as in vertical-historical terms. The topicality and modernity of his stance is to be found in his pragmatic willingness to take from various sources and settings whatever seems to be of use and importance for his work. To begin with, his proximity to and assimilation of the mode of visualization of applied urban photography is, in any case, implicit in his method of historical appropriation; in this respect, his photographs are to be understood as documents that are packed with information and whose subjects can be precisely located (hence the maps at the end of this book). Yet, at the same time, Messmer's approach does not stop at the intrinsic visual content of the photographs he produces: he also uses images that are not his own, intermingles these different visual worlds and integrates them in various discursive contexts. For more than fifteen years, he has been working closely with the writer, Annett Gröschner, and the outcome of their cooperation demonstrates that presenting an image in conjunction with words can lead to an increased historical awareness. Their recent book, *Verlorene Wege* (Lost Pathways), illustrates this point very well indeed.[3] The figure of the urban photographer – and, in a wider sense, of the photographic documentarian – as defined by Arwed Messmer with reference to himself, may have become freer and more conceptual in terms of approach, but he or she has also become much more self-confident with regard to taking responsibility for the medium. In this respect, mention can be made of Messmer's reconstruction of Fritz Tiedemann's photographs. In the exhibition *As Far as No Eye Can See* he was not merely the interpreter of these images, but he did, to some extent, make them his own, mounting them and digitally correcting perspective distortions, making his own enlargements and thereby lending them a different, more visible relevance.

If you bear this in mind, the other type of photographs contained in this book appear in a different light. For example, if you look at the already mentioned photograph of the Empress's writing room, the aesthetic quality of this 'unalloyed document' cannot be denied, and this is surely not merely attributable to our projecting our own contemporary taste into this vividly depicted image of an empty room. This might perhaps prompt us toward a gradual recognition of just what potential may often be found in such straightforward, matter-of-fact, unpretentious modes of approach. In doing so, we may find that, by looking behind and beyond our conventional ideas about artistic creation, we can discover the untold riches of the photographic medium, the quality of work of the anonymous image-maker. And this would be a further merit of this wonderful book.

The author would like to sincerely thank Arno Gisinger and Kai-Olaf Hesse for their comments.

3 Gröschner, Annett and Messmer, Arwed. *Verlorene Wege*, Nuremberg: 2008

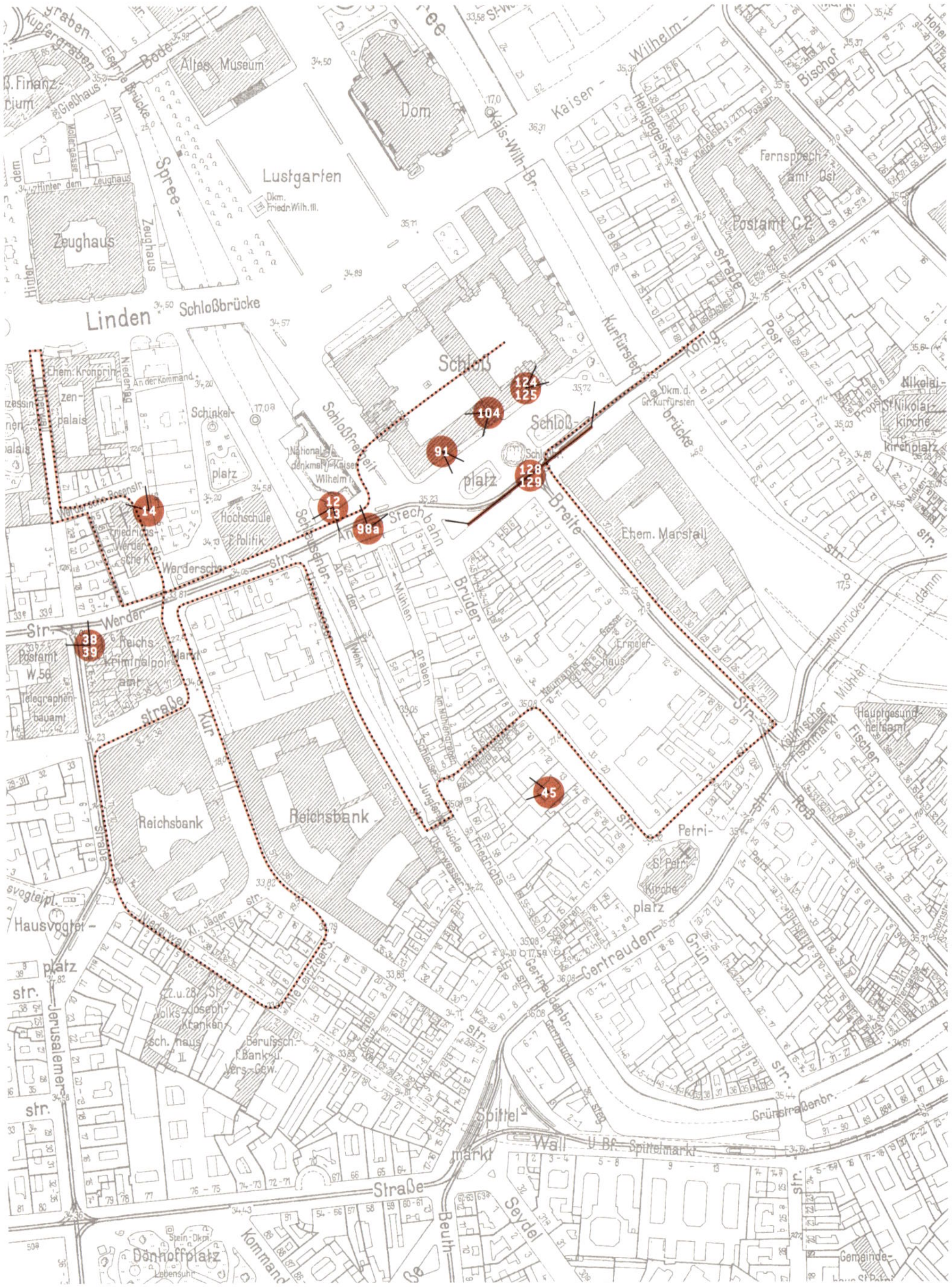

1940

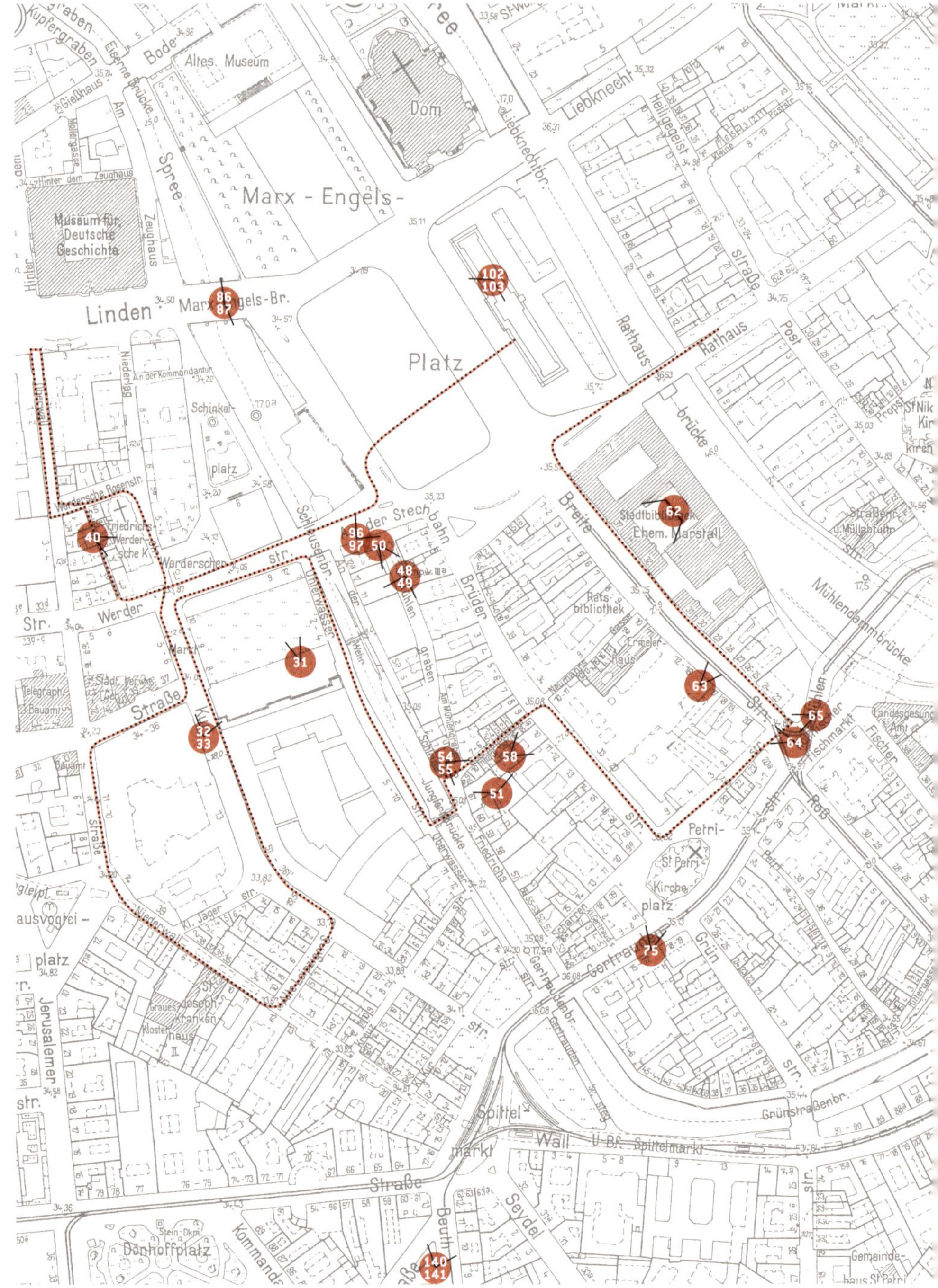

1962

45 Kamerastandpunkt mit Seitenverweis
Camera position and page reference

Bildwinkel
Camera angle

Straßenabwicklung
multi-part horizontal sequences

Spaziergang Annett Gröschner
Annett Gröschner's walk

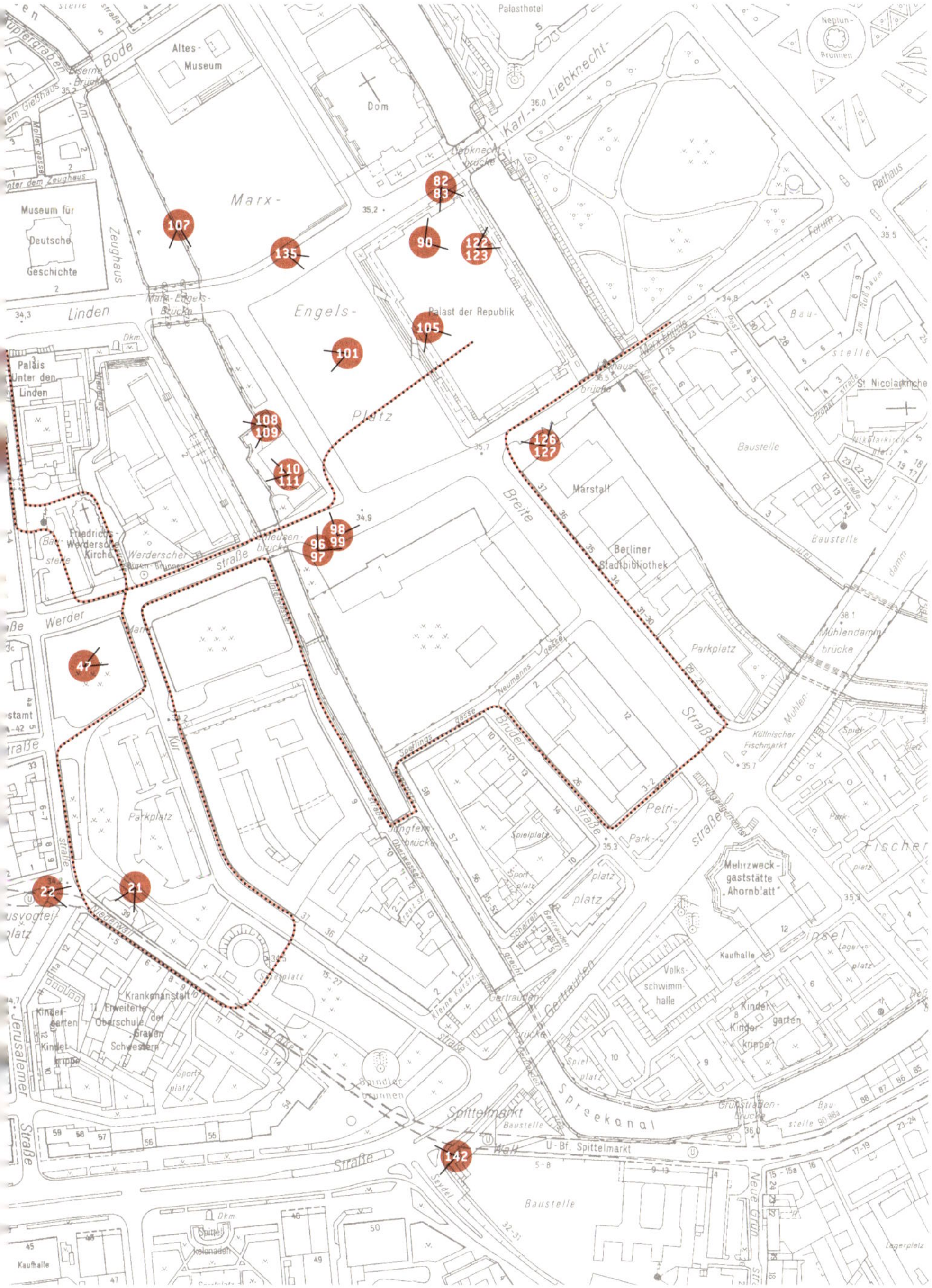
Altes Museum
Dom
Palasthotel
Karl-Liebknecht-
Marx-
Engels-
Platz
Palast der Republik
Museum für Deutsche Geschichte
Zeughaus
Linden
Palais Unter den Linden
Friedrich-Werdersche Kirche
Werder
Breite
Marstall
Berliner Stadtbibliothek
Straße
Parkplatz
Mühlendammbrücke
Petri-
Fischer
Mehrzweck-gaststätte „Ahornblatt"
Volks-schwimmhalle
Kaufhalle
Spreekanal
Spittelmarkt
U-Bf. Spittelmarkt
Jerusalemer
Baustelle
Neptun-brunnen
Rathaus
St. Nicolaikirche
107
135
82
83
90
122
123
101
105
108
109
110
111
126
127
98
99
96
97
47
22
21
142
4

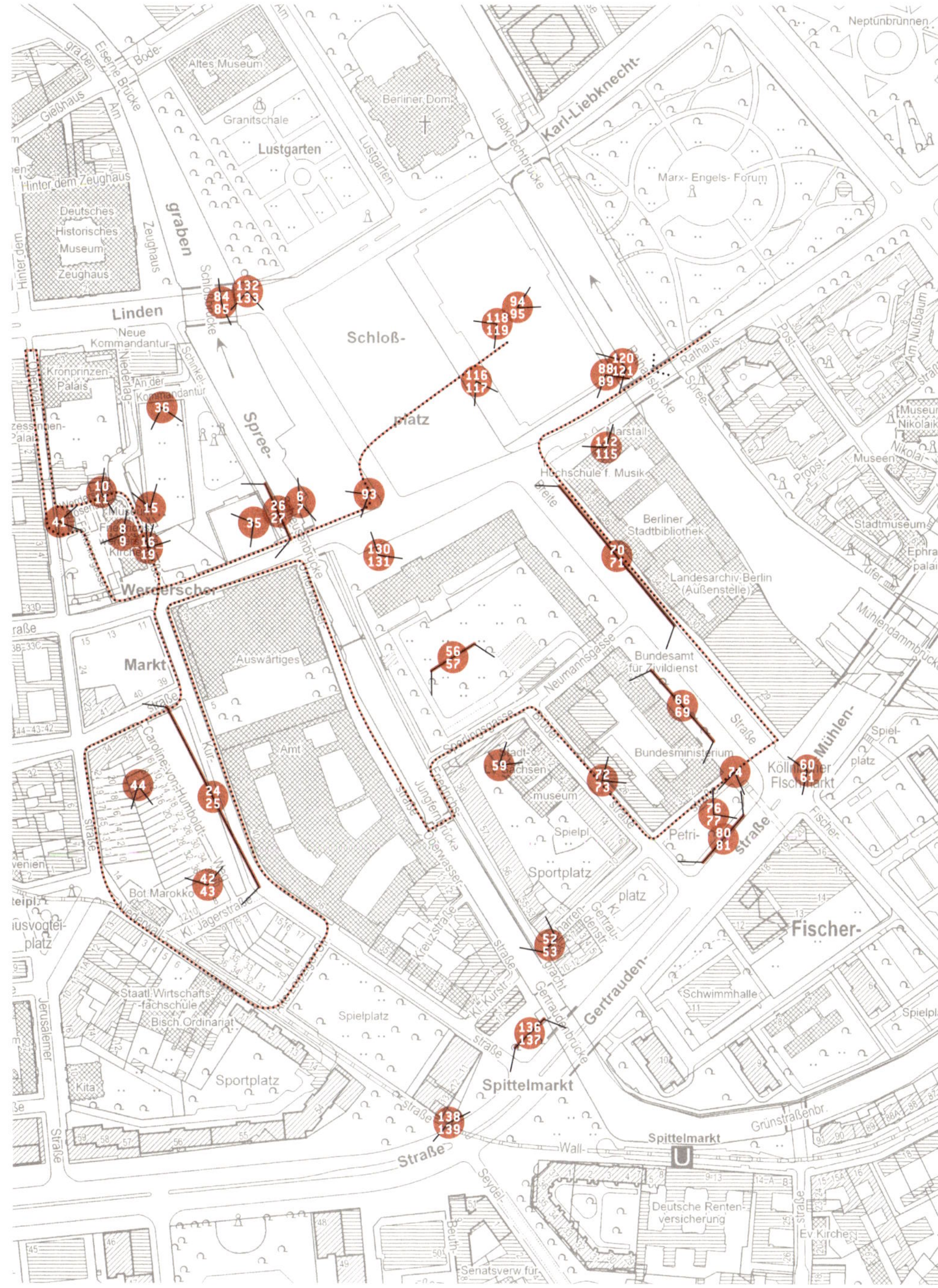
Neptunbrunnen
Altes Museum
Berliner Dom
Granitschale
Lustgarten
Karl-Liebknecht-
Marx-Engels-Forum
Deutsches Historisches Museum Zeughaus
Hinter dem Zeughaus
graben
Linden
Schloßbrücke
Neue Kommandantur
Kronprinzen-Palais
Schloß-
platz
Spree-
Hochschule f. Musik
Marstall
Berliner Stadtbibliothek
Landesarchiv Berlin (Außenstelle)
Bundesamt für Zivildienst
Bundesministerium
Mühlendammbrücke
Mühlen-
Straße
Ephraim-palais
Stadtmuseum
Museum Nikolaikirche
Werdersche
Markt
Auswärtiges
Amt
Caroline-von-Humboldt-
Bot.Marokko
Kl. Jägerstraße
Jungfernbrücke
Sportplatz
Spielplatz
Fischer-
Gertrauden-
Spittelmarkt
Schwimmhalle
Deutsche Renten-versicherung
Ev. Kirche
Staatl. Wirtschafts-fachschule Bisch. Ordinariat
Kita
Straße
Seydel-
Senatsverw. für
Wall-
Grünstraßenbr.
84
85
132
133
94
95
118
119
116
117
120
121
88
89
112
115
36
10
11
41
15
8
9
16
19
35
26
27
6
7
93
130
131
70
71
56
57
66
69
59
72
73
74
76
77
80
81
60
61
44
24
25
42
43
52
53
136
137
138
139
2008

AUTOREN

Arwed Messmer (*1964 in Schopfheim) studierte Fotografie an der Fachhochschule in Dortmund. Nach einer frühen Serie von Panoramaaufnahmen über ostdeutsche Landschaften zu Beginn der 1990er Jahre, setzte sich Messmer in seiner weiteren künstlerischen Arbeit vor allem mit der Topografie der modernen Städte auseinander. Seither widmet er sich auch immer wieder der Umgestaltung Berlins, wo er seit 1992 lebt. Sein dokumentarisch geprägtes Augenmerk gilt dabei nicht nur den sichtbaren Metamorphosen der Architektur, sondern auch der historischen Dimension dieser Orte, die sich wie ein Filter vor die Wahrnehmung der heutigen Wirklichkeit schiebt, wie dies etwa in der mehrteiligen Arbeit *Potsdamer Platz Anno Zero,* 1994/95 und der Serie *Stadt/City* 1994–1998 zum Ausdruck kommt.
Bei der Recherchen nach historischem Bildmaterial für das vorliegende Buch stieß Arwed Messmer 2006 in der Berlinischen Galerie auf die Bilder des Magistratsfotografen Fritz Tiedemann und somit auf den Großteil der historischen Fotografien in *Anonyme Mitte – Berlin,* die in unterschiedlicher Intensität bearbeitet sind.
Im Rahmen des *Europäischen Monats der Fotografie 2008* zeigte er, in Zusammenarbeit mit der Berlinischen Galerie, großformatige, digital rekonstruierte und interpretierte panoramatische Stadtlandschaften aus den frühen 1950er Jahren, die dem reichen Bildkonvolut Fritz Tiedemanns entstammen. Zu dieser Ausstellung *So weit kein Auge reicht* von Tiedemann/Messmer erschien ein Katalog im Dumont Verlag, Köln.

www.lux-fotografen.de

Florian Ebner (*1970 in Regensburg), absolvierte ein Studium der Fotografie an der École Nationale Supérieure de la Photographie in Arles sowie der Kunstgeschichte und Geschichte an der Ruhr-Universität Bochum. Von 2000 bis 2006 lehrte er als künstlerischer Assistent an der Hochschule für Grafik und Buchkunst Leipzig. Im Anschluss arbeitete er als Assistant Curator für das Ausstellungsprojekt *Street & Studio* am Museum Folkwang. Von April 2008 bis Januar 2009 leitete er kommissarisch die Fotografische Sammlung der Berlinischen Galerie, dort kuratierte er mit Arwed Messmer und Ursula Müller die Ausstellung *So weit kein Auge reicht;* seit Februar 2009 ist er am Museum für Photographie Braunschweig. Zahlreiche Publikationen zur Fotografie der Moderne und der Gegenwart.

Annett Gröschner (*1964 in Magdeburg), Schriftstellerin und Journalistin, lebt seit 1983 in Berlin und beschäftigt sich seit vielen Jahren auf vielfältigste Weise mit dieser Stadt. Zuletzt erschien *Parzelle Paradies. Berliner Geschichten,* Hamburg 2008. Seit 1992 arbeitet sie mit Arwed Messmer an gemeinsamen Projekten, u. a. erschienen die Buchpublikationen *Hier beginnt die Zukunft, hier steigen wir aus. Unterwegs in der Berliner Verkehrsgesellschaft,* Berlin 2002, *Kontrakt 903. Erinnerung an eine strahlende Zukunft,* Berlin 2003 und *Verlorene Wege,* Nürnberg 2009. Für den Katalog zur Ausstellung *So weit kein Auge reicht* von Tiedemann/Messmer in der Berlinischen Galerie 2008 schrieb sie den Essay: *Heute Prima rote Rüben. Die Fruchtstraße am 27. März 1952.*

www.annettgroeschner.de

AUTHORS

Arwed Messmer (born 1964 in Schopfheim) studied photography at the Dortmund University of Applied Sciences. In the early 1990s he produced a first series of panoramic photographs of East German landscapes, and since then has focused his artistic work on the topography of today's cities. He has closely observed the changing face of Berlin, where he has lived since 1992. His documentary approach aims to record visible architectural change, but also to capture the historical dimension of specific places, a dimension that works like a filter into our perception of contemporary reality. This interest in the relationship between history and the present is in evidence in the multi-part work *Potsdamer Platz Anno Zero* (1994/95), and the series *Stadt/ City* (1994–1998).
When researching historical photographs for this book in the Berlinische Galerie in 2006, Arwed Messmer came across photos by Fritz Tiedemann, former East Berlin city planning office photographer. Tiedemann's pictures make up the majority of the historical photos included in *Anonymous Heart – Berlin,* and they have been edited and reworked in varying degrees for this book. During the European Month of Photography in November 2008 Arwed Messmer and the Berlinische Galerie presented large-format digital reconstructions and interpreted panoramic cityscapes from the early 1950s, all from Fritz Tiedemann's rich legacy. This Tiedemann/Messmer exhibition *As Far As No Eye Can See* was accompanied by a catalogue published by Dumont Verlag, Cologne.

www.lux-fotografen.de

Florian Ebner (born 1970 in Regensburg) studied photography at the École Nationale Supérieure de la Photographie in Arles, as well as art history and history at the Ruhr University Bochum. He taught at the Academy of Visual Arts Leipzig from 2000 to 2006. Subsequently, he worked as an assistant curator on the exhibition project *Street&Studio* at Museum Folkwang in Essen. From April 2008 to January 2009, he was the acting head of the photographic department of the Berlinische Galerie where he co-curated the exhibition *As Far As No Eye Can See* together with Arwed Messmer and Ursula Müller. He was been working at the Museum für Photographie Braunschweig since February 2009. He has written numerous publications about modern and contemporary photography.

Annett Gröschner (born 1964 in Magdeburg), writer and journalist, has lived in Berlin since 1983. For many years, she has taken a keen and diverse interest in the city of Berlin in her work. Recently she published a collection of Berlin stories, *Parzelle Paradies. Berliner Geschichten* (Hamburg 2008). She has worked with Arwed Messmer on joint projects since 1992, including the books *Hier beginnt die Zukunft, hier steigen wir aus. Unterwegs in der Berliner Verkehrsgesellschaft* (Berlin 2002), *Kontrakt 903. Erinnerung an eine strahlende Zukunft* (Berlin 2003) and *Verlorene Wege* (Nürnberg 2009). For the catalogue of the Tiedemann/ Messmer exhibition *As Far As No Eye Can See* in the Berlinische Galerie in 2008 she wrote an essay *Heute Prima rote Rüben. Die Fruchtstraße am 27. März 1952.*

www.annettgroeschner.de

DANK/THANKS

Mein besonderer Dank gilt/*Special thanks to*:

Fritz Tiedemann (1915–2001) Magistratsfotograf von/*East Berlin city planning office photographer* 1948–1953

Martina Buder Verlag für moderne Kunst Nürnberg
Florian Ebner Museum für Photographie Braunschweig
Carsten Eisfeld Buchgestaltung/*Book design*
Benedikt Goebel Staatsbibliothek zu Berlin
Annett Gröschner Autorin/*Author*, Berlin
Alexandra Martini Hochschule für Bildende Künste/*University of Art* Braunschweig
Philipp von Recklinghausen Lux-Fotografen, Berlin
Andreas Schmid und Judith Solger Viertel vor 8

Ferner danke ich/*Thanks also to*:

Rainer Apolinarski Berlinische Galerie, Architektursammlung
Ulrich Domröse Berlinische Galerie, Fotografische Sammlung
Ursula Müller Berlinische Galerie, Architektursammlung

Wolfgang Bittner Landesdenkmalamt Berlin
Britta Kaden-Pohl Landesdenkmalamt Berlin

Greg Bond Tradukas GbR
Julie Gregson Tradukas GbR

Gisela Dutschmann Magistratsfotografin von/*East Berlin city planning office photographer* 1953–1990
Claudia M. Melisch Archäologin/*Archaeologist*, Berlin
Michael Möller Ludwig Freytag, Wildau

Marie-Luise Surek-Becker Antiquariat/*antiquarian books* »Unterwegs«
Barbara Wenner Agentur Wenner

Coco Kühn Temporäre Kunsthalle Berlin

Ursel und/and Uwe Tiedemann, Oldenburg

Das Buch entstand mit freundlicher Unterstützung der Kulturverwaltung des Berliner Senats.
This book is generously supported by the Berlin Senate Cultural Administration.

Die englische Übersetzung wurde unterstützt von der/*The English translation is supported by* Tradukas GbR, www.tradukas.de

BILDNACHWEISE/PHOTO CREDITS

Farbabbildungen/*Colour photos:*
Arwed Messmer

Schwarzweißabbildungen/*Black and white photos* (außer S./*except pp.* 63, 96/97, 98/99, 107 und/*and* 135): Fritz Tiedemann (1915–2001)

Die Panoramen auf den Seiten/ *The panorama photos on pp.* 10/11, 30/31, 36/37, 46/47, 52/53, 60/60a, 84/85, 100/101 und/*and* 126/127 wurden auf der Basis von mehrteiligen horizontalen Sequenzen oder Straßenabwicklungen Fritz Tiedemanns von Arwed Messmer digital interpretiert und rekonstruiert/ *are based on multi-part horizontal sequences by Fritz Tiedemann and have been digitally interpreted and reconstructed by Arwed Messmer.*

Die übrigen Fotografien Fritz Tiedemanns im Buch sind digitale Negativinterpretationen. Es gibt zu den gezeigten Bildern keine überlieferten Vintageprints des Bildautors.
All the other photographs by Fritz Tiedemann are digital interpretations of negatives. There are no known vintage prints by the original photographer.

Die Fotografien Fritz Tiedemanns sind folgenden Sammlungen zuzuordnen/ *Fritz Tiedemann's photographs are from the following collections:*

Berlinische Galerie: (Magistratsarchiv, Architektursammlung):
S./*pp.* 10/11, 12, 30/31, 36/37, 38, 46/47, 48, 49, 62, 73, 84/85, 100/101, 138/139

Landesdenkmalamt Berlin:
S./*pp.* 29, 43, 52/53, 56, 60/60a, 63, 89, 98a, 102, 107, 123, 126/127.

Weitere Informationen zu Fritz Tiedemann, Arwed Messmer und zur gemeinsamen Ausstellung »Soweit kein Auge reicht« unter/ *Further information on Fritz Tiedemann, on Arwed Messmer, and on the joint exhibition »As Far As No Eye Can See« under*: http://www.berlinischegalerie.de/index.php?id=631&L=0

Weitere Bildautoren/*Other photographers:*
S./*p.* 61: Bildautor unbekannt/*unknown*
S./*pp.* 94/95: Gisela Dutschmann, Magistratsarchiv, Berlinische Galerie, mehrteilige Horizontalsequenz, rekonstruiert und interpretiert von/*multi-part horizontal sequence, reconstructed and interpreted by* Arwed Messmer
S./*pp.* 96/97: Wolfgang Reuss, Landesdenkmalamt Berlin, Arwed Messmer
S./*p.* 105: Wohlrabe, Landesdenkmalamt Berlin, Negativinterpretation/*negative interpretation by* Arwed Messmer
S./*p.* 133: Gisela Dutschmann, Magistratsarchiv, Berlinische Galerie, Negativinterpretation/*negative interpretation by* Arwed Messmer
S./*pp.* 178/179: Ausschnitt Karte von Berlin 1:5000 (K5), Ausgaben 1962, 1984, 2008. Vervielfältigt mit Erlaubnis der Senatsverwaltung für Stadtentwicklung von Berlin, vom 7. August 2009

IMPRESSUM

Herausgeber/*Editor*
Arwed Messmer
Redaktion/*Editing*
Carsten Eisfeld, Annett Gröschner, Arwed Messmer
Gestaltung/*Design*
Carsten Eisfeld
Lektorat/*Copy-editing*
Barbara Wenner
Übersetzung/*Translation*
Tradukas GbR
Schrift/*Type*
Myriad Pro, ITC Conduit
Papier/*Paper*
Lumi Silk, Munken Lynx
Lithografie/*Lithography*
Arwed Messmer
Druck und Bindung/*Printing and binding*
DZA Druckerei zu Altenburg GmbH, Altenburg

Verlag für moderne Kunst Nürnberg

www.vfmk.de

ISBN 978-3-941185-66-1

www.anonyme-mitte-berlin.de

Bibliografische Information Der Deutschen Bibliothek
Die Deutsche Bibliothek verzeichnet diese Publikation in der Deutschen Nationalbibliografie; detaillierte Bibliografische Daten sind Im Internet über http://dnb.ddb.de abrufbar.
Bibliographic information published by the Deutsche Bibliothek
The Deutsche Bibliothek lists this publication in the Deutsche Nationalbibliografie; detailed bibliographic data are available in the Internet at http://dnb.ddb.de